DROIT CIVIL SÉNÉGALAIS

INTRODUCTION À L'ÉTUDE DU DROIT

État des personnes et famille

Amsatou Sow SIDIBÉ

DROIT CIVIL SÉNÉGALAIS

INTRODUCTION À L'ÉTUDE DU DROIT
État des personnes et famille

Préface du Pr Abdoullah CISSÉ

L'Harmattan Sénégal

10 VDN, Sicap Amitié 3, Lotissement Cité Police, DAKAR

http://www.harmattansenegal.com
senharmattan@gmail.com
senlibrairie@gmail.com

ISBN : 978-2-336-48337-5
EAN : 9782336483375

PRÉFACE

Introduire le droit est un exercice délicat et subtil qui fournit à celui qui l'entreprend l'opportunité de partager avec ses lecteurs les fruits de sa connaissance de la science juridique.

« *Qui peut extraire une vérité neuve d'un savoir ancien est apte à enseigner* » disait Confucius. C'est ce que notre collègue, Madame la Professeure Amsatou Sow SIDIBÉ vient d'illustrer en offrant généreusement à ses étudiants en particulier et à tous ceux qui s'intéressent au droit en général, une magistrale introduction au droit suivie du droit des personnes et de la famille du Sénégal. Plusieurs introductions au droit ont certes été proposées et bien d'autres interviendront encore pour suivre l'évolution des phénomènes juridiques et renforcer la doctrine mais celle-ci se distingue par son originalité.

La pertinence de la démarche de Mme SIDIBÉ transparait dans la présentation de l'ouvrage dans un style clair, allégé et agréable à lire faisant ainsi oublier la rugosité qui souvent caractérise les écrits juridiques et les rend hermétiques. À travers un plan didactique et bien structuré, la professeure SIDIBÉ tient par la main son lecteur et sa lectrice et leur fait découvrir les charmes de la science juridique et les subtilités de la règle de droit comme elle a pris du reste le pli de le faire dans ses cours et ses conférences.

Elle part de la notion de droit en montrant comment la distinction entre le droit objectif et le droit subjectif résiste au temps et conserve sa pertinence. C'est l'occasion pour Mme SIDIBÉ de faire le départ entre les règles de droit et les autres règles de conduite et de présenter le système juridique dans ses différentes ramifications. Les méthodes d'interprétation du droit comme l'application de la loi dans le temps sont présentées de façon succincte et intelligible. Ensuite, l'apprenti juriste découvre avec elle les droits subjectifs dans la diversité de leur nature et de leur régime. Enrichi de cette connaissance primordiale, le lecteur est initié aux sources du droit d'où il puise les enseignements tirés de l'histoire ancienne et contemporaine du Sénégal qui lui permettent de comprendre la construction rationnelle de l'ordonnancement juridique.

La mise en œuvre du droit est abordée à temps avec l'examen de deux questions essentielles du droit : d'une part les sanctions et leur application judiciaire sans oublier les obligations naturelles ; d'autre part la théorie générale de la preuve qui initie à la connaissance de la charge de la preuve et des moyens de preuve aussi bien traditionnelles qu'électroniques. Et pour répondre aux exigences de rationalité juridique, Mme SIDIBÉ présente les théories fondamentales du droit dont la prise en compte conditionne le respect des finalités du système juridique : l'abus de droit, la fraude à la loi et l'apparence.

Une fois l'introduction achevée, le lecteur est embarqué dans la découverte du droit sénégalais des personnes et de la famille. Une présentation des grandes orientations du droit de la famille prépare à la compréhension digeste des développements qui suivent. En droit des personnes, la spécialiste des droits humains expose successivement la problématique de la personnalité des êtres humains, celle de l'identification des personnes en examinant au-delà des critères, les questions relatives à l'état civil et aux actions d'état.

La partie sur la famille est suffisamment exhaustive et embrasse les divers aspects de la vie familiale : la préparation au mariage, la formation du mariage y compris le régime des nullités et la filiation qu'elle soit d'origine ou adoptive. L'ouvrage se termine avec la désagrégation de la famille par le divorce ou la séparation de corps permettant ainsi à la lecture de connaître le doit des personnes et de la famille dans toutes ses ramifications, ses heurs comme ses malheurs. Il appréciera au passage les orientations bibliographiques et conseils de lectures.

Un de ses écrits majeurs avait fait date avec la publication par la LGDG en 1991, de son ouvrage sur « Le pluralisme juridique en Afrique, l'exemple du droit successoral sénégalais ». Il ne fait pas de doute que « le droit civil » de Mme la professeure Amsatou Sow SIDIBÉ fera le bonheur de tous ceux et de toutes celles qui veulent s'initier au droit sénégalais ou en approfondir certains aspects du droit des personnes et de la famille.

Abdoullah CISSÉ

Professeur titulaire des universités

Membre associé de l'Institut de Droit international

TABLE DES ABRÉVIATIONS

A.J.P.A.	Actualité juridique de Droit Administratif
Chron.	Chronique
C.O.C.C.	Code des obligations civiles et commerciales
Gaz. Pal.	Gazette du Palais
C. Civ. Fr.	Code civil français
Civ.	Civil
C. F.	Code de la famille
D.	Dalloz
D.H.	Dalloz hebdomadaire
Fac.dr.	Faculté de droit
Fr.	France
J.O.R.G.	Journal Officiel de la République de Guinée
J.O.R.M.	Journal Officiel de la République du Mali
J.O.R.S.	Journal Officiel de la République de France
J.C.P.	Juris classeur périodique
L.G.D.J.	Librairie générale de Droit et de Jurisprudence
P.U.F.	Presses Universitaires de France
PP.	Pages
R.S.D.	Revue sénégalaise de droit
Rev. Trim. Dr. Civ.	Revue Trimestrielle de Droit Civil
Rev. Hist. Fac	revue Historique
S.	Sirey

SOMMAIRE

1re PARTIE

INTRODUCTION À L'ÉTUDE DU DROIT

CHAPITRE I

LA NOTION DE DROIT

Que signifie le mot droit ? Dire que le Sénégal est un « État de droit », que « le droit civil » est une matière fondamentale, que toute personne humaine a « droit à la vie » et à l'intégrité physique », ne recouvre pas le même sens. Pour les juristes, le mot droit comporte au moins deux sens distincts mais complémentaires.

Dans un premier sens, on entend par droit, l'ensemble des règles juridiques qui gouvernent les rapports des individus entre eux ou avec la puissance publique. Il s'agit du droit objectif. Le droit est alors défini par son objet qui est l'élaboration de règles régissant la conduite des hommes vivant en société. C'est ainsi que l'on parle du droit sénégalais, du droit de la famille, du droit pénal, du droit des obligations civiles et commerciales, de la loi sur le domaine national, etc.

Dans un second sens, le droit désigne les prérogatives, les pouvoirs reconnus à une personne, en application du droit objectif. Il s'agit alors des droits subjectifs. Le droit est ici défini en tenant compte de son titulaire. On parle par exemple du droit subjectif de propriété pour déterminer les prérogatives, les possibilités offertes à un propriétaire sur la chose qui lui appartient. On parle également de droit à l'intégrité physique, de droit à la santé, à l'éducation, etc. Les titulaires de droits subjectifs sont appelés « sujets de droit ». Les droits subjectifs seront examinés dans la section II. Pour l'instant, parlons du droit objectif (Section I).

SECTION I : LE DROIT OBJECTIF

Le droit objectif est l'ensemble des règles juridiques applicables aux individus vivant en société ainsi que les rapports entre ces individus et la puissance publique. La règle de droit constitue l'essentiel du droit objectif. Mais, si tel est le cas, il est important de préciser que les règles constituant le droit objectif ne sont pas disposées de façon anarchique. Celles-ci obéissent au contraire à un certain ordonnancement appelé système juridique et qui correspond à l'ensemble des règles applicables à un pays ou dans un groupe social donné et à une époque donnée.

L'étude du droit objectif se fera en analysant successivement la règle de droit (I) et le système juridique (II).

PARAGRAPHE I : LA RÈGLE DE DROIT

Pour définir la règle de droit, il faut d'abord préciser ses caractères, ses finalités, son fondement et la distinguer d'autres règles de conduite sociale.

I. Caractères de la règle de droit

Six caractères de la règle de droit nous semblent essentiels : la généralité et l'abstraction, la force obligatoire, la permanence, la coercition, et le social.

1°) Caractère général et abstrait de la règle de droit

Dire que la règle de droit est générale signifie qu'elle est applicable à tous, sans viser nommément les individus. Elle ne s'applique pas en fonction des particularismes individuels. On dit alors que la règle de droit est impersonnelle, ou qu'elle a un caractère objectif. Ainsi, par exemple, les dispositions du Code pénal relatives à l'application de la loi dans le temps s'appliquent à toutes les personnes poursuivies, quelles qu'elles soient et non à un délinquant déterminé.

Le caractère général et impersonnel de la règle de droit se traduit par l'usage dans les dispositions juridiques, de termes tels que : « tout », « quiconque », « nul », « chacun », etc.[1]

La généralité de la règle de droit se justifie par l'idée que la réglementation juridique doit être impartiale et égale pour tous, au moins en principe.

Cependant, l'affirmation du caractère général de la règle de droit doit être relativisée. D'abord, la généralité n'est pas une spécificité de la règle de droit. On la retrouve dans d'autres règles non juridiques (les règles morales et religieuses par exemple). Ensuite et surtout, il existe des règles de droit qui ne sont pas applicables à tous les individus. Ainsi, les commerçants sont soumis à des règles s'appliquant à leur activité professionnelle et qui constituent le droit commercial. De même, le droit du travail ne régit que les travailleurs et les employeurs. Il se crée

---

[1] - Aujourd'hui, les spécialistes du genre, recommandent une « gendérisation » du langage juridique en précisant hommes et femmes, ce qui ne remet pas en cause le caractère général et impersonnel de la règle de droit, mais prend en compte aussi bien les hommes que les femmes.

ainsi une sorte de « droit de classe » dans la mesure où certaines règles ne sont applicables qu'à telle ou telle catégorie sociale. Au demeurant, l'existence d'un droit commercial, d'un droit du travail, n'est nullement en contradiction avec l'affirmation du caractère général de la règle de droit qui reste la même pour toutes les personnes se trouvant dans les mêmes circonstances. Ainsi, le droit commercial s'applique à tous les commerçants.

2°) Caractère obligatoire de la règle de droit

La règle de droit est une règle obligatoire. Les personnes auxquelles elle s'applique et les juges sont donc tenus de s'y conformer. » Nul n'est censé ignorer la loi », dit l'adage.

Mais il existe des degrés dans le caractère obligatoire des règles juridiques. On distingue deux grandes catégories de règles : les règles impératives ou d'ordre public et les règles supplétives encore appelées interprétatives ou dispositives.

1. Les règles impératives ou d'ordre public

Les règles impératives ou d'ordre public s'imposent de façon absolue. Il n'est donc pas possible de les écarter ni d'échapper à leur application. C'est ainsi que par exemple, les règles relatives aux conditions de fond et aux effets du mariage (différence de sexe, âge, consentement, devoirs de secours et d'assistance, etc.) sont impératives. Les époux ne peuvent pas, par des accords entre eux, décider de passer outre ces dispositions. De tels accords seraient nuls. Il en est de même, concernant des règles relatives au bail à usage d'habitation (loi sénégalaise du 12 juillet 1984).

2. Les règles supplétives, dispositives ou interprétatives

Ce sont les règles à l'application desquelles il est possible d'échapper, à la condition d'accepter de se soumettre à des règles différentes. Les clauses contraires sont donc autorisées. Autrement dit, il est possible, par une manifestation contraire de volonté, d'écarter une règle de droit pour la remplacer par une autre. En particulier, les clauses contraires sont possibles. Ainsi, en raison du principe de l'autonomie de la volonté, les parties au contrat peuvent écarter les règles relatives à la partie générale du code des obligations civiles et commerciales et prévoir des clauses différentes.

3°) Caractère permanent de la règle de droit

Le caractère permanent ne signifie pas que la règle de droit est éternelle. Elle a un commencement et une fin.

Le caractère permanent de la règle de droit signifie que celle-ci est applicable de façon constante durant son existence. La règle de droit doit s'appliquer chaque fois que les conditions qu'elle prévoit sont réunies.

4°) Caractère coercitif de la règle de droit

La règle de droit doit être respectée. La violation de la règle de droit est source de sanctions.

Les sanctions sont en principe confiées à la puissance publique qui a le monopole du recours à la force pour faire respecter le droit. Il n'en est autrement que s'agissant des sanctions disciplinaires auquel cas, ce sont notamment des groupements qui décident de la sanction[2]. Sur la question : quelles sont les conséquences du refus par la puissance publique de respecter elle-même ou de faire respecter le droit ? On dit que l'État est un honnête homme qui paie ses dettes et applique les règles de droit. Lorsque l'État viole le droit, il existe très peu de moyens de contrainte contre lui, car il détient la puissance publique.

5°) Caractère extérieur de la règle de droit

La règle de droit est extérieure à la volonté individuelle des personnes qui y sont soumises. Parce qu'elle vise à organiser la société et à régir les relations qui s'établissent entre les membres de celle-ci, la règle de droit ne peut qu'être extérieure à la personne. Elle est un ordre, ou une suggestion, selon le cas, qui est adressé à chacun des sujets qui composent le corps social. Elle n'est pas, et elle ne peut pas être une contrainte, ou une consigne, que chacun s'impose spontanément, de sa seule volonté.

6°) Caractère social de la règle de droit

La règle de droit est un phénomène social. Ubi societas, ibi jus : il n'y a pas de droit sans société et il n'existe pas de société sans droit[3]. Il n'y a pas de droit sans société car l'individu isolé peut avoir une morale mais pas de droit car dépourvu de relations juridiques avec d'autres personnes. L'objet du droit est de régir les relations entre les personnes au sein de la société.

Une société sans droit serait une jungle où régnerait la loi du talion : œil pour œil, dent pour dent.

---

[2] - Voir les développements dans le chapitre III relatif à la mise en œuvre du droit.

[3] - Il ne s'agit pas de la force physique ou violence, mais de la contrainte.

II. Les finalités de la règle de droit

Le droit permet d'abord d'instaurer un certain **ordre social** en assurant **la stabilité des institutions**. Ainsi, par exemple, le législateur sénégalais tente d'assurer la stabilité du mariage en instituant un divorce judiciaire et en interdisant la répudiation.

La règle de droit assure également **la sécurité juridique** qui suppose que les personnes puissent prévoir les conséquences de leurs faits et actes. La clarté et à la précision juridique sont nécessaires pour assurer la sécurité des règles de droit. Une règle de droit obscure, vague, ambiguë est facteur d'insécurité juridique.

Le droit est en troisième lieu un facteur **d'organisation de l'économie**. Il existe en effet un lien étroit entre le système économique d'un pays et son droit. C'est ainsi que, par exemple, les règles relatives au contrat permettent d'assurer soit une économie libérale, soit une économie dirigée par l'État.

Le droit est, en quatrième lieu, un moyen de **réforme sociale**. Le droit du travail, par exemple, a considérablement amélioré le sort des travailleurs.

III. Le fondement de la règle de droit

Rechercher le fondement de la règle de droit consiste à poser la question fondamentale de philosophie du droit de savoir quelle est sa justification. La réponse à la question posée a été apportée à travers deux courants de pensée : l'un aspire vers un idéal, c'est le courant idéaliste ou du droit naturel, l'autre cherche le fondement de la règle de droit dans la constatation d'une réalité, c'est le courant positiviste.

1°) Le courant idéaliste ou du droit naturel

Les doctrines idéalistes ou du droit naturel, très anciennes, ont été élaborées progressivement, notamment par St. THOMAS D'AQUIN (Antiquité grecque), GROTIUS (16°-17s.), PUFENDORF (17e s.), THOMASIUS (17°-18s.) et Jean Jacques ROUSSEAU (18e siècle).

Selon ces doctrines, les phénomènes sociaux sont incapables d'expliquer le fondement du droit. Il existe un droit idéal, d'essence supérieure, d'origine divine ou simplement découvert par la raison humaine naturellement imprégnée du sens de la justice. Selon cette conception, toute disposition contraire au droit idéal serait injuste. Il existe des droits, des prérogatives, des pouvoirs inhérents à la personne humaine. Ce sont les droits humains (droit à la vie, à l'intégrité physique, à la liberté de conscience, etc.). Ce sont des droits inaliénables.

2°) Le courant positiviste

Le courant positiviste a ses racines chez Machiavel (1469-1527).

De façon générale, les doctrines positivistes considèrent que le droit n'est rien d'autre que la réalité positive. C'est l'ensemble des règles existant à un moment donné, dans un pays donné, ou dans un endroit donné. C'est le droit positif. À partir de cette idée, les auteurs positivistes se sont divisés en deux écoles : l'une consacre le positivisme juridique ou étatique, l'autre s'oriente vers le positivisme sociologique.

1. Le positivisme juridique ou étatique

Selon cette doctrine affirmée avec force à partir du 19e siècle par Hegel (1770-1831), Ihering et_Kelsen (1881-1973), ne constitue une règle de droit que la règle émanant de la volonté de l'État.

2. Le positivisme sociologique

Le positivisme sociologique, développé à partir du 18e siècle par SAVIGNY (1779-1861) et surtout par Auguste COMTE (1798-1857), fait reposer le droit sur la conscience des masses, sur les faits sociaux. Selon cette doctrine, le droit est le reflet de l'observation de la réalité sociale, et c'est la société elle-même, qui crée ses propres règles de droit par ses comportements et ses conceptions propres.

3°) Au total, on peut dire qu'au 20e siècle, les deux courants positiviste et de droit naturel constituent une réalité. Le courant positiviste est intériorisé par les États qui l'appliquent, mais le courant idéaliste est également en vogue notamment avec les principes de promotion et de protection des droits humains et tous les mécanismes existant à cet effet. En outre, on note encore chez de nombreux juristes, une aspiration vers certains principes moraux, vers un idéal de justice qui constitue un système de référence permettant de porter un jugement de valeur sur les règles de droit existant.

IV. Distinction de la règle de droit et d'autres règles de conduite

1°) La règle de droit doit être distinguée de la religion et de la morale

1. Les sources du droit sont différentes de celles de la morale et de la religion. Ces dernières résultent de la révélation divine et de la conscience individuelle ou collective. Au contraire, la règle de droit est largement issue de la volonté des gouvernants.

2. Le fondement de la règle morale est plus large que celui de la règle de droit. La règle de droit est fondée sur l'idée de justice. La règle morale est fondée à la fois sur l'idée de justice et sur celle de charité. Cependant, le droit peut parfois répondre à l'esprit de charité. Il en est ainsi par exemple s'agissant de l'obligation alimentaire prévue dans les relations familiales. La prise en compte de la charité par le droit comporte cependant des limites.

3. L'objectif du droit est différent de celui de la morale et de la religion.

La religion et la morale se préoccupent non seulement des devoirs de l'homme envers son prochain, mais également à l'égard de l'homme lui-même et à l'égard de Dieu. C'est la conscience qui est interpellée (aspect moral et subjectif). Au contraire, le droit peut reconnaître des situations immorales. Par exemple, le voleur devient propriétaire du bien volé après un certain nombre d'années de possession. La prescription extinctive qui éteint la possibilité d'exercer un droit par l'écoulement d'un certain laps de temps et la prescription acquisitive qui permet au possesseur de devenir propriétaire, au bout d'un certain temps, même en cas de mauvaise foi, sont des domaines du droit où la morale n'intervient pas. La préoccupation du droit est ici autre que morale.

4. Enfin, **les sanctions** du droit sont différentes de celles de la morale et de la religion.

La violation des règles morales et religieuses est sanctionnée par un trouble de la conscience, donc au plan interne. Au contraire, l'irrespect de la règle de droit est sanctionné par l'autorité publique qui prévoit un certain nombre de mesures destinées à assurer la sécurité des personnes, des biens et des droits.

5. La distinction entre le droit d'une part et la morale et la religion de l'autre doit cependant être nuancée.

La morale et la religion peuvent exercer une influence considérable sur le droit. Très souvent, les règles morales et religieuses sont sanctionnées par le législateur et deviennent des règles de droit. C'est ainsi que plusieurs règles du droit sénégalais de la famille, en particulier les règles du droit des successions musulmanes, sont héritées de la religion islamique. La punition du vol par le droit pénal a une part d'inspiration morale. De même, le droit sénégalais fait appel à la notion de bonnes mœurs qui est purement morale.

À l'heure actuelle, la question des rapports entre droit et morale et plus précisément entre droit et éthique est agitée à propos de la science de la vie. La question posée est alors de savoir dans quelle mesure le droit peut admettre des pratiques telles que la procréation médicalement assistée, le diagnostic prénatal, l'expérimentation scientifique sur le corps humain, etc. Les juristes, conservateurs en la circonstance, se prononcent souvent en faveur d'une limitation de certains progrès scientifiques par le droit. En effet, il est question d'éviter que les scientifiques ne produisent des personnes humaines comme ils produisent des végétaux, des animaux ou des machines.

2°) Droit et équité

Il ne faut pas confondre droit et équité. L'équité, c'est la justice. Or, le besoin de sécurité peut éloigner le droit de la justice. L'équité tend alors à atténuer ce que le droit peut avoir de trop rigide. Le juge a pour mission (c'est un pouvoir et un devoir), d'appliquer la règle droite.

Le juge ne peut statuer en équité que lorsqu'il décide, au nom de l'idée de justice, d'écarter dans un cas particulier, l'application normale d'une règle de droit, en considérant que celle-ci serait pour la circonstance, trop rigoureuse et à la limite injuste. Le juge met alors en œuvre son pouvoir de médiateur et de modérateur en évitant la rigueur excessive dans l'application d'une règle de droit. Le juge fait preuve d'humanité. Par exemple, l'équité peut permettre au juge d'octroyer des délais de paiement au débiteur malheureux qui n'a pu exécuter son obligation pour cause de maladie. Dans ce cas, l'équité permet d'assouplir la force obligatoire de l'engagement du débiteur.

Le droit sénégalais redoutant l'arbitraire, ne permet l'usage par les juges de l'équité que de façon exceptionnelle. Les juges sont en principe liés par la règle de droit, même si elle est arbitraire. Le juge exerce ce pouvoir modérateur exceptionnel notamment en matière contractuelle. À l'heure actuelle, on note une tendance des juges à faire de ce pouvoir exorbitant, un pouvoir ordinaire.

PARAGRAPHE II : LE SYSTÈME JURIDIQUE

Le système juridique correspond à l'ensemble des règles applicables à un groupe social donné ou à un pays donné.

Le système juridique sénégalais comprend des règles regroupées selon certaines divisions fondamentales (A). En outre, il convient de mentionner l'existence de sciences auxiliaires du droit qui permettent d'assurer une meilleure compréhension des règles juridiques existantes (B).

I. Les grandes divisions du droit

Dans le système juridique sénégalais hérité de la conception française, les règles de droit peuvent être regroupées suivant trois sortes de classifications. La première consiste à distinguer le droit public et le droit privé ; la seconde oppose le droit interne et le droit international ; la troisième distingue règles de fond et règles de procédure.

1°) Droit public et droit privé

Cette distinction est considérée comme la "summa divisio" du système juridique sénégalais. Elle est fondamentale en droit sénégalais. Il existe cependant quelques disciplines mixtes parmi lesquelles figurent en particulier le droit pénal et le droit judiciaire privé. La distinction droit public - droit privé est aujourd'hui critiquée. Mais elle reste maintenue.

1. Le droit public détermine l'organisation des pouvoirs publics ainsi que leurs rapports avec les gouvernés, avec les citoyens.

Le droit public comprend d'abord le **droit constitutionnel**, c'est-à-dire l'ensemble des règles d'organisation de l'État : le mode d'élection du Président de la République et des députés, le système présidentiel ou parlementaire, etc.

Une autre discipline du droit public est le **droit administratif** qui régit principalement les rapports des particuliers avec les autorités administratives.

Le droit financier et fiscal est également inclus dans le droit public.

L'ensemble constitué par les finances publiques et le droit fiscal réunit les règles qui gouvernent les dépenses et les recettes des collectivités publiques, ce qui inclut, notamment, l'organisation du budget de l'État, et les règles qui président à la mise en œuvre des diverses impositions destinées à l'alimenter.

2. Le droit privé régit les rapports des particuliers entre eux. Ces particuliers ou personnes privées peuvent être non seulement des individus mais également des personnes dites morales, c'est-à-dire des groupements (syndicats, associations, sociétés, etc.…).

La discipline la plus importante du droit privé est le **droit civil** qui a pour objet la réglementation des droits et obligations naissant des rapports entre particuliers.

À l'origine, le droit civil recouvrait presque l'ensemble du droit privé. Mais, au fur et à mesure, la spécialisation dans l'exercice de certaines activités a fait naître d'autres disciplines du droit privé. Il s'agit essentiellement du **droit commercial** régissant les rapports d'affaires ayant un caractère commercial ou industriel, du **droit du travail** qui réglemente les rapports entre employeurs et travailleurs, du **droit rural ou agraire** (droit des structures foncières agricoles), du **droit des assurances**, du **droit maritime**, etc. Le droit civil reste cependant le tronc commun de toutes ces matières.

3. Les disciplines mixtes

La séparation entre ce qui relève du droit privé et ce qui concerne le droit public n'est pas toujours nette. Il en est ainsi notamment du **droit pénal** dont l'objet est d'infliger une peine à celui qui a commis une infraction, acte troublant l'ordre public, la paix publique.

Le droit pénal est une branche du droit public dans la mesure où il établit un rapport entre d'une part le délinquant et d'autre part la société tout entière qui a été troublée par l'infraction et qui est représentée au procès par le ministère public, agent de l'État.

Le droit pénal est également fortement influencé par le droit privé. En effet, l'infraction lèse un intérêt particulier, celui de la victime. Il en est ainsi par exemple du vol, du meurtre, des coups et blessures, etc. Il s'ensuit donc que le droit pénal crée une relation entre le délinquant et la victime de l'infraction. La victime peut alors demander réparation du dommage qui lui est causé en se constituant partie civile.

Outre le droit pénal, le **droit judiciaire privé** peut être considéré comme constituant une discipline mixte. Le droit judiciaire privé ou **procédure civile** régit l'organisation des tribunaux et relève du droit public. Mais, il réglemente aussi l'exercice de l'action en justice destinée à sauvegarder des intérêts privés et peut être ainsi classé dans le droit privé.

4. Critique de la distinction droit public-droit privé

La distinction entre droit public et droit privé est de plus en plus remise en cause. La tendance actuelle va dans le sens d'une publicisation du droit privé et d'une privatisation du droit public.

En effet, il se produit une infiltration du droit privé par le droit public. Le caractère autoritaire du droit public, dû notamment à la présence de l'État, envahit le droit privé. Les règles impératives deviennent de plus en plus nombreuses en droit privé. Ce phénomène s'explique par la socialisation du droit. L'intérêt général est défendu contre les intérêts particuliers. C'est le cas de la loi sénégalaise n° 84-12 du 4 janvier 1984 sur les baux à usage d'habitation dont les dispositions sont d'ordre public (article 569).

D'un autre côté, l'État, c'est-à-dire la puissance publique applique les règles de droit privé à ses activités. Ainsi par exemple, les entreprises nationalisées restent soumises aux règles de droit privé. Il se produit une pénétration du droit privé dans un domaine qui devrait être celui du droit public.

Notons que la distinction droit public-droit privé est inconnue dans le système de la Common Law[4].

5. Maintien de la distinction droit public-droit privé

Malgré l'interpénétration constatée entre le droit public et le droit privé, la distinction persiste. Mais elle revêt un caractère beaucoup plus historique et coutumier que scientifique, puisque les universités d'Afrique francophone distinguent encore, à partir de la 3e année, les enseignements de droit public et ceux de droit privé.

2°) Le droit interne et le droit international

1. Le droit interne est le droit positif en vigueur dans un État déterminé et réglementant les rapports sociaux internes à l'État, sans qu'un élément ressortissant d'un autre État n'intervienne dans ces rapports.

2. Le droit international est celui dont l'application n'est pas limitée au cadre d'un État. Le droit international tend à régir les relations internationales.

Le droit international comprend deux branches :

2.1. Le droit international public qui réglemente les rapports des États entre eux, les organismes assimilés ainsi que les organisations internationales. L'Organisation des Nations unies (ONU) est l'une des plus importantes des institutions internationales.

2.2. Le droit international privé qui régit les rapports entre particuliers et comportant des éléments d'extranéités, c'est-à-dire des éléments étrangers. Il s'agit par exemple de rapports entre des personnes de nationalités différentes (mariage d'une Française avec un Sénégalais).

---

[4] - Sur ce système, voir infra sur le droit comparé.

3°) Les règles de fond et les règles de procédure

Les règles de fond sont celles qui s'appliquent à une situation juridique donnée en déterminant ses conditions de création, ses effets, en permettant de distinguer telle situation juridique de telle autre et en la soumettant à une réglementation précise. Par exemple, les conditions de fond du mariage sont des règles de fond.

Les règles de fond recouvrent aussi bien les situations juridiques de droit privé que celles de droit public.

Aux règles de fond, on oppose les **règles de procédure** qui ont pour objet d'assurer la sanction des droits des personnes devant les tribunaux.

La procédure recouvre d'abord **l'organisation juridictionnelle**, c'est-à-dire l'organisation des cours et tribunaux. Elle recouvre ensuite la **compétence des juridictions** (en précisant par exemple que tel litige doit être soumis à telle juridiction plutôt qu'à une autre).

La procédure concerne également le **déroulement du procès** : l'action en justice, les différentes phases devant la juridiction saisie, les voies de recours.

La procédure englobe enfin les **voies d'exécution**, c'est-à-dire les moyens de faire exécuter la sentence rendue par les juges.

II. Les disciplines auxiliaires du droit

Parmi les disciplines auxiliaires du droit, trois sont d'une importance particulière. Il s'agit de l'histoire du droit, du droit comparé et de la sociologie juridique.

1°) L'histoire du droit

Pour être bien comprises, les règles de droit doivent être situées dans une perspective historique. En effet, les solutions juridiques ont très souvent leurs racines dans le passé. En outre, ces solutions juridiques peuvent connaître une certaine modification au cours de leur évolution, ce qui ne saurait être compris sans faire appel à l'histoire.

2°) Le droit comparé

1. Définition

Le droit comparé est la discipline qui étudie et compare les systèmes juridiques du monde ainsi que les institutions qu'ils adoptent.

2. Les grands systèmes de droit contemporain

Les droits contemporains sont divers. Chaque État dans le monde possède un droit qui lui est propre. En outre, le plus souvent, plusieurs droits sont appliqués concurremment à l'intérieur d'un même État.

Cependant, les droits sont regroupés en grandes familles. De grands groupes sont constitués par la famille romano-germanique, celle de la commun Law, les droits musulman, hindou, juif, ceux de l'Extrême-Orient (Chine notamment), ceux de l'Afrique noire et de Madagascar. Les droits socialistes applicables dans l'ex-URSS, et étendus aux pays de l'Europe centrale, de l'Europe de l'Est et des Balkans, en Corée du Nord, au Vietnam, à Cuba et à quelques pays africains, sont aujourd'hui en perte de vitesse et ne peuvent donc plus être considérés comme étant de grands systèmes de droit contemporains. Ces droits socialistes reposaient essentiellement sur la doctrine philosophique appelée marxisme-léninisme et selon laquelle les règles juridiques sont imposées par la structure économique du pays. Selon cette doctrine, le secteur économique le plus important, celui de la propriété publique et de la nationalisation, est soumis à une réglementation étatique.

La famille de droit romano-germanique a son berceau dans l'Europe. Elle s'est formée par les efforts communs des universités des pays latins et des pays germaniques. C'est ce qui explique l'épithète romano-germanique.

La loi est la source principale du droit romano-germanique, sans en être la source exclusive. Elle est édictée avant d'être appliquée.

Par l'effet de la colonisation, la famille de droit romano-germanique a conquis de très vastes territoires où s'appliquent des droits appartenant ou apparentés à cette famille. Le système juridique des pays francophones est largement inspiré du droit romano-germanique qui est la source principale du droit français.

La famille de la commun Law est celle pratiquée par les pays "anglo-saxons" ou "anglo-américains". Elle comporte le droit de l'Angleterre et les droits qui se sont modelés sur le droit anglais. La caractéristique essentielle de ce système et qui le distingue du système romano-germanique est la part considérable réservée à la coutume appelée "commun Law". La coutume telle qu'elle résulte des décisions de jurisprudence est la source essentielle du droit, la loi écrite ne venant que s'y ajouter. À la différence du système romano-germanique, le droit de la « commun Law » est un droit des praticiens créé par les juges au cas par cas, en recherchant les solutions les plus équitables dans le cadre de chaque procès. La règle de droit n'est pas pré-établie. La meilleure solution est recherchée pour chaque cas présent c'est la jurisprudence qui constitue la source principale du droit et non la loi, contrairement au système romano-germanique. Dans ces conditions, la codification n'est pas une préoccupation essentielle et se révèle difficile à réaliser. La Common Law ne présente pas la même structure que le système romano-germanique. La Common Law ne connaît pas la summa divisio droit public-droit privé, ni non plus la distinction : droit civil, droit commercial, droit pénal, etc. Le système anglo-américain connaît plutôt la distinction entre la Common Law et l'équity. En outre, les concepts juridiques ne sont pas les mêmes selon qu'il s'agit de la Common Law ou du système romano-germanique. La commun Law ne connaît pas l'usufruit, la force majeure, le dol, la notion de personne morale. Le système anglo-américain parle plutôt de trust, d'estoppel, de trespass, etc. Certains termes utilisés dans le système de la Common Law présentent des ressemblances apparentes avec le droit romano-germanique, mais le sens n'est pas le même. Par exemple le mot anglais « contract » ne correspond pas au « contrat » du système romano-germanique. De même, « l'équity » en anglais, n'est pas « l'équité » du système romano-germanique. Il semble cependant qu'il y ait aujourd'hui, une tendance à l'influence réciproque entre les deux systèmes juridiques. La jurisprudence joue un rôle de plus en plus important dans les pays rattachés au système romano-germanique. De même, la loi envahit de plus en plus les pays de tradition de la Common Law.

Les droits musulman, hindou et juif fondent le droit sur un idéal lié à la religion.

Le droit musulman s'appuie sur quatre sources principales. Il s'agit du **Coran**, qui est le livre sacré, source la plus importante du droit musulman. Il contient un nombre limité de règles juridiques d'où peuvent être dégagés des principes généraux tels que celui de l'égalité de tous dans l'exercice des droits et obligations, le respect de la dignité humaine, etc.…

La deuxième source du droit musulman est la **sunna** c'est-à-dire les paroles et décisions rendues par le Prophète en interprétation des textes du Coran.

La troisième source est **l'Igma** ou le **consensus,** c'est-à-dire l'opinion unanimement admise par les jurisconsultes conformément aux principes généraux édictés par le coran et la sunna, en cas de silence de ces dernières, sur un problème donné.

La quatrième source du droit musulman est **l'ijtihad** c'est-à-dire la jurisprudence. Elle intervient lorsque le Coran, la Sunna et l'Ijma n'apportent pas d'éléments de solution à un problème posé, en particulier en cas d'ambigüité des textes. Elle doit également intervenir dans le silence des textes sur la solution à donner. Les conclusions dégagées par la jurisprudence doivent être conformes aux principes généraux dégagés par le Coran. La jurisprudence a pour rôle de combler toutes les lacunes du droit musulman.

Concernant l'interprétation du droit islamique, on dénombre plusieurs écoles[5] parmi lesquelles on peut citer l'école Malékite de l'Imam, Malick qui est celle qui a inspiré le Maghreb, le Soudan et certains pays d'Afrique de l'Ouest et en particulier le Sénégal. D'autres écoles telles que l'école hanbalite ont émergée ailleurs.

Le droit hindou doit être distingué du droit indien. Les populations de l'Inde sont des indiens. Parmi les Indiens, certains, de par leur religion, l'hindouisme sont des hindous. Le droit hindou est un droit religieux qui s'applique à la communauté hindoue.

La conception hindoue du droit est représentée par le dharma qui provient d'une révélation et qui par la suite, a été partiellement écrite dans des textes appelés Véda ([6]). Le dharma ne connaît que les devoirs. Il ne connaît pas les droits. Les devoirs sont constitués par l'ensemble des obligations qui s'imposent aux personnes humaines et qui découlent de l'ordre naturel des choses. Le dharma n'est pas le même pour tous. Il ne connaît donc pas le caractère général de la règle de droit. Le dharma est variable selon la caste de l'individu, son âge, le stade de vie dans lequel il se trouve. Le dharma est un droit révélé mais pas absolu. Il ne s'impose pas. Il se limite à révéler aux hommes les règles de conduite résultant de la nature des choses.

Le système d'Extrême-Orient représenté notamment par le système chinois a longtemps mis en cause la valeur même du droit considéré comme instrument d'arbitraire et facteur de désordre. Selon ce système,

---

[5] - École hanafite (Turquie, Égypte, Jordanie, Syrie, etc.) ; Ecole Shafeite (Palestine, Pakistan, Asie du Sud-est, Afrique de l'Est, etc.). École Hanbalite (Arabie Saoudite, Qatar, etc.…) ; deux écoles chiites peuvent être citées : l'école Ja'farise (Irak et Iran), l'école Zaydite qui signifie loi en hébreu.

[6] - Veda signifie connaissance et sagesse.

la préoccupation des hommes ne doit pas être le respect du droit. Ce qu'il faut rechercher c'est l'harmonie et la paix. La conciliation, la médiation jouent un rôle important dans la résolution des conflits. Aujourd'hui, on note un certain alignement des droits de l'Extrême-Orient sur le modèle occidental avec l'apparition de codes. Mais ces changements sont loin d'avoir effacé la tradition.

Le système traditionnel d'Afrique Noire et de Madagascar s'apparente à celui du système d'Extrême-Orient. Mais le système africain et malgache est aujourd'hui diversifié dans la mesure où il comporte des éléments du système négro-africain, du système musulman et du système romano-germanique ou anglo-saxon.

3. Les fonctions du droit comparé

Le droit comparé a **deux fonctions essentielles**. La **première est documentaire**. Le droit comparé tend en effet à assurer une meilleure connaissance du droit étranger, ce qui favorise une meilleure compréhension des solutions admises par le droit national. La **seconde fonction** du droit comparé est **normative**. Par un effet d'imitation des lois étrangères jugées bonnes, le droit comparé sert à l'amélioration du droit interne, du droit national.

3°) La sociologie juridique

La sociologie juridique a pour objet l'analyse des phénomènes juridiques en tant que reflet des faits sociaux.

La sociologie juridique présente un intérêt particulier dans l'étude du droit. Elle permet en effet d'appréhender la vie réelle du droit, ses rapports avec la vie sociale, l'importance effective des institutions juridiques et leurs résultats, le degré d'application par les populations des règles édictées par le législateur.

LECTURES

Sur les fondements de la règle de droit : *H.L.J. Mazeaud, F. Chabas « Leçons de droit civil, Introduction à l'étude du droit » 10e édition – Montchrestien pp. 37 et s. ; Ph. JESTAZ, « L'avenir du droit naturel ou le droit de seconde nature », Rev. Trim. Dr.civ. 1983 233 ; « La doctrine et le droit naturel », Revue d'Histoire des Facultés de droit, 1987, n°4.*

Sur la sécurité juridique *: voir P. CASSIA, « La sécurité juridique, un « nouveau » principe général du droit aux multiples facettes »,*

D. 2006, n° 18, p. 1190 ; A. CRISTAUX « L'exigence de sécurité juridique » D. 2002, chron. 2814 ; M. FROMONT, « L'exigence de sécurité juridique », AJDA, 1996, n° spécial, p.178.

Sur l'équité : *Agostini « L'équité », D. 1978 chron p. 7 ; V.G. BOYER « La notion d'équité et son rôle dans la jurisprudence des Parlements », Mélanges Maury, 1960.*

Sur droit et éthique *; F. DERMANGE « Éthique et droit », ed. labor et fidés – 2002 ; X. LABBEE « Introduction générale au droit - pour une approche éthique », Presses universitaires du Septentrion ; « Droit et mœurs », Revue Droits, 1994, tome 19 ;J. BONNECASE ; « La notion juridique de bonnes mœurs », in Mélanges CAPITANT, 1939, pp. 91-100 ; R. BOUDON « Penser la relation entre le droit et les mœurs », in Mélanges F. TERRE, « L'avenir du droit », 1999, pp 11-24 ; C. PERELMAN, « Éthique et droit », Édition de l'Université de Bruxelles, 1990 ; Souleymane FALL « L'éthique en droit ». Mémoire de Maîtrise – sous la direction de M. Amadou FAYE – année académique 2005-2006, Faculté des Sciences juridiques et politiques – CREDILA, UCAD/Dakar ; Catherine LABRUSSE –RIOU 'Produire l'Homme : de quel droit ? – Étude juridique et éthique des procréations artificielles » - PUF. Les voies du droit. 1987.*

Droit et éthique sont deux notions proches. Le mot éthique qui apparaît plus moderne remplace aujourd'hui celui de la morale. L'éthique est la science de la morale. Elle se préoccupe de l'évolution des mœurs, ce que le droit prend en compte.

Sur la distinction droit public, droit privé *: F. GRUA, « Les divisions du droit » Revue Trimestrielle de Droit civ., 1993, p. 59 ; G. CHEVALIER* « Remarques sur l'introduction et les vicissitudes de la distinction du jus privatum et du jus *publicum dans les œuvres des anciens juristes français » Archives de Philosophie du Droit, 1952, pp. 5 et s. ; J. CARBONNIER « Le droit administratif du droit civil », Revue historique du droit, 1974, pp. 758 et s.*

Sur le droit Indou, voir cours d'histoire du droit de Geneviève Chretien-Vernicos, DEUG première année – Université Pais 8 Viencennes – Saint Denis – 2001-2002, cours n° 3 in www. Dhdi.free.fr/cours/histdroit/index.htm.

Sur le droit comparé *: René DAVID, Camille JAUFFRET – SPINOSI « Les grands systèmes de droit contemporains » – précis Dalloz 2002.*

***Sur le système romano-germanique**, François LUCHAIRE « L'apport européen dans l'élaboration des droits nationaux des pays en voie de développement (1). « Les modèles continentaux » in Revue Administrative, 1964, Paris, Doctrine et Informations générales, pp. 565 à 581.*

***Sur la sociologie juridique** : Jean CARBONNIER « Flexible droit. Pour une sociologie du droit sans rigueur » - 9e édition L.G.D.J. Paris, 1998 ; J. CARBONNIER « Sociologie Juridique », PUF, collection Quadrige, 2004, J. Carbonnier, « l'Hypothèse du non-droit », Arch. Phil. Dr. T. III ; M. DOUCHY « La notion de non-droit » in Revue de la recherche juridique – Droit prospectif 1992, p. 433.*

SECTION II : LES DROITS SUBJECTIFS

Rappelons que les droits subjectifs sont les prérogatives, les pouvoirs reconnus à une personne en vertu du droit objectif. C'est donc la règle de droit qui confère les droits subjectifs à leurs titulaires.

Le droit objectif forme un tout, les droits subjectifs sont multiples car peuvent se retrouver dans chaque acte juridique, dans chaque fait juridique. C'est la raison pour laquelle nous parlons de droit objectif au singulier et de droits subjectifs au pluriel.

Les droits subjectifs ne sont attribués qu'aux sujets de droit, aux personnes dont le droit objectif reconnaît l'existence juridique.

Les sources des droits subjectifs (I), la classification des droits et des choses sur lesquelles portent ces droits (II) et enfin la transmission et l'extinction des droits subjectifs (III), seront les points développés dans cette section.

PARAGRAPHE I : LES SOURCES DES DROITS SUBJECTIFS

La création des droits subjectifs dépend des actes juridiques et des faits juridiques.

I. Les actes juridiques

1°) Notion d'acte juridique

L'acte juridique peut être défini comme une manifestation de volonté en vue de réaliser certains effets de droit. Ainsi entendu, l'acte juridique correspond à ce que l'on appelle le **négotium**. Il s'oppose à l'**instrumentum**, c'est-à-dire un document écrit établi en vue de constater soit un acte juridique (au sens de negotium, par exemple un acte de vente ou un contrat de bail) soit un fait juridique (par exemple une naissance).

2°) Classification des actes juridiques

Il est possible de classer les actes juridiques en trois groupes : les actes multilatéraux et les actes unilatéraux ; les actes conservatoires, d'administration et de disposition ; les actes à titre onéreux et les actes à titre gratuit.

1. Actes multilatéraux et actes unilatéraux

Cette classification est fondée sur le nombre de parties à l'acte juridique.

Il arrive que l'acte juridique soit l'œuvre d'une volonté unique. On parle **d'acte unilatéral**. Citons trois exemples d'actes unilatéraux. D'abord, le **testament** est l'acte par lequel le testateur désigne par sa seule volonté ceux qui, après sa mort, vont recueillir sa succession. Ensuite la **reconnaissance d'un enfant naturel** par son père ou sa mère est une manifestation de volonté unilatérale. Il en est de même de l'option de statut successoral de droit moderne ou de droit musulman, qui est précisément un engagement unilatéral de volonté[7].

Il ne faut pas confondre l'acte unilatéral qui suppose la manifestation d'une seule volonté, avec le **contrat unilatéral** qui, comme tout contrat suppose l'accord de deux ou plusieurs volontés mais, ne crée d'obligations qu'à la charge de l'une des parties. Exemple **:** la donation simple est un contrat unilatéral qui suppose l'acceptation par le donataire du bien qui lui est offert, mais n'exige aucune obligation à sa charge.

Le contrat unilatéral doit être distingué du **contrat synallagmatique** qui crée des obligations à la charge de chacune des parties.

Les actes multilatéraux font intervenir plusieurs personnes dénommées parties. Le contrat de vente est un contrat synallagmatique qui crée des obligations au vendeur et à l'acheteur. Le vendeur est tenu de transférer la propriété de la chose vendue à l'acheteur. L'acheteur est tenu de payer le prix de l'achat de la chose vendue.

L'acte juridique multilatéral le plus répandu est appelé **convention**. On entend par là un accord de deux ou plusieurs volontés, en vue de produire des effets de droit quelconques.

---

[7] - Sur cette question, voir notre ouvrage « Le Pluralisme Juridique en Afrique » – LGDJ, Paris 1991, pp. 191 et s.

Lorsque la convention a pour objet de créer des obligations à la charge des parties, l'expression juridique consacrée est celle de **contrat.**

2. Actes conservatoires, d'administration, de disposition

2.1. L'acte conservatoire est celui qui a pour effet de maintenir les droits dans leur état actuel, de les consolider et d'empêcher qu'ils ne se perdent. Exemple : la publicité d'une hypothèque. Lorsqu'une créance est garantie par une hypothèque sur un bien immeuble du débiteur, l'hypothèque doit faire l'objet d'une publicité à la conservation des hypothèques. Cette formalité permet de conserver le droit du créancier hypothécaire.

Il convient de préciser que l'acte conservatoire permet d'assurer la conservation des droits et non la conservation matérielle des biens. La réparation d'un objet est une simple conservation matérielle.

L'acte conservatoire a pour objet l'accomplissement d'une formalité sans laquelle l'acquisition ou la conservation des droits serait remise en cause ou l'existence d'un droit menacé de disparition.

2.2. L'acte d'administration est celui qui est nécessaire à la gestion courante d'un bien en le faisant fructifier sans en compromettre la valeur en capital. Faire des réparations urgentes, vendre les fruits des arbres sont des actes d'administration.

2.3. L'acte de disposition est celui qui a pour effet de faire sortir un droit du patrimoine ou de diminuer de façon durable la valeur de ce droit, sans esprit de remploi, c'est-à-dire sans que celui qui agit ait l'intention d'affecter la contrepartie de cette perte au rétablissement de la valeur du droit amputé du patrimoine ([8]). Une donation fait sortir le bien donné du patrimoine sans esprit de remploi.

3. Actes à titre onéreux et actes à titre gratuit

On parle **d'acte au titre onéreux** lorsque les intéressés recherchent un avantage réciproque ; par exemple l'acheteur consent à payer le prix de la chose pour obtenir la livraison de celle-ci.

Au contraire on parle d'acte à titre gratuit ou **libéralité**, lorsqu'une personne transmet un droit qui lui est propre avec une intention purement libérale. Exemple : la donation, le testament.

---

[8] - Par exemple acheter un terrain avec l'argent reçu de la vente d'une petite maison.

I. Les faits juridiques

Les faits juridiques sont constitués par des événements quelconques auxquels la règle de droit attache des effets juridiques qui n'ont pas été spécialement et directement voulus par les parties.

Le fait juridique peut être un fait naturel, c'est à dire, l'œuvre de la nature. Par exemple, le décès naturel d'une personne (généralement non voulu) produit des conséquences juridiques : sa succession est ouverte à ses héritiers et légataires.

Mais, le fait juridique peut également être le fait de l'homme. Ainsi, un conducteur commet une imprudence en brûlant les feux de signalisation. Il blesse involontairement un piéton. Cette imprudence produit des effets juridiques : la faute du conducteur crée à sa charge une obligation de réparer le dommage subi par la victime en application de l'article 118 du code des obligations civiles et commerciales. Ici, le fait générateur de responsabilité est le fait de l'homme. Mais le conducteur n'a pas voulu l'effet juridique qui se réalise. S'il a brûlé les feux de signalisation, ce n'était pas dans le but de faire naître à sa charge l'obligation de réparer un dommage. La réparation du préjudice s'effectue par le versement d'une indemnité pécuniaire.

Classification des droits et des choses sur lesquelles portent ces droits

I. Classification des droits subjectifs

Deux classifications seront envisagées ici :

– La classification des droits selon leur caractère patrimonial ou extrapatrimonial.

– La classification des droits d'après leur objet : droits réels, droits de créance, droits intellectuels, droits de la personnalité.

1°) Classification des droits selon leur caractère patrimonial ou extrapatrimonial

La distinction entre droits patrimoniaux et droits extrapatrimoniaux a un **fondement économique**.

1. Les droits patrimoniaux sont les droits susceptibles d'une évaluation pécuniaire et qui ont un objet économique. Les droits patrimoniaux sont appréciables en argent.

L'ensemble des droits patrimoniaux constitue le **patrimoine**. Le patrimoine n'est pas un ensemble de biens, mais est un ensemble de droits et d'obligations ayant une valeur économique. Les droits patrimoniaux peuvent cependant porter sur des biens.

Le patrimoine est un ensemble, une unité juridique, une universalité de droit, distincte des éléments qui le composent. Les droits et les obligations qui la composent ne sont pas envisagés isolement. Le patrimoine est un contenant ayant un contenu. Il comprend un actif constitué par l'ensemble des droits de la personne et un passif constitué de dettes et de toutes les obligations de la personne.

Les droits patrimoniaux, étant appréciables en argent, sont cessibles à un nouveau titulaire. Ils sont également transmissibles aux héritiers et aux légataires du titulaire, ils sont saisissables par les créanciers. Ils sont enfin prescriptibles.

2. Quant aux droits extrapatrimoniaux, envisagés en eux-mêmes, ils n'ont aucune valeur pécuniaire. Par exemple, le droit de se marier est un droit extrapatrimonial.

À la différence des droits patrimoniaux, les droits extrapatrimoniaux sont incessibles, intransmissibles, insaisissables, imprescriptibles.

2°) Classification des droits d'après leur objet : droits de créance ou droit personnel, ou obligations ; droits réels ; droits intellectuels ; droits de la personnalité

1. Les droits de créance ou droits personnels ou obligations

1. Définition

Les droits de créance, ou droits personnels, ou obligation, sont les droits qui permettent à une personne d'exiger quelque chose d'une autre personne qui est, par conséquent, tenue de l'accomplissement d'une obligation envers le titulaire du droit personnel. Il existe un droit de créance au profit de l'acheteur d'un bien, lequel a le droit d'exiger que le vendeur lui livre le bien objet du contrat de vente. De même, le vendeur a le droit d'exiger de l'acheteur qu'il paie le prix du bien vendu.

Le droit de créance suppose l'existence de deux sujets : un sujet actif, le titulaire du droit, c'est le créancier et un sujet passif, celui qui est tenu d'exécuter une obligation au profit du sujet actif, c'est le débiteur.

La créance envisagée du côté actif, a pour contrepartie la dette ou obligation envisagée du côté passif. Parler d'obligation, de droit personnel ou droit de créance revient à dire la même chose. Le droit des obligations est l'étude du rapport d'obligation entre deux patrimoines : celui du créancier et celui du débiteur. Le droit des obligations fait l'objet d'un enseignement à la Faculté des Sciences juridiques et politiques de l'Université Cheikh Anta Diop de Dakar. Ce cours porte essentiellement sur les contrats et la responsabilité civile.

1.2. Caractères généraux des droits personnels ou droits de créance

– Les droits personnels sont en **nombre illimité**. Les contractants peuvent en effet, grâce au principe de la liberté des conventions, aménager leurs rapports juridiques et créer des rapports non prévus par la loi.

– Les droits personnels ont un **caractère relatif** : Le droit de créance n'établit de relations qu'entre les parties c'est-à-dire le créancier et le débiteur. Il n'est pas opposable aux tiers. Il présente un caractère relatif.

– Les droits personnels n'octroient à leurs titulaires **aucun privilège particulier** : le titulaire d'un droit personnel n'a pas de **"droit de suite".** Le droit de suite est le droit pour le titulaire d'un droit réel sur une chose, d'exercer son droit sur cette chose en quelques mains qu'elle se trouve.

Le créancier ne peut réclamer le paiement de l'obligation au tiers acquéreur lorsque le débiteur cède la propriété de son et de ses biens.

Le titulaire d'un droit personnel **n'a pas non plus de droit de préférence**, c'est-à-dire le droit pour un créancier d'être payé avant d'autres créanciers sur l'argent provenant de la saisie des biens de leur débiteur commun.

2. Les droits réels

2.1. Définition

Les droits réels sont ceux qui donnent à la personne des prérogatives, un pouvoir direct et immédiat sur une chose, pouvoir s'exerçant sans l'entremise d'un autre individu.

Le terme réel vient du mot latin res, la chose. Le droit réel comporte uniquement deux éléments : la personne qui est le sujet actif du droit et la chose qui est l'objet du droit.

2.2 Les différentes sortes de droits réels

Les **droits réels** se divisent en droits réels principaux et droits réels accessoires.

1. Parmi les **droits réels principaux**, le plus important est le **droit de propriété** qui attribue à une personne les pouvoirs les plus importants sur une chose.

Le droit de propriété comprend l'usage (usus) de la chose, le droit d'en tirer tous les fruits et produits (fructus), le droit d'en disposer soit en la consommant, soit en la transformant ou en la détruisant, soit en cédant le droit que l'on a sur elle, en la vendant ou en la donnant à quelqu'un par exemple (abusus).

Cependant, il existe des droits réels principaux autres que le droit de propriété. Il s'agit de ce que l'on appelle les démembrements de la propriété. Il faut entendre par là les droits réels sur une chose qui est la propriété d'autrui. Ils sont appelés démembrement de la propriété car ils confèrent à leur titulaire une partie seulement des prérogatives attachées au droit de propriété.

Parmi les démembrements de la propriété, on peut citer :

– **L'usufruit**, c'est-à-dire le droit d'user et de jouir de la chose dont quelqu'un d'autre, appelé nu propriétaire, a la propriété. Par exemple, un frère propriétaire d'un immeuble en cède l'usufruit à sa sœur qui est dans le besoin. La sœur peut user et jouir de l'immeuble, mais ne peut le vendre ou le donner à quelqu'un d'autre car elle n'en est pas le propriétaire.

– **La servitude** est une charge pesant sur un immeuble au profit d'un autre immeuble. Par exemple, une servitude de passage donnant à son titulaire le droit de passer sur le terrain d'autrui, lorsque son propre terrain n'a pas une issue directe sur la voie publique.

– **L'emphytéose** qui est le droit qu'a le locataire sur la chose qui lui a été louée pour une durée allant de 18 à 50 ans avec possibilité de prorogation pour une durée maximale de 50 ans mais aussi de renouvellement. En France, la durée du bail emphytéotique est de 18 à 99 ans. Ce sont les terres qui font généralement l'objet de baux emphytéotiques.

Le bail emphytéotique confère à son titulaire appelé emphytéote, un droit réel susceptible, en particulier, d'hypothèque. Le titulaire de l'emphytéose est tenu de l'obligation de mise en valeur dans un délai déterminé.

2. Quant aux **droits réels accessoires**, ils sont ainsi appelés parce qu'ils constituent l'accessoire d'une créance.

Les droits réels accessoires sont les **sûretés réelles**, c'est-à-dire les biens qui sont affectés à la garantie du paiement d'une créance. Il s'agit de l'hypothèque pour les immeubles, du gage pour les meubles et du nantissement pour le fonds de commerce. Le créancier hypothécaire et le créancier gagiste ont le droit de faire vendre le bien sur lequel porte leur sûreté pour se faire payer leur créance. Ils sont titulaires de véritables droits réels.

2.3. Les traits caractéristiques des droits réels

– D'abord, les droits réels sont en **nombre limité**. Ils sont déterminés par la loi.

– Ensuite, le droit réel s'exerçant directement sur la chose, est absolu dans la mesure où il peut être opposé à toute autre personne. Il est opposable à tous erga omnes.

– En 3e lieu, le droit réel comporte le **droit de suite** et le **droit de préférence.**

3. Les droits intellectuels ou droits de propriété incorporelle

Il s'agit des droits ayant une valeur pécuniaire mais qui ne portent pas sur des choses corporelles et ne constituent pas non plus des créances à l'égard d'un débiteur. Leur objet est une chose incorporelle résultant de l'activité intellectuelle de la personne. Les droits intellectuels sont ceux qui se rapprochent le plus du droit de propriété. Ils appartiennent en propre à leur titulaire. C'est sans doute ce qui explique les expressions utilisées pour les nommer : propriété littéraire, propriété artistique, propriété industrielle. Leur exploitation est en principe exclusive. C'est ce qui justifie l'interdiction du plagiat et de la piraterie.

Constitue par exemple un droit intellectuel, le droit qu'à l'auteur d'une œuvre littéraire ou artistique d'exploiter pécuniairement cette œuvre et d'en tirer des bénéfices.

Les contours des droits intellectuels ne sont pas déterminés de façon précise. Mais, sont généralement considérés comme faisant partie des droits intellectuels, le droit de l'auteur, de l'écrivain, de l'artiste, du compositeur, de l'inventeur, les droits permettant à un commerçant d'acquérir et de conserver sa clientèle.

4. Les droits de la personnalité

Les droits de la personnalité sont ceux qui ont pour objet les éléments constitutifs de la personnalité de l'être humain, sous ses aspects physiques et moraux.

Il s'agit des droits et libertés de la personne humaine. Parmi les droits physiques de la personne, on peut citer : le droit à la vie, le droit à l'intégrité corporelle, la liberté d'aller et venir, etc.

Sous leur aspect moral, les droits de la personnalité peuvent être constitués par le droit à la dignité, à l'honneur, à la considération, le droit à l'intimité de la vie privée, le droit moral du créateur d'une œuvre de l'esprit sur sa création, le droit à l'image (qui a une importance capitale aujourd'hui avec le développement des mass-médias), etc.

Les droits de la personnalité seront étudiés plus en détail dans le tome II de l'ouvrage consacré aux personnes et à la famille.

II. Classification des choses objet des droits subjectifs

Plusieurs classifications sont possibles.

1°) Choses corporelles - Choses incorporelles

Les choses corporelles sont celles que l'on peut toucher, palper (une maison, un stylo, une voiture, etc.).

En revanche, les choses incorporelles sont impalpables. Elles n'ont qu'une existence abstraite. La clientèle d'un commerçant est une chose incorporelle ; le droit de l'auteur sur son œuvre, qui est la faculté d'exploiter le produit de son œuvre, est une chose abstraite. C'est une chose incorporelle.

2°) Choses susceptibles d'appropriation privée et choses non appropriées

La plupart des choses sont l'objet d'un droit de propriété privée.

Cependant, certaines choses, par leur nature même, ne sont pas appropriées. Elles ne peuvent donc en principe, faire l'objet de droits subjectifs. Il en est ainsi des **choses communes**, à savoir l'air, l'eau de la mer, l'eau courante (source), la lumière. Ces choses appartiennent à tous.

Il faudrait préciser cependant que ces choses ne sont pas rebelles à l'appropriation privée. Par exemple, l'air est susceptible d'appropriation sous certaines formes, en air liquide, par exemple. De même, on peut puiser de l'eau de mer, en extraire du sel, et se l'approprier sous réserve des lois et règlements.

Parmi les biens non susceptibles d'appropriation, figurent les **biens dits "vacants et sans maîtres"**. Il s'agit des biens mobiliers sans maître à l'exclusion des biens immobiliers qui, lorsqu'ils n'ont pas de maîtres, appartiennent à l'État.

Dans la catégorie des biens meubles sans maître, il faut inclure les **res nullius** : le gibier, les produits de la mer (poissons, crevettes, etc.), et les **res derelictae** c'est-à-dire les choses mobilières volontairement abandonnées par leurs anciens maîtres et qui pourront du reste être appropriées à nouveau par ceux qui les recueilleront. Les res derelictae font l'affaire des « boujoumans » (s'entendant dans le langage populaire sénégalais, les personnes qui fouillent dans les poubelles et vivent des choses abandonnées par leurs propriétaires). Les res derelictae ne sauraient être confondus avec les **épaves** qui sont des objets simplement perdus et que leur propriétaire entend récupérer. Le bateau « le joola » est une épave tant qu'il ne sera pas retiré de l'eau.

Notons qu'en **Afrique Noire traditionnelle**, certains biens tels que la **terre**, en raison de leur importance, n'étaient pas susceptibles d'appropriation privée. Au contraire, la terre y était considérée comme étant une chose sacrée n'appartenant en propre à personne. Les droits portant sur la terre étaient de simples droits d'usage. Cette conception du droit sur la terre a largement inspiré la loi sénégalaise de 1964 sur le domaine national qui, à l'origine réservait 99 % des terres à la nation. Cette période est aujourd'hui révolue.

3°) Choses mobilières et choses immobilières

Les **choses mobilières ou meubles** sont les biens qui sont susceptibles d'être déplacés d'un lieu à un autre. Une voiture, un livre, des lunettes, etc., sont des meubles. Il ne s'agit pas seulement des meubles meublant tels que les chaises, fauteuils, armoires, lits, etc.

Les **choses immobilières ou immeubles** sont en revanche, les biens qui ont une situation fixe. Il s'agit du sol et tout ce qui est fixé au sol. Les canalisations, les bâtiments, les arbres, fixés au sol, sont des choses également immobilières.

La distinction entre choses mobilières et choses immobilières est fondamentale. Il convient donc d'en préciser l'intérêt avant de présenter plus en détail successivement les immeubles et les meubles.

1. Intérêts de la distinction entre choses mobilières et choses immobilières

Ces intérêts sont considérables. Les uns sont liés à la différence de nature physique des meubles et des immeubles ; les autres sont déduits de la différence de valeur économique entre ces deux catégories de biens.

1.1. Les intérêts liés à la différence de nature physique entre meubles et immeubles

Les immeubles ont un caractère de fixité contrairement aux meubles. On en déduit un certain nombre de conséquences.

D'abord, les opérations concernant les immeubles font l'objet de **publicité** parce que les tiers doivent en être informés. Pour les meubles, au contraire, il n'y a pas de publicité en principe. Il n'en est autrement que de façon exceptionnelle, par exemple pour les meubles qui ont un port d'attache : les navires, bateaux, aéronefs.

Une deuxième conséquence concerne les **sûretés réelles**. Elle est relative à la différence entre le **gage** et **l'hypothèque.** Le débiteur qui consent une hypothèque sur son immeuble en conserve la possession. Il continue par exemple d'habiter la maison hypothéquée.

Il en est autrement s'agissant du gage qui est une sûreté mobilière. Le débiteur qui consent un gage doit remettre l'objet entre les mains du créancier gagiste ou d'un tiers représentant ce dernier.

Une troisième conséquence concerne la **possession** qui peut être définie comme un pouvoir de fait sur une chose. En matière immobilière, la possession est distincte de la propriété. Ainsi, le fait qu'une personne possède une maison ne signifie pas nécessairement qu'elle en est propriétaire. Cependant, la prescription acquisitive existe en matière immobilière. Elle suppose une possession prolongée normalement pendant 30 ans. En matière immobilière, ce sont les règles du Code civil français qui sont encore applicables en matière. Donc, celui qui possède un immeuble pendant 30 années en devient propriétaire. C'est l'usurpation. Le possesseur exerce sur la chose qui est entre ses mains, les pouvoirs, dévolus à un propriétaire, sans se soucier du point de savoir s'il est réellement propriétaire de la chose en question.

Au contraire, en matière de meuble, la possession de bonne foi, même instantanée, vaut titre (art. 262 C.O.C.C. reprenant l'art. 2279 du C. civ. fr), ce qui signifie qu'elle fait présumer la propriété. Ces deux dispositions instituent une présomption légale de propriété au profit du possesseur de bonne foi et opérant un renversement de la charge de la preuve au profit du possesseur. Cependant, cette présomption n'est pas applicable en cas de dessaisissement du véritable propriétaire par perte ou par vol (art. 262 al.2) du C.O.C.C. Il appartient à autrui de prouver que le possesseur du bien meuble n'en est pas le véritable propriétaire.

Une quatrième conséquence est relative à la **compétence des juridictions.** Les actions en justice relatives aux meubles et celles concernant des immeubles ne sont pas soumises aux mêmes règles de compétence judiciaire. En matière d'immeuble, le tribunal compétent est celui dans le ressort duquel se trouve l'immeuble. En matière de meubles, les solutions sont différentes. Le tribunal compétent en matière mobilière peut être le tribunal du lieu où demeure le défendeur, ou celui du lieu d'ouverture de la succession, etc.

1.2. Les intérêts liés à la différence de valeur économique entre Meubles et immeubles

Les biens immeubles ont pendant longtemps été considérés comme ayant une valeur économique supérieure à celle des meubles. Cette idée se traduisait par l'adage "res mobilis res vilis". Partant de cette idée, les juristes inspirés ont entouré les immeubles de règles plus protectrices afin d'assurer leur conservation dans la famille par le système romano-germanique.

Il en est ainsi tout d'abord en matière de **capacité et de pouvoir**. Les règles de doit sont généralement moins sévères pour les opérations relatives aux meubles que pour celles concernant les immeubles. Il s'ensuit que les pouvoirs attribués au gérant du bien d'autrui sont plus étendus en matière mobilière qu'en matière immobilière.

La volonté de protéger les immeubles se manifeste ensuite en matière de **saisie**. La saisie d'un immeuble obéit à des règles plus compliquées que celles d'un meuble.

L'intérêt porté aux immeubles se vérifie aussi dans le domaine de la **lésion**. La lésion est le préjudice économique subi par une partie du fait de la disproportion des prestations d'un contrat. Par exemple, le vendeur d'un immeuble est victime d'une lésion lorsqu'il cède cet immeuble pour un prix très inférieur à sa valeur réelle. On dit que la vente d'immeubles est rescindable pour cause de lésion, c'est-à-dire qu'elle peut être frappée de nullité pour lésion de plus du quart subie par le vendeur.

Au contraire, en matière mobilière, la lésion n'est pas sanctionnée sauf dans quelques cas exceptionnels.

Il convient de préciser cependant que **l'idée de supériorité économique des immeubles sur laquelle se fondent les juristes doit être revue à sa juste valeur.** Aujourd'hui, la catégorie des biens meubles a pris une importance considérable avec notamment la multiplication des "valeurs mobilières", c'est-à-dire des titres de bourse, avec le développement des fonds de commerce et l'importance des droits dits intellectuels.

2. Les immeubles

Il existe trois **catégories d'immeubles** : les immeubles par nature, les immeubles par destination et les immeubles par l'objet auquel ils s'appliquent.

2.1. Les immeubles par nature sont le sol et tout ce qui est fixé au sol, c'est-à-dire les végétaux (plantes, arbres, fruits non encore recueillis) et les constructions adhérentes au sol (les bâtiments, les canalisations d'eau, de gaz ou d'électricité, etc.).

2.2. Les immeubles par destination sont des choses mobilières que la loi considère fictivement comme des immeubles en raison du lien qui les unit à un immeuble par nature dont ils constituent l'accessoire. Deux hypothèses peuvent être envisagées. La première est celle où des choses de nature mobilière ont été placées par le propriétaire pour le service et l'exploitation d'un bien immeuble. Cette chose mobilière par nature est alors, par une fiction juridique, appelée immeuble par destination proprement dit. Ainsi, en est-il du tracteur servant à l'exploitation d'une terre. La seconde hypothèse est relative aux meubles par nature qui sont fixés de façon durable et apparente par leur propriétaire sur un immeuble lui appartenant. Par fiction, ce meuble par nature est appelé immeuble par incorporation et entre dans la catégorie des immeubles par destination. Une porte, une fenêtre d'un bâtiment sont des immeubles par incorporation. Cette fiction a pour but de soumettre les biens meubles concernés aux mêmes règles que l'immeuble auquel ils sont attachés.

2.3. Les immeubles par l'objet auquel ils s'appliquent sont des immeubles incorporels. Il s'agit des droits réels démembrés de la propriété (usufruit, servitudes, etc.), des actions en justice portant réclamation un droit réel sur l'immeuble, de la revendication d'un immeuble en justice, des droits réels accessoires portant sur un immeuble, notamment l'hypothèque.

3. Les meubles

Tout ce qui n'est pas "immeuble" est "meuble". Les meubles comportent des catégories différentes.

– Il existe d'abord des **meubles par nature**. Ce sont les choses mobilières corporelles qui peuvent être transportées d'un lieu à un autre : les portables, les animaux, les choses inanimées, les titres au porteur, etc.

– Il existe ensuite les **meubles par anticipation** qui sont des immeubles par nature, fictivement considérés comme des meubles car le deviendront dans un avenir non lointain. Il peut s'agir par exemple de récoltes déjà vendues avant la cueillette. Une fois cueillies ces récoltes deviennent des meubles. Cette catégorie de biens meubles présente un intérêt juridique car les opérations portant sur les meubles sont moins complexes que celles portant sur des immeubles.

– Il existe enfin des **meubles par détermination de la loi**. Ce sont des meubles incorporels, des droits portant sur des choses mobilières. Il s'agit des droits de créances (sommes d'argent, meubles divers ou prestations de services), des valeurs mobilières, c'est-à-dire des actions dans les sociétés (les titres représentant des parts dans une société) et des emprunts émis par certaines sociétés et certaines collectivités publiques et que l'on désigne sous le nom d'obligations.

Il s'agit également de tous les droits réels (autres que le droit de propriété et qui portent sur des meubles. Par exemple un usufruit mobilier.

Sont également des meubles par détermination de la loi : les droits intellectuels ou de clientèle (fonds de commerce, droits d'auteurs, etc.), les offices ministériels, c'est-à-dire les charges des notaires, des avocats, des huissiers de justice, etc.). Enfin, toute action en justice relative à un bien meuble a un caractère mobilier.

4°) Choses fongibles et choses non fongibles

Les **choses fongibles** encore appelées **choses de genre** sont des choses existant en plusieurs exemplaires identiques pouvant être remplacés les uns par les autres. Par exemple, un objet fabriqué en série : les stylos « bic », les cahiers « Topic », etc.

Les choses non fongibles encore appelées **corps certains** sont des choses individualisées, déterminées, uniques. Il s'agit par exemple d'un tableau de PICASSO ou des Kwanza de Mbarou Camara BA.

5°) Choses consomptibles et choses non consomptibles

Les **choses consomptibles** sont celles qui disparaissent par l'usage qu'on en fait. Il en est ainsi par exemple des aliments ou de l'argent. Un bol de riz au poisson disparaît aussitôt consommé.

Au contraire, les **choses non consomptibles** sont celles qui ne peuvent pas disparaître par l'usage qu'on en fait : par exemple une voiture, le sol.

PARAGRAPHE III : TRANSMISSION ET EXTINCTION DES DROITS SUBJECTIFS

I. La transmission des droits subjectifs

Les **droits extrapatrimoniaux** sont **intransmissibles** parce qu'ils sont intimement liés à la personne. Donc, seuls les **droits patrimoniaux** ayant une valeur pécuniaire sont normalement susceptibles d'être transmis.

La transmission des droits peut être réalisée par la **volonté des personnes**. C'est le cas en matière de vente.

Mais **certains faits indépendants de la volonté** peuvent également être à l'origine de la transmission dès lors que la loi y attache certaines conséquences. C'est ainsi que le **décès** d'une personne ouvre sa succession c'est-à-dire permet de réaliser le transfert des droits patrimoniaux du de cujus (défunt) aux personnes que la loi appelle à la succession en l'absence de testament. Ce sont les héritiers.

Celui qui transmet un droit est généralement appelé **auteur.** Celui qui le reçoit est désigné sous le **nom d'ayant-cause**.

Les divers modes de transmission des droits peuvent être classés en deux catégories.

1) Mode de transmission universel, à titre universel ou à titre particulier

1. Les modes de transmission universelle sont les faits ou actes qui transmettent à une personne l'ensemble du patrimoine d'une autre personne. C'est le cas lorsque la succession est dévolue en vertu de la loi ou d'un testament à une seule personne : héritière ou légataire.

2. Les modes de transmission à titre universel sont les faits ou actes qui transmettent seulement une quote-part c'est-à-dire une fraction du patrimoine. Par exemple, lorsqu'il existe plusieurs héritiers, la loi attribue à chacun une quote-part du patrimoine du de cujus : 1/4, 1/3, 1/2, etc., du patrimoine.

3. Les modes de transmission à titre particulier sont les faits ou actes qui transmettent un ou plusieurs biens ou droits déterminés. La vente est un mode de transmission à titre particulier. On vend tel bien ou tels biens.

2) Les modes de transmission entre vifs ou à cause de mort

La **transmission entre vifs** est celle qui se réalise entre des personnes vivantes. La donation, la vente sont des modes de transmission entre vifs.

La transmission à cause de mort se réalise au contraire au moment du décès d'une personne. La transmission des droits successoraux a lieu à cause de mort.

II. L'extinction des droits subjectifs

Les droits subjectifs peuvent être éteints. Les causes d'extinction d ces droits sont variées. On peut néanmoins les classer en distinguant les causes d'extinction procédant de la volonté des personnes et celles qui sont indépendantes de cette volonté.

1) Causes d'extinction procédant de la volonté des personnes

1. La renonciation

Le titulaire d'un droit subjectif peut y renoncer volontairement. Cependant, cette renonciation n'est pas toujours possible. Elle n'est pas possible pour les droits extrapatrimoniaux ou les droits patrimoniaux d'ordre public, par exemple, le droit au salaire.

Lorsqu'elle est possible, la renonciation ne se présume pas. Elle doit résulter d'une volonté certaine qui peut être expresse ou tacite c'est-à-dire tirée du comportement de l'individu. La renonciation est irrévocable et ne doit pas être assortie d'une contrepartie.

2. L'exécution de l'obligation par le débiteur

Le débiteur met fin à l'obligation en procédant au **paiement** qui est le mode principal d'extinction des obligations.

3. L'extinction de l'obligation par la volonté commune du débiteur et du créancier

Le débiteur et le créancier peuvent s'entendre pour éteindre l'obligation. Ils recourent alors à certaines techniques du droit des obligations :

3.1. La novation qui est la substitution conventionnelle d'une obligation à une autre. L'obligation est éteinte et remplacée par une obligation nouvelle. On parle de novation par exemple lorsque le débiteur de l'obligation naturelle, sans s'acquitter immédiatement du paiement, s'engage à l'exécuter. Par cette promesse l'obligation perd sa qualification de « naturelle »[9], pour devenir une obligation 'civile ». On parle de novation » de l'obligation « naturelle » en obligation « civile ».

[9] Sur l'obligation naturelle, voir infra.

3.2. La dation en paiement qui suppose que le créancier accepte en paiement, une chose autre que la chose due. Par exemple, le créancier accepte en paiement des biens matériels à la place d'une somme d'argent.

3.3. La compensation

La compensation est un mode d'extinction des créances utilisé lorsque deux personnes sont respectivement créancière et débitrice l'une de l'autre d'objets identiques, notamment de deux sommes d'argent. Dans cette hypothèse, la compensation éteint les deux dettes, soit en totalité si elles sont égales, soit jusqu'à concurrence de la plus faible, si elles sont inégales. Exemple, je vous dois 10.000F. Vous me devez 7500F. Les deux dettes sont éteintes par compensation à concurrence de 7500F. Je reste vous devoir 2500F.

3.4. La disparition du droit par l'arrivée du terme extinctif

Le terme extinctif est un **événement futur et certain** dont la réalisation éteint le droit. Par exemple, je vous loue ma maison pour quatre ans. Au bout des 4 ans, le droit au bail est éteint.

3.5. La disparition du droit par la réalisation d'une condition résolutoire

La condition résolutoire fait dépendre la disparition rétroactive du droit, de la réalisation d'un **événement futur et incertain.** Exemple, je vous donne ma maison, mais la donation sera résolue si j'arrive à avoir un enfant.

2) Causes d'extinctions indépendantes de la volonté des personnes

Les causes d'extinction des droits subjectifs indépendantes de la volonté des personnes sont multiples.

1. Causes d'extinction liées à une impossibilité d'exécution

Un droit s'éteint par la force des choses lorsque sa mise en œuvre se heurte à une impossibilité d'exécution.

L'hypothèse à envisager est celle où l'impossibilité d'exécution n'est pas provoquée par une faute. En effet, s'il y avait faute, le droit survit sous la forme d'une obligation de réparation, mise à la charge de l'auteur de la faute.

Par impossibilité d'exécution, il convient donc d'entendre celle provoquée par la force majeure c'est-à-dire un événement normalement imprévisible et irrésistible ou la perte de la chose. C'est le cas lorsque l'animal objet de l'obligation, a péri.

2. Causes d'extinction liées au manque d'intérêt à l'exercice du droit

Le manque d'intérêt à l'exercice d'un droit s'observe dans les hypothèses de confusion et de consolidation.

2.1. La confusion

La confusion concerne les droits de créance ou droits personnels. Elle suppose la réunion dans la même personne des deux qualités de créancier et de débiteur. La confusion a lieu généralement en matière successorale lorsque l'héritier est tenu de payer le passif c'est-à-dire les dettes et recueille l'actif, à savoir les créances. Il en est ainsi en cas d'acceptation pure et simple de la succession par l'héritier.

2.2. La consolidation

La consolidation est pour les droits réels ce que la confusion est pour les droits de créance. La consolidation est la réunion sur la même tête du droit de propriété et d'un démembrement de ce droit.

C'est le cas lorsque le propriétaire du terrain subissant une servitude devient également propriétaire du fonds bénéficiaire de la servitude.

3. La prescription extinctive

Lorsque le titulaire d'un droit ne l'exerce pas pendant longtemps, le droit s'éteint par le non-usage. C'est la prescription extinctive. La durée normale de la prescription extinctive est de 10 ans au Sénégal[10]. Cette durée peut être exceptionnellement réduite ou au contraire augmentée selon les cas. La prescription est de 5 ans pour les obligations à exécution périodique (loyers, intérêts, etc.). Cette prescription de 5 ans constitue le droit commun pour les commerçants. La prescription extinctive peut aller jusqu'à 20 ans en matière pénale. La prescription extinctive s'explique par la nécessité d'assurer l'ordre social qui s'oppose à ce que l'on se permette de « remuer la plaie » en remettant en question des situations de fait trop lointaines.

LECTURES

Sur les droits subjectifs : *MICHAELIDES – NOVAROS, « L'évolution récente de la notion de droit subjectif », R.T.D. Civ. 1966. pp. 2 et s.*

[10] - Elle est de 30 ans pour la France.

***Sur l'acte unilatéral** : Amsatou Sow SIDIBÉ « Le Pluralisme juridique en Afrique » L.G.D.J. Paris 1991 ; pp. 197 et s. L'option de statut successoral est un engagement unilatéral de volonté.*

***Sur le patrimoine :** Voir P. Catala, « La transformation du patrimoine dans le droit civil moderne » R.T.D. Civ. 1966, pp. 185 et s.*

***Sur la classification des droits subjectifs, Droits réels, droits personnels** : GINOSSAR « Pour une meilleure définition du droit réel et du droit personnel » R.T.D civ. 1962. 573.*

***Sur le droit de propriété foncière**, voir Talla MBENGUE contre Moustapha NDIAYE – Cour de cassation – Chambre civile et commerciale – 5 janvier 1994 ; Bulletin des arrêts de la Cour de Cassation n° 31. Selon la Cour, la bonne foi ne peut être retenue pour justifier l'acquisition d'un terrain immatriculé par acte sous signatures privées, même si cet acte est antérieur à l'immatriculation au registre foncier. Cette décision confirme les conditions du transfert de propriété dans la vente d'immeuble. L'article 383 du C.O.C.C. fait obligation aux parties de conclure leur contrat par devant notaire.*

Sur cette question, voir M. Mamadou Hamath SY « Faire une analyse de la jurisprudence relative aux immeubles en droit sénégalais » - Mémoire de Maîtrise sous la direction du d'Amsatou Sow SIDIBÉ – Année académique 2009-2010 – CREDILA – Faculté des Sciences juridiques et politiques UCAD-Dakar.

***Sur la classification des choses** : R. SAVATIER « Classification juridique des biens », R.T.D. civ. 1958 pp. 1 et 331*

GINOSSAR « Pour une meilleure définition du droit réel et du droit personnel », R.T.D. civ. 1960. 37

***Sur les droits de la personnalité** : Voir J. P. DUPRAT « Le statut juridique du corps humain : une construction progressive » - in Les Petites Affiches, n° 80, 3 juillet 1996, p. 4 ; E. GAILLARD, « La double nature du droit à l'image et ses conséquences », D. 1984, Chron. 161 ; R. HAMOU « Peut-il exister un droit de propriété sur l'image des biens », Gaz. Pal. 15-16 déc. 2000, p. 19 ; R. LINDON « Vie privée : un triple dérapage », J.C.P. 1970. I. 2236 ; R. NERSON, « Chronique sur les droits de la personnalité » R.T.D. civ. 1966 65 et s. ; R. NERSON « Les limites à l'extension indéfinie de la notion de droit de la personnalité », RTD civ. 1983. 107 ; Fr. POLL AUD-DULIAN, « Droit moral et de la personnalité », J.C.P. 1994. I. 3780*

***Sur les droits intellectuels** : Voir Coumba Laye GUEYE « Contribution à l'étude des contraintes liées à la gestion des œuvres musicales par le bureau sénégalais des droits d'auteurs (BSDA). Mémoire de fin d'études pour l'obtention d'un diplôme supérieur d'animation culturelle – sous la direction de M. Alioune Badara MBOUP – Ministère de la Culture, Département de formation des formateurs en animation culturelle et de la Recherche – année académique 2000-2001 ; Ch. Donné BONYAMOUE « Le rôle du droit des brevets dans le développement ».Mémoire de maîtrise sous la direction de M. Ibrahima CAMARA – Faculté des Sciences juridiques et économiques – année académique 1988/1989 ; Babacar NDIAYE « Les droits d'auteurs au Sénégal », mémoire de maîtrise – année académique 1989/1990 – Faculté des Sciences juridiques et économiques – UCAD/Dakar ; Ndèye Aïssatou BAH « Les droits d'auteur au Sénégal » Mémoire de Maîtrise, année académique 1989/1990 – Faculté des Sciences juridiques et économiques – UCAD/Dakar ; Ahmadou DIENG « quelques réflexions sur droit d'auteur et les droits voisins ». Mémoire de Maîtrise sous la direction de M. Moussa SAMB, année académique 1999/2000 – Faculté des Sciences juridiques et politiques – UCAD/Dakar.*

CHAPITRE II

LES SOURCES DU DROIT

L'étude des sources du droit permet de savoir comment naît la règle de droit.

Avant de faire des développements à propos des sources actuelles du droit, il semble opportun de présenter un bref aperçu historique sur la question.

SECTION I : HISTORIQUE DES SOURCES DU DROIT SÉNÉGALAIS

Trois périodes doivent être distinguées : la période pré-coloniale, l'époque coloniale et celle postérieure à l'Indépendance du Sénégal.

PARAGRAPHE I : LA PÉRIODE PRÉ-COLONIALE

Pendant la période pré-coloniale, ce sont les **coutumes** qui régissaient l'ensemble de l'organisation sociale africaine. Chaque groupe social, tribu ou clan avait sa coutume. Les coutumes, imprégnées de croyance religieuse, étaient à l'origine animistes. Elles ont été par la suite imprégnées de droit musulman dans certaines ethnies.

Les coutumes, orales (exception faite dans le cas où elles étaient influencées par le droit musulman), collectivistes ou communautaires, étaient détenues par des notables, gardiens de la tradition.

PARAGRAPHE II : LA PÉRIODE COLONIALE

Pendant la période coloniale, le système juridique sénégalais se caractérisait par la distinction fondamentale entre le **droit dit « moderne »** d'une part et les coutumes de l'autre.

I. Le droit dit « moderne »

Le droit dit « moderne » était celui introduit au Sénégal par les Français, principalement sous la forme du **Code civil** applicable dans les établissements du Sénégal par un arrêté du 8 Vendémiaire an XIV (c'est-à-dire du 28 septembre 1805).

Ce nouveau droit, largement inspiré de celui de la métropole, s'en différenciait parfois. Par exemple, les lois civiles modifiant le Code civil français ne pouvaient être appliquées dans la colonie qu'en vertu d'une décision expresse d'extension. Faute de cela, la loi conservait sa rédaction première conformément au **principe de la spécialité de législation** des territoires d'outre-mer. De plus, certains textes étaient spécialement destinés à la colonie et différaient de ceux de la métropole. Mais ce droit spécial était créé par le colonisateur suivant ses propres concepts et son propre mode de pensée.

Le colonisateur avait élaboré des **textes correctifs** rectifiant certains détails des règles coutumières, des **textes substitutifs** remplaçant certaines règles coutumières considérées comme non adaptées à la nouvelle situation économique et sociale des Sénégalais. Ont également été produits, des **textes adjonctifs** créant une législation nouvelle par rapport au droit traditionnel. Enfin le législateur colonial a substitué le droit dit moderne au droit traditionnel chaque fois que ce dernier était considéré comme "lacunaire" ou "inadapté" aux conditions nouvelles créées par la colonisation, ou lorsque le droit traditionnel était contraire à l'ordre public colonial. Deux instruments juridiques élaborés par le colonisateur en matière familiale sont restés célébrés. Il s'agit du décret Mandel du 15 juin 1939 sur le consentement au mariage, et du décret Jacquinot du 14e siècle 1951 sur la dot et l'option de monogamie. Le décret Jacquinot réglementait la dot et ouvrait une option pour la monogamie.

Le droit dit « moderne » constituait le **droit commun**, ce qui signifiait qu'il bénéficiait d'une certaine prééminence et représentait la règle de principe. L'application des coutumes était en principe exceptionnelle.

II. Les coutumes

Les coutumes ont été maintenues par le colonisateur en **vertu du principe du maintien des institutions traditionnelles** proclamé après de vives résistances opposées par les populations à la politique d'assimilation outrancière menée par le colonisateur.

Les coutumes ont évolué au contact avec la civilisation occidentale. Ceci s'est effectué suivant plusieurs procédés.

D'abord, l'évolution du droit traditionnel s'est effectuée en vertu de la loi sociologique d'imitation. Les institutions traditionnelles vont se modeler et se façonner sur les institutions occidentales.

Ensuite, il y a eu une action directe du colonisateur sur les institutions coutumières, ce qui a entraîné leur altération, leur déformation et même parfois leur disparition.

Enfin, les missionnaires propagateurs du christianisme ont eu une influence non négligeable sur les coutumes. C'est ce qui explique l'existence de coutumes christianisées.

Pendant la période coloniale, les coutumes, essentiellement orales, avaient fait l'objet d'une tentative de codification. Pour la constitution un droit commun coutumier. Ce fut presque un échec puisque seuls quelques recueils de coutumiers juridiques ont été élaborés (trois tomes de coutumiers). L'œuvre entreprise n'a pas été poursuivie. L'élaboration d'un droit commun coutumier n'a donc pas été réalisée.

PARAGRAPHE III : L'APRES INDEPENDANCE

Après l'Indépendance, deux objectifs ont été poursuivis par le législateur : l'unification du droit qui s'est traduite par une codification massive, et la modernisation du droit par la suppression quasi totale du droit traditionnel.

I. La codification

La codification assure l'unification du droit parce qu'elle permet aux citoyens d'être régis par les mêmes textes. C'est la raison pour laquelle, après l'indépendance du Sénégal, les pouvoirs publics se sont lancés dans un vaste programme de codification.

Ainsi, dès l'année 1961, fut élaboré le Code du travail (loi n°61-34 du 15 juin 1961). Fut ensuite mise en place la partie générale du code des obligations civiles et commerciales (loi n° 63-62 du 10 juillet 1963). Ce dernier code s'applique indistinctement aux obligations de droit moderne et aux obligations de droit coutumier. Le code des obligations civiles et commerciales a été complété par des lois ultérieures.

D'autres codes ont été élaborés. Parmi ceux-ci on peut citer le Code pénal (loi n°65-60 du 21 juillet 1965), du code des contraventions (loi n°65-557 du 21 juillet 1965), le code de procédure pénale (loi n°65-61 du 21 juillet 1965), le code de procédure civile (décret n°64-572 du 30 juillet 1964 portant code de procédure civile), la loi sur le domaine national (loi n°64-46 du 17 juin 1964), du code des obligations de l'administration (loi n°65-51 du 19 juillet 1965), le code de la famille (loi n°62-61 du 12 juin 1972) et le code de la Sécurité sociale (loi n°73-37 du 31 juillet 1973), etc.

II. La "modernisation" du droit

Au moment de procéder à la codification, les pouvoirs publics sénégalais se sont trouvés confrontés au problème de savoir s'il fallait maintenir le droit traditionnel ou plutôt l'écarter.

La volonté d'assurer le développement économique du pays a conduit les autorités étatiques sinon à écarter le droit traditionnel, du moins à le reléguer au second plan. Les coutumes, par leur oralité et leur diversité, étaient en effet considérées comme anachroniques et contraires au développement[11].

Les coutumes ont cependant été une source d'inspiration lors de l'élaboration des règles du droit de la famille. En outre, elles ont été intégralement maintenues en matière de forme de célébration du mariage (article 830 C.F.).

Quant aux coutumes islamisées, elles constituent la source d'inspiration directe des règles du droit sénégalais des successions musulmanes.

En dehors des hypothèses précitées, le système juridique sénégalais trouve sa source principale dans le droit d'origine romano-germanique considéré par les pouvoirs publics comme plus apte à promouvoir le développement économique du pays.

LECTURES

Sur les sources du droit sénégalais, *voir notre ouvrage « Le pluralisme juridique en Afrique » L.G.D.J. Paris – 1991*

Sur les sources du droit africain *: voir G.A. KOUASSIGAN : « Quelle est ma loi ? » Tradition et Modernisme dans le Droit privé de la Famille en Afrique Noire francophone – Paris, Pédone, 1974.*

Sur le droit communautaire*, voir OHADA « Harmonisation du droit des affaires » par J. Issa SAYEGH, J. LOHOUES-OBLE – collection droit uniforme africain A.U.F. BRUYLANT BRUXELLES – 2002*

Sur l'interprétation de la loi *: Fr. GENY : « Méthodes d'interprétation et sources en droit privé positif, 2e édition 1954.*

Sur l'application de la loi dans le temps *: voir P. DEUMIER « Rétroactivité des lois et droits fondamentaux » R.T.D. civ. 2004. 598 ; P. THERY, « Le refus d'application d'une loi nouvelle dans une procédure en cours ou « le droit transitoire est-il soluble dans le procès équitable », R.T.D. Civ. 2006, pp. 366 et s.*

Sur la coutume *: voir cheikh Tidiane FAYE « La coutume et les usages ». Mémoire de maîtrise sous la direction de M.J.M. JACQUET – année académique 1988-1989, Université Cheikh Anta Diop de*

[11] - Sur une appréciation critique de cette position, voir notre ouvrage « le Pluralisme Juridique en Afrique » L.G.D.J., Paris, 1991.

Dakar, Faculté des Sciences juridiques et économiques. Suliana Arame THIAW « Faut-il ressusciter la coutume africaine ? », mémoire de maîtrise sous la direction d'Amsatou Sow SIDIBÉ année académique 2005-2006 – CREDILA Faculté des Sciences juridiques et politiques – UCAD/Dakar.

***Sur la doctrine** : Voir J. FOYER « Le droit communautaire, droit de professeurs français ? Rev. hist.fac.dr., 1992, p. 201*

***Sur l'historique des sources du droit sénégalais** : Amsatou Sow SIDIBÉ « Le Pluralisme juridique en Afrique » L.G.D.J., Paris 1991.*

***Sur la codification** : Voir Remy CABRILLAC « Les codifications », Collection Droit, Ethique, Société, PUF Paris 2002 ; Bruno OPPETIT « Essai sur les codifications » P.U.F. – Paris, 1998 ; « la codification juridique dans les pays francophones », n°7 – novembre 2008, Faculté des Sciences juridiques et politiques de Dakar Centre Toulousain d'Histoire du droit et des idées politiques – sous la direction de Mamadou BADJI, Olivier DEVAUX et Babacar GUEYE ; Amsatou Sow SIDIBÉ « La codification du droit de la famille dans les États d'Afrique Fancophone au Sud du Sahara : exemple du Sénégal », in Revue « Droit sénégalais, n° 7 – novembre 2008, op. cit., pp. 191 et s. Voir le même article dans « Annales de l'université des Sciences sociales de Toulouse – Tome L. 2008. Pressexte l'université des Sciences sociales. Place Anatole – France – 31042 Toulouse pp. 109 et s. Sophie DRUFFIN-BRICCA, Laurence Caroline HENRY « Introduction générale au droit » - Manuels, Gualino éditeur EJA, Paris, 2007, pp. 142 et s.*

SECTION II : LES SOURCES ACTUELLES DU DROIT SÉNÉGALAIS

Parmi les sources actuelles du droit sénégalais, la loi a une importance particulière. Mais, l'existence de sources extra-légales est également admise.

PARAGRAPHE I : LA LOI

I. Définition

Le mot loi peut avoir deux sens : un sens formel et un sens matériel.

Au **sens formel**, on entend par loi, toute disposition émanant des autorités investies du pouvoir législatif et élaborée selon les formes prévues par celles-là. Au Sénégal, aujourd'hui, la loi au sens formel émane du parlement composé de deux chambres : l'Assemblée nationale et le Sénat. Il n'en est autrement que pour les lois référendaires[12] qui sont exceptionnelles.

Au **sens matériel**, le terme loi est défini par son contenu. Il s'agit de toute règle écrite, obligatoire, générale et permanente, formulée par un organe étatique compétent dans l'exercice du pouvoir législatif ou du pouvoir exécutif.

Toute loi comprise au sens formel n'est pas nécessairement une loi au sens matériel. Par exemple, lorsque l'Assemblée nationale vote une loi d'amnistie, il s'agit d'une décision qui concerne une personne ou quelques personnes seulement. Elle ne vise pas, à la différence de la loi au sens matériel, les individus pris de façon abstraite, c'est-à-dire de façon générale.

II. Les sources législatives

La loi émane de sources diverses. Le mot loi est envisagé ici dans son sens matériel.

Les sources législatives sont nationales ou internationales.

1) Les sources nationales

On distingue traditionnellement trois sources nationales classées dans un ordre hiérarchique : la **Constitution**, les règles à valeur législative qui sont les **lois parlementaires** et les lois référendaires. Les **lois référendaires** prises suite à un référendum, c'est-à-dire une consultation populaire à l'initiative des pouvoirs publics, étant rares, nos développements porteront sur les lois parlementaires. La troisième source nationale est constituée par les **règlements**.

1. La Constitution

La constitution est au sommet de la hiérarchie des sources légales nationales.

Elle émane du pouvoir constituant originaire c'est-à-dire d'une assemblée dotée d'un pouvoir super-législatif.

La constitution détermine la compétence des différents organes de l'État ainsi que leurs rapports.

[12] - Sur la notion de loi référendaire, voir infra les sources nationales.

C'est la constitution qui donne au parlement (Assemblée nationale et Sénat) et au gouvernement, le pouvoir d'élaborer des règles de droit. Elle octroie aux autorités judiciaires, le pouvoir de veiller à l'application de ces règles de droit.

La constitution du Sénégal est aujourd'hui organisée par la loi n°2001-03 du 22 janvier 2001 elle a par la suite, fait l'objet de réformes.

2. Les lois parlementaires

Il s'agit des règles de droit votées par le pouvoir législatif, en l'occurrence au Sénégal, par l'Assemblée nationale et le Sénat.

L'entrée en vigueur des lois, leur domaine, le contrôle de la constitutionnalité des lois et leur abrogation sont autant de questions que nous allons aborder.

2.1. L'entrée en vigueur des lois parlementaires

La loi entre en vigueur par sa promulgation et sa publication.

La **promulgation** est une opération juridique par laquelle le Chef de l'État constate que le congrès de l'Assemblée nationale et le Sénat réunis a voté définitivement une loi et ordonne que cette loi soit exécutée.

Quant à la **publication**, elle a pour objectif de porter le texte de loi à la connaissance du public.

La loi devient obligatoire après sa publication au Journal Officiel.

Une fois publiée au journal officiel, la loi bénéficie d'une présomption de connaissance énoncée dans l'adage traditionnel, **"nul n'est censé ignorer la loi"**. Cet adage signifie que personne ne peut invoquer l'ignorance de l'existence de la loi pour écarter son application. Cette fiction est en principe irréfragable dans la mesure où la preuve de l'ignorance de la loi ne dispense pas de son application.

2.2. Le domaine de la loi

Le domaine de la loi est fixé par l'article 67 de la Constitution sénégalaise. Deux domaines sont assignés à la loi.

– D'abord, la loi fixe les règles concernant un certain nombre de matières. Ces matières relèvent du pouvoir législatif. On parle de **« pouvoir réserver ».** Parmi – ces matières – figurent les droits civiques et les garanties fondamentales accordées aux citoyens pour l'exercice des libertés publiques, la nationalité, l'état et la capacité des personnes, les régimes matrimoniaux, les successions et libéralités, la détermination des crimes et délits ainsi que les peines qui leur sont applicables, la procédure pénale, l'amnistie, la création de nouveaux ordres de juridictions et le statut des magistrats, le régime électoral de l'Assemblée nationale, les garanties fondamentales accordées aux fonctionnaires civils et militaires de l'État, les nationalisations d'entreprises et les transferts de propriété d'entreprises du secteur public au secteur privé.

– En second lieu, la loi se contente de déterminer les principes fondamentaux relatifs à d'autres matières. Le pouvoir est dit « partagé ». Les matières concernées sont celles concernant par exemple l'organisation générale de la défense nationale, la libre administration des collectivités locales, le régime de propriété, des droits réels et des obligations civiles et commerciales, le droit du travail, le droit syndical et de la Sécurité sociale, le régime de rémunération des agents de l'État. Dans les matières relevant du pouvoir « partagé », la loi issue de l'Assemblée nationale doit se limiter à formuler les principes fondamentaux. Mais, à condition de les respecter, il appartient au pouvoir exécutif d'organiser les règles techniques de mise en œuvre de ces principes fondamentaux. Le gouvernement aura par exemple l'initiative de la réglementation des diverses formes de propriété et de leur contenu, de la réglementation des contrats, etc. Le pouvoir exécutif exerce sa tâche par voie réglementaire (en élaborant des règlements).

2.3. Le contrôle de la constitutionnalité des lois

La loi est subordonnée à la constitution qui est au sommet de la hiérarchie des normes juridiques. La loi ne peut donc, en principe, aller à l'encontre de la Constitution.

Pour assurer l'efficacité de ce principe, il existe ce que l'on appelle le contrôle de la constitutionnalité des lois assuré par le Conseil constitutionnel (art. 63 de la constitution de la République du Sénégal).

2.4. L'abrogation de la loi

Abroger une loi signifie l'abolir. L'abrogation de la loi peut être le fait du législateur lui-même. L'abrogation est alors soit expresse, soit tacite.

L'abrogation expresse résulte d'un texte formel qui vient abolir la loi ancienne. Par exemple, l'article 830 du code sénégalais de la famille abroge expressément les dispositions antérieures en ces termes : « À cette date, les dispositions du Code civil, les textes législatifs et réglementaires, les coutumes générales et locales, à l'exception toutefois de celles relatives aux formalités consacrant traditionnellement le mariage, et les statuts particuliers applicables au Sénégal, cessent d'avoir force de loi ou de coutumes dans les matières qui font l'objet du code de la famille ».

L'abrogation est tacite lorsque le législateur édicte un texte contraire aux dispositions antérieures, sans préciser qu'il les abroge. Il convient alors de choisir entre elles et c'est la loi la plus récente qui doit l'emporter parce qu'elle manifeste la volonté actuelle du législateur.

Concernant l'abrogation tacite, une précision doit être apportée. Lorsque l'incompatibilité concerne deux règles générales, ou deux règles spéciales, la règle la plus ancienne se trouve abrogée. En revanche, lorsqu'une nouvelle loi édicte une règle spéciale alors que la loi ancienne avait une portée plus générale, il faut admettre que la loi ancienne est maintenue sauf dans le domaine spécial prévu par la loi nouvelle. Une loi ne peut être abrogée par un règlement, un décret par exemple, en raison de la hiérarchie des normes.

Mais l'abrogation n'est pas toujours le fait du législateur. Il existe ce qu'on appelle **l'abrogation par désuétude** qui se réalise par le seul fait qu'une loi, oubliée, n'est plus appliquée.

3. Le règlement

Le règlement est une règle de droit élaborée par une autorité administrative appartenant au pouvoir exécutif.

Constituent des règlements : les décrets du Président de la République, les arrêtés ministériels, les arrêtés préfectoraux, les arrêtés du Maire, ceux du Recteur Président de l'Assemblée de l'université, etc.

Le domaine du règlement est vaste puisque selon l'article 76 de la Constitution sénégalaise, toutes les matières qui ne sont pas du domaine législatif ont un caractère réglementaire.

Il convient de préciser cependant que tous les décrets ou arrêtés ne sont pas des règles de droit. Certains d'entre eux ont pour objet une situation individuelle (une nomination par exemple). Le règlement, au contraire, est une prescription ayant un caractère général et impersonnel. C'est une règle de droit.

Le règlement, pour être opposable aux personnes, doit faire l'objet d'une publication au journal officiel.

En outre, sa validité fait l'objet d'un contrôle de légalité par les juridictions sénégalaises. Ce contrôle s'exerce essentiellement par la voie du recours pour excès de pouvoir et par l'exception d'illégalité (légalité contestée de façon incidente à l'occasion d'un procès particulier).

2) Les sources internationales

Les sources internationales du droit sont les **traités, les accords internationaux** et les **conventions**.

Les sources internationales ont pour objet l'élaboration de règles de droit international public.

Ces règles dont l'ensemble constitue le droit international conventionnel, portent sur différents domaines : la paix, les finances de l'État, l'état des personnes, les droits de l'homme, etc.

C'est le Président de la République qui négocie les engagements internationaux. Il les ratifie ou les approuve (article 95 de la constitution du Sénégal).

La ratification (c'est-à-dire l'approbation par un acte authentique) des traités et des accords internationaux par l'État est autorisée par le parlement. Elle l'engage sur le plan international et donne à la règle internationale sa force juridique.

Les traités et accords internationaux régulièrement ratifiés sont des sources de droit supérieures aux lois, sous réserve, pour chaque accord ou traité, de son application par l'autre partie (article 98 – constitution du Sénégal).

Si le Conseil constitutionnel déclare qu'un engagement international comporte une clause contraire à la Constitution, l'autorisation de le ratifier ou de l'approuver ne peut intervenir qu'après la révision de la Constitution (article 97 Constitution du Sénégal).

3) Le droit communautaire

Le droit communautaire est un ensemble de dispositions contenues dans les différents traités constitutifs et dans les textes élaborés par les institutions communautaires. Ces normes, unificatrices du droit, interviennent dans des domaines aussi variés que les transactions économiques, la consommation, l'environnement, les transactions économiques et commerciales, la politique sociale (sécurité sociale, droit du travail…), la formation, les droits des citoyens, etc., soit pour harmoniser les législations nationales, soit pour les coordonner. Dans certains cas, le droit communautaire complète le droit interne, dans d'autres, il le remplace. Le droit communautaire se caractérise par l'immédiateté car non subordonné à une procédure de réception pour être applicable dans un État membre. Il est d'applicabilité directe. Les particuliers peuvent demander son application par le juge national. Il bénéficie d'une primauté sur le droit interne et en cas de conflit, l'emporte sur la règle nationale.

Le droit communautaire s'intègre donc au droit des États membres. Le droit communautaire constitue un modèle et une source d'inspiration pour les systèmes juridiques nationaux. Il est un engagement des États à instaurer un ordre juridique commun. Il est donc interdit à un État de ne pas appliquer les règles communautaires.

Deux exemples de droit communautaire peuvent être tirés de l'Afrique et de l'Europe. En Afrique, l'Organisation pour l'Harmonisation en Afrique du Droit des Affaires (OHADA) a été mise en place le 17 octobre 1993 et regroupe 16 États membres. L'OHADA a pour mission d'assurer la sécurité juridique aux agents économiques régionaux et étrangers en offrant un droit commun des affaires. L'OHADA réalise une véritable uniformisation du droit. Le traité OHADA, conçu par les Africains et pour l'Afrique a pour objectif d'assurer de façon progressive l'unification générale des législations. L'OHADA est le premier traité qui met en œuvre l'harmonisation des règles juridiques dans tous les domaines de la vie des affaires et à l'échelle du continent.

En Europe, le droit de l'Union Européenne est l'ensemble des règles matérielles uniformes, applicables dans les États membres de l'Union Européenne. On parle de droit communautaire car l'Union Européenne a son origine d'abord dans la communauté économique européenne ensuite dans la communauté européenne. Le fait de conserver l'appellation droit communautaire permet de limiter les risques de confusion avec le droit européen. En Europe, droit communautaire ne signifie pas droit européen. Le droit européen est le droit de l'Europe prise comme espace géographique. Le droit communautaire européen est le droit de la communauté économique européenne[13].

III. L'application de la loi

L'application concrète de la loi suppose très souvent la nécessité de son interprétation. Il est donc utile de faire des développements sur ce point, avant d'envisager l'application de la loi dans le temps et dans l'espace.

---

[13] - Voir dans ce sens ; Sophie DRUFFIN-BRICCA, Laurence-Caroline HENRY « Introduction générale au droit » op. cit. pp. 166 et s.

1) Les méthodes d'interprétation de la loi

Les lois sont parfois vagues, obscures ou inadaptées au problème juridique à résoudre. Elles doivent alors être interprétées. L'interprétation de la loi est principalement l'œuvre des juges. Elle est également l'œuvre de la doctrine.

Les juges ne peuvent refuser de juger sous prétexte du silence, de l'obscurité ou de l'insuffisance de la loi, sous peine d'être poursuivis pour **déni de justice.**

Les méthodes d'interprétation sont les démarches logiques à suivre pour rendre plus clair le texte de loi obscur ou vague, ou inadapté. Ces méthodes sont nombreuses. La plus ancienne est la méthode exégétique. Mais de nouvelles autres méthodes ont, par la suite, été élaborées.

1. La méthode exégétique

Faire l'exégèse d'un texte consiste à préciser son **sens** et sa **portée**, en recherchant quelle a été la volonté du législateur. C'est cette volonté qu'il faut scruter en examinant le texte lui-même et en se faisant aider au besoin par les travaux préparatoires de la loi.

Lorsque les **travaux préparatoires** ne permettent pas d'éclairer le texte, on a recours à divers procédés de raisonnement dont les principaux sont les suivants :

1.1. Le raisonnement par analogie qui suppose que le législateur n'a pas édicté une règle permettant de résoudre un cas déterminé. Il y a donc une lacune dans la loi. Dans cette hypothèse, la méthode d'interprétation consiste à rechercher la règle élaborée pour un cas analogue. Cette règle sera appliquée au cas non prévu, par analogie, parce qu'on considère qu'il n'y a pas de raison de résoudre la question posée de façon différente.

1.2. Le raisonnement à fortiori, c'est-à-dire à plus forte raison. Ce raisonnement consiste à étendre une règle à un cas non prévu par l'autorité, lorsque les raisons sur lesquelles elle est fondée se retrouvent dans ce cas, avec une force accrue. Par exemple, si le législateur interdit à un incapable de vendre ses biens, il lui interdit à fortiori de les donner, car la donation est un acte plus grave, plus préjudiciable à l'incapable que la vente qui lui procure au moins une contrepartie.

1.3. Le raisonnement à contrario

Une règle étant subordonnée à des conditions précises, on en déduit que la règle inverse est applicable lorsque ces conditions ne sont pas réunies. Par exemple, on ne peut déroger par des conventions particulières, aux lois qui protègent l'ordre public et les bonnes mœurs. On peut en déduire qu'il est possible de déroger par des conventions particulières aux lois qui n'intéressent pas l'ordre public et les bonnes mœurs.

1.4. Le raisonnement inductif et le raisonnement déductif

Cette méthode d'interprétation consiste à rapprocher et à combiner plusieurs textes afin de retrouver l'idée qu'ils ont en commun. Lorsque cette idée est dégagée, on en déduit des conséquences que le législateur n'a pas indiquées de façon expresse mais qui en découlent naturellement.

1.5. Les exceptions doivent être interprétées restrictivement (exceptio est strictissimae interpretationis). Cela signifie que les textes consacrant une solution exceptionnelle doivent être interprétés de façon restrictive afin de ne pas en étendre la portée. Cette solution se justifie par la notion même d'exception, de dérogation à la règle de principe. Une règle exceptionnelle qu'on étend par analogie devient une règle de principe.

1.6. Il est interdit de distinguer là où la loi ne distingue pas (Ubi lex non distinguit, nec nos distinguere debemus). L'ancien article 1421 du Code civil français interdisait au mari de donner des immeubles de la communauté sans le consentement de son épouse. Aucune personne n'avait l'autorisation de limiter l'interdiction aux immeubles de grande valeur en permettant au mari de consentir des donations sur des immeubles de faible valeur. C'est ainsi qu'en avait décidé la jurisprudence…

1.7. Les dispositions spéciales dérogent aux dispositions générales (specialia generalibus derogant).

Si une matière est régie par un texte de portée générale et que, sur un point particulier, un texte spécial déroge au texte général, c'est le texte spécial qui sera appliqué concernant le point précis pour lequel il a été édicté.

Telles sont les différentes techniques de l'interprétation exégétique. De nouvelles méthodes sont venues compléter celles de l'exégèse.

2. Les nouvelles méthodes d'interprétation de la loi

Ces nouvelles méthodes sont essentiellement la libre recherche scientifique et les méthodes à finalité sociale.

2.1. La libre recherche scientifique

La libre recherche scientifique a été proposée par **François GENY** au début du 20e siècle. Suivant cette méthode, les juges doivent appliquer la loi. Mais lorsque celle-ci est insuffisante ou démodée, les tribunaux doivent rechercher librement la solution qu'il convient d'adopter pour résoudre la question qui leur est soumise. Le juge fait alors une œuvre créatrice. Cependant cette liberté n'est pas arbitraire. Le juge doit prendre en considération les données sociales de son époque. Il doit tenir compte des besoins et des idées de la société au moment où il rend sa décision.

2.2. Les méthodes fondées sur la finalité sociale

Il s'agit de la méthode historique ou évolutive, de la méthode téléologique et de la méthode de l'interprétation déformante.

– Selon la **méthode historique ou évolutive** préconisée par SALEILLES, un même texte peut changer de sens en fonction des nécessités nouvelles. Il faut donc interpréter le texte en fonction des besoins de la société au moment de cette interprétation. Donc seul compte le texte et non la volonté du législateur, tout au moins lorsque cette volonté est ancienne et ne correspond plus aux exigences nouvelles du milieu social.

– Suivant la **méthode téléologique**, en cas de conflit entre la lettre et l'esprit d'une règle, il convient de faire prévaloir l'esprit sur la lettre.

– Quant à la **méthode de l'interprétation déformante**, elle consiste à utiliser les textes existants, que l'on adapte aux faits nouveaux et imprévus, au besoin en déformant la loi vieillie ou insuffisante. L'interprétation des textes se fait en tenant compte des nécessités du moment.

2) L'application de la loi dans le temps

La loi, bien que permanente, n'est pas perpétuelle. Elle change en fonction des besoins du groupe social. La succession des lois dans le temps pose alors la question de savoir quelle est la loi applicable à une situation juridique, lorsque cette situation juridique peut être soumise à plusieurs lois, des lois nouvelles abrogeant des lois anciennes.

Le problème peut être posé en d'autres termes : lorsqu'une loi en vigueur est abrogée par une loi nouvelle, il est nécessaire de déterminer le domaine d'application dans le temps des deux lois successives. Il s'agit alors de préciser quels sont les faits, les actes qui seront régis respectivement par la loi ancienne et par la loi nouvelle. Il y a conflit de lois dans le temps.

Par exemple, une loi de 1975 limite le prix du loyer à 100.000F. Un contrat est conclu pour 10 ans en 1976 pour un loyer de cette somme. En 1980, une nouvelle loi porte le montant du loyer à 150.000 F. La situation juridique née du contrat de bail est-elle soumise jusqu'en 1986 à la loi de 1975 ou bien la loi de 1980 doit-elle s'appliquer à partir de sa promulgation ?

En cas de conflit de fois dans le temps, des solutions de droit commun et des règles transitoires sont proposées.

1. Solutions de droit commun

1.1. Le principe de la non-rétroactivité des lois nouvelles

1.1.1. Le sens du principe

Ce principe signifie que la loi nouvelle ne peut régir les faits et actes juridiques qui se sont passés avant sa promulgation, en vue de modifier ou d'effacer les effets juridiques produits sous l'empire de la loi ancienne.

Par exemple, une loi (fictive) de 1975 accordait des droits très importants aux parents dans la succession de leurs enfants. Une nouvelle loi vient réduire ces droits. Cette nouvelle loi ne peut s'appliquer aux successions déjà ouvertes avant sa promulgation. C'est la loi de 1975 qui continue de s'appliquer à la succession déjà ouverte.

1.1.2. Fondement du principe

Aujourd'hui, on s'accorde pour affirmer que le principe de la non-rétroactivité des lois a pour fondement la nécessité d'assurer la sécurité juridique des personnes qui ont tenu compte des lois existantes au moment de leur action. Une loi postérieure modifiant ces lois pourrait être à l'origine d'un grand trouble, d'une grande insécurité pour ceux qui ont agi avant sa promulgation. La possibilité de remettre en cause des situations valablement créées sous l'empire d'une loi aurait pour conséquence de faire perdre à la loi toute sa force puisque les individus n'oseraient plus appliquer les lois de peur de voir leurs actes remis en cause par une loi nouvelle.

Un acte que l'on croyait régulier deviendrait subitement illégal par l'effet d'une loi nouvelle. Sur le plan social, le principe de la non-rétroactivité est un facteur d'ordre, de sécurité du commerce juridique.

1.1.3. Portée du principe

Le principe de la non-rétroactivité des lois s'applique non seulement aux situations juridiques dont les effets sont éteints, mais également aux situations juridiques qui ont produit une partie de leurs effets avant l'entrée en vigueur de la loi nouvelle et qui continuent de produire leurs effets après cette entrée en vigueur.

Par exemple, dans l'hypothèse d'une loi modifiant le montant du loyer, la loi ancienne reste applicable jusqu'au moment de l'entrée en vigueur de la loi nouvelle. Donc les effets déjà produits ne sont pas remis en cause par la loi nouvelle. Le locataire n'est tenu de payer que 100.000F de loyer jusqu'en 1980. La loi nouvelle ne s'applique pas pour la période de 1976 à 1980.

1.1.4. Exceptions au principe

Le principe de la non-rétroactivité des lois nouvelles comporte trois exceptions : les lois déclarées expressément rétroactives par le législateur, les lois interprétatives, les lois pénales plus douces et les lois de procédure.

– **Les lois déclarées expressément rétroactives** par le législateur sont rares. Elles sont édictées en vue de faire face à des situations exceptionnelles. Elles doivent résulter d'une volonté expresse du législateur.

– **Les lois interprétatives** (qui précisent le sens ambigu ou obscur d'une loi) rétroagissent au jour où la loi ancienne est entrée en vigueur. Elles prennent effet à la date d'entrée en vigueur des lois qu'elles interprètent.

– **Les lois pénales plus douces** sont celles qui suppriment une incrimination ou réduisent le taux d'une peine. Lorsqu'un jugement de condamnation n'est pas encore définitif, la jurisprudence n'hésite pas à appliquer la loi nouvelle d'incrimination ou de pénalité plus douce.

– Les lois de procédure : les lois relatives au déroulement du procès sont applicables aux procès en cours car elles sont considérées comme meilleures que les lois anciennes. Ainsi, les règles de procédure pénale, les règles de compétence, l'organisation judiciaire, la procédure judiciaire, sont d'application immédiate, sans remise en cause des actes procéduraux précédemment accomplis.

1.2. Le principe de l'effet immédiat

Le principe de l'effet immédiat est posé sur l'article 831 du code de la famille selon lequel : « la loi nouvelle a effet immédiat au jour de sa mise en vigueur. Elle régit les actes et faits juridiques postérieurs et les conséquences que la loi tire des actes ou faits qui ont précédé sa mise en application. Demeurent soumis aux règles en vigueur lorsqu'ils ont été passés ou sont intervenus, les actes ou faits ayant fait acquérir un droit ou créé une situation régulière ».

Trois situations doivent être distinguées :

1re situation : Une situation juridique est créée après l'entrée en vigueur de la loi nouvelle. Il n'y a pas de difficulté. La loi nouvelle s'applique immédiatement à cette situation juridique.

2e situation : Une situation juridique est née et a été entièrement réalisée sous l'empire d'une loi ancienne. Une loi nouvelle ne peut lui être appliquée. Par exemple, un contrat est conclu et exécuté avant la promulgation de la loi nouvelle. Celle-ci ne peut prétendre s'appliquer au contrat déjà conclu en vertu de la théorie des droits acquis. Le droit acquis est un droit définitivement entré dans un patrimoine, ou une situation juridique définitivement créée. Le droit acquis ne peut être remis en cause par une loi nouvelle. Par exemple, les héritiers et légataires ont des droits acquis lorsque s'ouvre la succession de leur auteur.

3e situation : Elle est relative à ce que l'on appelle les situations **juridiques en cours**, c'est-à-dire celles qui s'étalent dans le temps. Par exemple, le mariage produit des effets qui se déroulent dans un temps plus ou moins long.

La règle générale est que la loi nouvelle s'applique immédiatement aux situations juridiques en cours. Il importe peu que la situation juridique ait été créée avant l'entrée en vigueur de la loi nouvelle. Celle-ci ne s'appliquera cependant qu'à la partie de la situation juridique qui se déroule à partir de la promulgation de la loi nouvelle, à l'exclusion de celle qui s'est déjà déroulée. Par exemple, une nouvelle loi modifie les effets du mariage. Concernant des époux déjà mariés, la loi nouvelle ne s'appliquera qu'aux effets du mariage qui se produisent à partir de la promulgation de la loi nouvelle.

1.2. Exception au principe de l'application immédiate des lois nouvelles

Le principe de l'application immédiate de la loi nouvelle ne s'applique qu'aux situations extra-contractuelles.

Les effets des contrats conclus antérieurement échappent à la loi nouvelle. Il en est ainsi parce que le contrat est un accord de volonté entre deux personnes. C'est la volonté qui crée la situation juridique. Le contrat est conclu parce que les parties avaient voulu sa conclusion et les effets qu'il produit. Les parties sont censées avoir voulu se soumettre à la loi en vigueur au moment de la conclusion du contrat. Les parties au contrat ont prévu les effets de leur accord de volonté en fonction d'une loi précise. Elles ne sauraient prévoir une modification ultérieure de la législation. L'application immédiate de la loi nouvelle irait à l'encontre de la volonté des parties.

Il existe **cependant quelques limites à cette exception**. Une première limite concerne les **contrats que le législateur entend expressément soumettre à la loi nouvelle**. Cette hypothèse est fréquente aujourd'hui et constitue une marque du dirigisme contractuel. Ainsi, l'article 2 de la loi n° 84-12 du 4 janvier 1984 ([14]) relative aux baux à usage d'habitation et aux baux commerciaux dispose que « les dispositions de la présente loi s'appliquent immédiatement aux contrats en cours à sa date d'entrée en vigueur dès lors que les locataires occupent les lieux donnés à bail, même après l'intervention d'une décision judiciaire ordonnant leur expulsion ou fixant le montant d'une indemnité d'éviction ».

Une deuxième limite provient des **lois d'ordre public**. En droit français (source d'inspiration du droit sénégalais), cette limite est apportée par la jurisprudence qui décide très souvent qu'une loi nouvelle ayant comme fondement un intérêt social particulièrement impérieux, s'applique aux effets postérieurs du contrat en cours. C'est ainsi que la nullité de certaines clauses du contrat de travail a été appliquée à des clauses convenues antérieurement à la promulgation des lois établissant ces nullités ([15]).

2. Les règles de droit transitoire

Les règles de droit transitoire sont des dispositions qui, contenues dans une loi nouvelle, déterminent l'application de cette loi dans le temps.

Le législateur détermine alors des règles spéciales qui écartent l'application des règles générales de droit commun. Cela ne signifie cependant pas que les dispositions transitoires soient systématiquement contraires aux solutions du droit commun. Elles peuvent s'en inspirer. Mais elles peuvent également adopter des solutions contraires au droit commun.

Le code sénégalais de la famille donne de multiples exemples de mesures transitoires dans ses articles 832 à 839. Ainsi, l'article 833 al. 3 C.F. dispose que la loi nouvelle s'applique, pour la dissolution ou le

---

[14] - J.O.R.S. 12 janvier 1984, pp. 14 et s.

[15] - Cf. Civ. 22 avril 1929. D.H. 1929. 281, S. 1932.1.129 civ. 17 février 1937. D.H. 1937.218.

relâchement du lien matrimonial, aux unions antérieures à la mise en vigueur du Code.

3) L'application de la loi dans l'espace

Une relation juridique privée peut être régie par des lois émanant d'États différents parce qu'elles présentent un ou des éléments d'extranéité ce qui justifie sa soumission à une ou des législations étrangères. Par exemple, un Sénégalais se marie en Côte d'Ivoire avec une personne de nationalité française. Le problème qui se pose est alors de savoir quelle sera la loi compétente pour régir les conditions de validité et les effets du mariage. On peut envisager l'application de la loi sénégalaise ou de la loi française en tant que lois nationales des époux. On peut envisager également l'application de la loi ivoirienne en tant que loi du lieu de célébration du mariage. Il y a alors conflit de lois dans l'espace, ce qui relève d'une discipline spéciale : le droit international privé.

PARAGRAPHE II : LES SOURCES EXTRA-LÉGALES DU DROIT

La principale source extra-légale du droit est constituée par la jurisprudence. La coutume occupe une place moins importante dans le droit sénégalais. Quant à la doctrine, elle constitue une source indirecte du droit.

I. La jurisprudence

1) La notion de jurisprudence

1. Définition de la jurisprudence

Au **sens large**, la jurisprudence désigne l'ensemble des décisions rendues par les juges dans les litiges qui leur sont soumis.

Au **sens technique** du terme, on entend par jurisprudence la série de décisions concordantes rendues sur une question de droit déterminée.

2. Distinction entre arrêts de principe et arrêts d'espèce

En jurisprudence, il faut distinguer les arrêts de principe et les arrêts d'espèce.

Les **arrêts d'espèce**, dominés par des considérations de fait, se bornent à une application circonstancielle de la norme, sans chercher à traiter la question de droit dans toute sa dimension. L'autorité d'un arrêt d'espèce est faible.

Les **arrêts de principe**, au contraire sont des décisions de justice qui tranchent, en son principe, une question de droit en général controversée. Ils interprètent la règle de droit selon une formulation générale qui lui donne une aptitude à régir d'autres situations juridiques. Ils procèdent de l'intention de donner une solution générale à une question controversée. La décision rendue bénéficie d'une autorité morale.

3. La formulation de la jurisprudence

De façon générale, faire jurisprudence implique la répétition de la même solution dans les espèces analogues. C'est dans cette mesure que l'interprétation de la règle de droit acquiert une certaine certitude. On dit que la jurisprudence est fixée.

Cependant, il peut arriver qu'un seul arrêt suffise à donner une interprétation de la règle de droit et constitue une référence pour les juridictions saisies des mêmes causes. Cette hypothèse est cependant rare. Elle suppose une solution excellente, en parfaite adéquation avec les besoins du moment et l'intention réelle de dégager un principe.

Pour obtenir le caractère de généralité permettant de prendre rang parmi les sources de droit, les décisions judiciaires doivent comporter trois éléments : la motivation, le précédent, la hiérarchie.

3.1. La motivation

Quand le juge statue, il ne se limite pas à viser le texte de loi sur lequel il fonde sa décision. Il précise la signification qu'il lui donne, les déductions logiques que le texte semble impliquer, et il suit un raisonnement permettant de préciser sa conviction.

Ainsi, la décision de justice comporte deux parties : les motifs et le dispositif.

Les **motifs** sont les argumentations développées par le juge et qui ont déterminé sa décision. Les motifs sont précédés des expressions : "attendu que..." ou "considérant que…", ou « vu que ».

Quant au **dispositif,** il constitue la partie du jugement contenant la solution du litige. Il commence par la formule "Par ces motifs..."

3.2. Le précédent

En principe, les juges sont libres vis-à-vis des décisions rendues par leurs pairs. Cependant, cette liberté des juges est souvent illusoire en raison du pouvoir du précédent. Les juges n'hésitent pas à s'appuyer sur les précédentes judiciaires. Cela permet d'assurer une certaine continuité nécessaire du droit.

3.3. La hiérarchie des décisions judiciaires

La hiérarchie des juridictions est un facteur d'unité de la jurisprudence. En effet, la voie de l'appel et surtout celle du pourvoi en cassation, permettent de faire prévaloir la solution adoptée par les juridictions supérieures.

2) L'autorité de la jurisprudence

La question de l'autorité de la jurisprudence fait encore l'objet de controverse. Pour certains auteurs, la jurisprudence ne constitue pas une source du droit. Pour d'autres, au contraire, elle est une source du droit au même titre que la loi et la coutume. Cette controverse est ancienne. Au moment de l'élaboration du Code civil français, Portalis disait « qu'on ne peut pas plus se passer de jurisprudence que de loi ». À la Révolution française, Robespierre déclarait que : « le mot jurisprudence doit être effacé de notre langue… La jurisprudence… n'est autre chose que la loi »

En réalité, la situation est la suivante : en droit, la jurisprudence n'a pas de pouvoir normatif. Mais il en est autrement dans la pratique.

1. La négation en droit du pouvoir normatif de la jurisprudence

Plusieurs arguments peuvent être invoqués en faveur de la négation en droit du pouvoir normatif de la jurisprudence.

– Un premier argument est tiré de la **séparation des pouvoirs** entre l'exécutif, le législatif et le judiciaire. Il appartient à l'exécutif et au législatif d'élaborer les règles de droit, et au judiciaire de les appliquer.

– Un second argument, conséquence du premier, peut être tiré de la règle selon laquelle **il est défendu aux juges de se prononcer par voie de disposition générale et réglementaire sur les causes qui leur sont soumises**. Cette règle restreint la portée des jugements en interdisant au juge de se lier pour l'avenir. Elle fait ainsi obstacle à ce qu'une décision de justice puisse être élevée au rang de droit général et abstrait.

– Un troisième argument tient au fait que **le juge se borne à appliquer une règle de droit préexistante.** Il ne la crée pas. Ce sont les pouvoir exécutif et le pouvoir législatif qui créent les règles de droit.

– Un quatrième argument est tiré de **l'autorité relative de la chose jugée**. En effet, l'autorité de la décision judiciaire n'existe qu'entre les parties au procès. À l'égard des tiers, c'est-à-dire tous ceux qui n'ont pas été parties au procès, la chose jugée n'a pas autorité. Elle n'a pas de valeur obligatoire. L'inopposabilité des décisions de justice oppose le jugement à la règle de droit qui est une disposition générale s'appliquant à tous.

– Enfin, **il n'existe pas de précédent obligatoire**. La décision judiciaire ne saurait s'imposer à l'avenir pour des affaires semblables jugées soit par la même juridiction, soit par d'autres juridictions.

2. La reconnaissance de fait du pouvoir normatif de la jurisprudence

Dans la pratique, la jurisprudence joue un rôle capital dans l'élaboration du système juridique. L'œuvre créatrice de la jurisprudence se manifeste notamment par sa fonction de suppléance et par sa fonction d'adaptation.

La **fonction de suppléance** s'exerce en cas de lacune du système juridique. Dans cette hypothèse, le juge, tenu de juger sous peine d'être poursuivi pour déni de justice, crée une règle de droit.

Quant à la **fonction d'adaptation**, elle est mise en œuvre en cas de vieillissement de textes de loi. Il appartient alors aux juges d'adapter la loi vieillie aux besoins actuels. L'adaptation de la loi vieillie est en fait une recréation du droit par la jurisprudence. La jurisprudence complète l'œuvre du législateur puisqu'elle adapte la règle dépassée. Elle ne se borne pas à appliquer le droit purement et simplement.

II. La coutume

1) La notion de coutume

La coutume est une règle non écrite émanant du groupe social et que les membres du groupe considèrent comme obligatoire. La différence fondamentale entre la coutume et la loi tient au fait que la coutume n'est pas l'émanation de l'autorité publique.

La coutume comprend deux éléments constitutifs. Le premier est l'**élément matériel**, c'est-à-dire la répétition. La formation d'une coutume suppose en effet que la règle de conduite soit appliquée plusieurs fois. Le second **élément** est **psychologique**. C'est la croyance au caractère obligatoire de la règle coutumière par les membres du groupe.

2) Les rapports entre la loi et la coutume

Il existe des coutumes fondées sur la permission du législateur (coutume secundum legem) et des coutumes qui existent en dehors de la loi : coutumes praeter legem et coutumes contra legem.

1. Coutumes secundum legem

Dans certaines hypothèses, le législateur fait un renvoi à la coutume pour régir certaines situations juridiques. Par exemple, l'article 830 du Code sénégalais de la famille fait un renvoi à la coutume en matière de forme de célébration du mariage.

2. Coutumes praeter legem

Dans de rares cas, la coutume peut avoir force obligatoire en l'absence de loi. La coutume vient alors combler cette lacune. Au 19e siècle en France, on donnait comme exemple de coutume praeter legem, la coutume qui voulait que la femme portât le nom de son mari.

3. Coutume contra legem

Un certain nombre de lois restent inappliquées, soit parce qu'elles sont inadaptées aux mœurs, soit parce que les sanctions qui sont prévues pour en assurer l'efficacité ne sont pas intimidantes. Les individus continuent alors de se soumettre à leurs coutumes. La question qui se pose est dès lors de savoir si une coutume peut prévaloir contre la loi. Cette question soulève le problème de l'abrogation des lois par désuétude.

La thèse favorable à l'abrogation de la loi par désuétude fait prévaloir qu'une règle coutumière peut évincer une règle légale.

La thèse inverse, soutient qu'il serait dangereux de reconnaître à la coutume une valeur concurrente à celle de la loi, la coutume étant caractérisée par la diversité et l'incertitude. Admettre la désuétude aurait pour conséquence de rendre impossible tout établissement avec précision de l'état du droit à un moment donné. En outre, il existe une hiérarchie entre les sources du droit : la loi est supérieure à la coutume. Une loi ne peut donc être abrogée par désuétude.

En droit français, la jurisprudence a, à plusieurs reprises, décidé que la coutume n'avait pas le pouvoir de déroger à la loi ([16]). Des exceptions sont cependant admises par la jurisprudence. D'abord, des lois supplétives peuvent être écartées par un usage contraire. Ensuite, l'application de la théorie de l'erreur commune a pour conséquence de

---

[16] - Pour la Cour de cassation française, « l'usage quelqu'ancien qu'il soit, ne peut jamais prévaloir sur l'autorité de la loi » (cf. crim. 30 juin 1827, jur. Gen. V° Forêts, n° 769). Voir également crim. 12 mai 1960, D. 1960 Som. 109 ; J.c.p. 1960 II. 11765, n. R. Rodière : « Les lois et règlements ne peuvent tomber en désuétude par suite d'une tolérance plus ou moins prolongée, et ne peuvent être abrogés que par des dispositions supprimant expressément celles en vigueur ou inconciliables avec elles ».

faire prévaloir la coutume sur la loi. En effet, l'ignorance collective de la loi peut-être prise en compte et l'emporter sur la loi.

III. La doctrine

On entend par doctrine l'ensemble des opinions émises sur le droit par les auteurs, notamment les professeurs.

1. Le rôle de la doctrine

Une première fonction de la doctrine est, au regard du droit positif, de **promouvoir la meilleure utilisation possible des textes existants**. Très schématiquement, on peut considérer que cette fonction se réalise à partir d'une double démarche : d'abord, l'élaboration d'une vision globale, synthétique et ordonnée de l'ordre juridique qui permette d'en comprendre les mécanismes fondamentaux et les finalités ; ensuite, et à l'intérieur de ce cadre général, proposer la solution ponctuelle des divers problèmes particuliers qui animent la vie juridique.

La seconde fonction de la doctrine, **d'ordre prospectif**, s'appuie sur les enseignements fournis par l'examen du doit positif, et se situe dans le prolongement d'une **approche critique** de celui-ci. L'examen des règles de droit consacrées par le droit positif conduit au constat d'imperfections, de l'existence de diverses contradictions, ambiguïtés, lacunes, voire de l'inadéquation ou du caractère erroné, de la règle de droit. La doctrine a précisément pour tâche de mettre en lumière ces défaillances de l'ordre juridique, et de proposer les moyens d'y remédier.

2. L'autorité de la doctrine

La doctrine n'est pas une source directe du droit. En effet, l'opinion d'un auteur quelle que soit son autorité ne s'impose pas au juge.

Cependant, les auteurs peuvent, par leurs opinions, proposer la création d'une règle nouvelle ou la modification d'une règle existante. En particulier beaucoup de réformes juridiques législatives ont été inspirées par la doctrine. Dans ces conditions, on peut dire que la doctrine constitue une source indirecte du droit.

CHAPITRE III

LA MISE EN ŒUVRE DU DROIT

Poser le problème de la mise en œuvre du droit revient à s'interroger sur l'application du droit positif de façon générale.

Les aspects de la mise en œuvre du droit qui seront développés dans le présent chapitre sont les sanctions, la preuve du droit et le respect des finalités du système juridique.

SECTION I : LES SANCTIONS DU DROIT

Nous allons rappeler successivement les différentes sanctions existantes, leur application par l'autorité judiciaire, avant d'écrire quelques mots à propos de l'obligation naturelle qui échappe à la sanction.

PARAGRAPHE I : LES DIFFÉRENTES SORTES DE SANCTIONS

Il existe des sanctions pénales, des sanctions civiles, des sanctions administratives, des sanctions disciplinaires.

I. Les sanctions pénales

Les sanctions pénales sont celles prévues par le droit pénal, pour réprimer les infractions. Les sanctions pénales sont les peines d'emprisonnement ou d'amende, les mesures de sûretés fondées sur l'état dangereux de l'individu et qui visent à prévenir l'infraction, par exemple, la suspension du permis de conduire en cas de violation des règles du Code de la route. La peine de mort a été abolie au Sénégal par la loi n° 2004-38 du 28 décembre 2004.

II. les sanctions civiles

Les sanctions civiles sont celles qui relèvent du domaine du droit privé. Elles sont variées. Il peut s'agir de sanctions **préventives** qui tendent à empêcher la violation des règles juridiques et des droits. Dans cette catégorie, on peut ranger les diverses **oppositions**, par exemple les oppositions à mariage qui ont pour but de faire obstacle à la célébration d'un mariage irrégulier. De même, constituent des moyens préventifs, les **saisies** à caractère conservatoire, par exemple la saisie des journaux, supports des photos publiés en violation du droit à l'image.

Les sanctions civiles peuvent également être **réparatrices**. Le plus souvent, la réparation, effectuée en valeur, consiste en l'octroi de dommages et intérêts.

III. Les sanctions administratives

Les sanctions administratives relèvent du droit public. Il s'agit de punitions infligées par l'administration : mutations, suspensions, etc. Le cas le plus connu est celui des sanctions dans le cadre des fraudes fiscales.

IV. Les sanctions disciplinaires

Les sanctions disciplinaires sont appliquées aux membres des groupements ou des corps professionnels afin de réprimer leurs actes portant atteinte aux intérêts communs.

PARAGRAPHE II : L'APPLICATION JUDICIAIRE DES SANCTIONS

Dans le système juridique sénégalais, nul ne peut se faire justice soi-même. En conséquence, lorsque le titulaire d'un droit ne peut obtenir satisfaction à l'amiable, il ne peut faire prévaloir son droit qu'en s'adressant aux organes juridictionnels créés par l'État. Il doit donc intenter une action en justice dont l'exercice entraîne le déroulement d'une instance à la fin de laquelle le juge rend une décision judiciaire.

I. L'action en justice

1) Définition

L'action en justice peut être définie comme le pouvoir reconnu aux sujets de droit de s'adresser à la justice pour obtenir le respect de leurs droits ou de leurs intérêts légitimes.

Le droit d'agir en justice est essentiel car il garantit l'effectivité des droits subjectifs. C'est un droit de l'Homme ou une liberté fondamentale.

2) Conditions d'existence de l'action en justice

Pour que l'action en justice soit valable, trois conditions sont nécessaires : il faut avoir un intérêt à agir, la qualité pour agir et être capable.

1. L'intérêt à agir

On ne peut agir en justice que si on y a intérêt. Cela se traduit par l'adage "pas d'intérêt, pas d'action".

Cet intérêt doit présenter un certain nombre de caractères.

1.1. L'intérêt doit être légitime

Cela signifie que l'intérêt doit être sérieux. Il n'y a pas d'action en justice pour rire, pour nuire à quelqu'un ou par détournement d'objectif. Le titulaire du droit d'ester en justice (d'agir en justice) ne doit pas en abuser. L'abus du droit d'ester en justice est sanctionné lorsque l'exercice de l'action est accompagné d'une faute de nature à porter préjudice à quelqu'un.

1.2. L'intérêt doit être né et actuel

L'action est irrecevable lorsque le préjudice est simplement éventuel, hypothétique.

En revanche, un intérêt futur peut être pris en compte dès l'instant où il est certain.

1.3. L'intérêt doit être direct et personnel

Il appartient à chacun de défendre ses propres intérêts. Une personne n'a pas en principe à défendre le droit d'autrui.

Des difficultés surgissent s'agissant des groupements : syndicats, associations ou ordres professionnels. La question se pose de savoir s'ils peuvent agir en justice en se prévalant de l'intérêt collectif que le groupement tend à satisfaire. Les solutions admises à ce sujet ne sont pas uniformes. L'article 2 du code de procédure pénale dispose que l'action civile en réparation de dommage causé par toute infraction appartient à tous ceux qui ont personnellement souffert du dommage directement causé par l'infraction. L'article 2 du code de procédure pénale fait donc de l'action en justice une action directe et personnelle.

Dans l'état actuel du droit positif sénégalais, seuls les syndicats se voient octroyer expressément, le droit d'ester en justice pour la défense des intérêts de leurs membres. L'article 15 du Code du travail dispose que « les syndicats professionnels jouissent de la personnalité civile. Ils ont le droit d'ester en justice.... Ils peuvent devant toutes juridictions répressives exercer tous les droits réservés à la partie civile, relativement aux faits portant un préjudice direct ou indirect à l'intérêt collectif de la profession qu'ils représentent ».

Le projet de réforme du code de procédure pénale introduit une lueur d'espoir en prévoyant le droit d'ester en justice pour les associations.

2. La qualité pour agir en justice

La qualité est le titre qui permet au plaideur d'exiger du juge qu'il statue sur le fond du litige. On peut agir à titre personnel, en qualité de créancier ou d'héritier, etc.

3. La capacité

La capacité juridique comporte deux degrés :

La capacité de jouissance est l'aptitude à avoir des droits et des obligations. Toute personne physique est en principe, dotée de la capacité de jouissance.

La capacité d'exercice est le pouvoir de mettre en œuvre soi-même ses droits et ses obligations. C'est cette deuxième conception de la capacité qui nous intéresse ici.

La capacité d'exercice est le principe ; l'incapacité est l'exception. Certains incapables sont représentés en justice par un représentant légal (cas du mineur). D'autres peuvent agir par eux-mêmes mais, doivent alors être assistés par une tierce personne. C'est le cas des majeurs placés sous le régime de la curatelle (l'aliéné par exemple).

3) Classification des actions en justice

Deux types de classifications peuvent être envisagés.

1. Actions personnelles et actions réelles

Cette classification tient compte de la nature du droit dont on veut obtenir la protection.

1.1. L'action personnelle tend à obtenir la protection d'un droit de créance.

Mais il existe des actions personnelles ayant pour but de faire reconnaître l'existence un droit extrapatrimonial. Parmi ces actions personnelles, les plus importantes sont relatives à l'état des personnes. Ce sont les actions d'état[17]. Les actions relatives à la filiation sont des actions d'état.

1.2. L'action réelle tend à la protection de droits réels (tels que le droit de propriété, l'usufruit, etc.).

---

[17] - Sur les actions d'état, voir le Tome II, « L'état des personnes et la famille ».

2. Actions mobilières et immobilières

Cette classification tient compte du caractère mobilier ou immobilier du droit que l'on entend protéger.

Les actions réelles immobilières se divisent en **actions pétitoires** et en **actions possessoires**. Les actions pétitoires tendent à contester ou au contraire à réclamer l'existence d'un droit immobilier. L'action en revendication de la propriété d'un bien en est un exemple.

Quant aux actions possessoires, elles tendent à réclamer ou à contester la possession d'un bien. Il en existe trois :

2.1. La complainte qui est l'action permettant au possesseur d'agir pour faire cesser un trouble actuel apporté à la possession.

2.2. La dénonciation de nouvel œuvre est l'action exercée par le possesseur d'un immeuble contre le propriétaire d'un fonds voisin qui effectue des travaux dont l'achèvement créera un trouble au demandeur. C'est une action préventive qui tend à obtenir du juge l'ordre de suspendre les travaux entrepris afin d'éviter le trouble qui risquerait d'en résulter pour le fonds menacé.

2.3. La réintégrande est l'action accordée au possesseur ou au détenteur victime d'une voie de fait accompagnée ou non de violence. Cette action permet au possesseur de recouvrer la jouissance perdue.

II. L'instance

L'instance est le déroulement du procès devant le juge depuis l'acte introductif de la demande en justice jusqu'à la décision judiciaire.

L'instance comprend un certain nombre d'actes ou d'opérations accomplis selon certaines formes soit par les parties, soit par leur avocat, soit par le juge lui-même. Ces actes ou opérations sont organisés par le Code de procédure civile et par le Code de procédure pénale.

III. La décision judiciaire

1) Classification des différentes sortes de décisions judiciaires

Les décisions judiciaires peuvent être classées en plusieurs catégories.

1. Ordonnances, jugements, arrêts

– Les **ordonnances** sont les décisions émanant d'un Président de tribunal ou d'un premier Président de cour d'appel statuant sur requête ou après un référé d'un jugement commis par le Tribunal.

– Les **jugements** sont les décisions rendues par un tribunal (tribunal départemental, tribunal régional, tribunal du travail, etc.).

– Les **arrêts** sont les décisions rendues par une cour : la cour d'appel, la Cour suprême, la cour d'assises, le Conseil d'État, le Conseil constitutionnel.

2. Décisions contentieuses et décisions gracieuses

Lorsque le juge statue sur une contestation s'élevant entre les parties à l'instance, il exerce la **juridiction contentieuse**.

En revanche, le juge exerce la **juridiction gracieuse** lorsqu'il n'est pas saisi d'un véritable litige mais que la loi exige son intervention pour donner plus de certitude à une opération juridique que veulent faire les individus, ces derniers n'étant pas en désaccord sur leurs droits respectifs. Le jugement d'homologation d'un partage successoral amiable relève de la juridiction gracieuse.

3. Jugements contradictoires et jugements par défaut

Le **jugement** est **contradictoire** lorsque les parties ont comparu. Dans l'hypothèse inverse de non-comparution d'une des parties, on parle de **jugement par défaut**.

4. Jugements avant dire droit et jugements sur le fond

Les **jugements avant dire droit** ne règlent pas le litige, mais ils assurent la protection de certains intérêts durant le procès. Les mesures provisoires[18] sont des jugements avant dire droit.

Les **jugements sur le fond** au contraire, règlent soit tout le litige ou seulement certains de ses points.

5. Jugements déclaratifs et jugements constitutifs

– **Les jugements déclaratifs** se limitent à constater un droit ou une situation existant antérieurement à la demande en justice. C'est par exemple, la reconnaissance par le juge que le demandeur a un droit de propriété sur une chose.

– **Les jugements constitutifs** créent un état de droit nouveau. Une décision de divorce rendue par le juge est un jugement constitutif. Les époux ne sont divorcés qu'à partir du jugement de divorce. Tant que

---

[18] - Prises par le juge pour la durée du procès, par exemple pour la garde des enfants pendant la procédure de divorce.

cette décision n'est pas intervenue, les époux sont toujours mariés. Leur remariage avant la décision de divorce peut être constitué de bigamie.

2) Les effets des décisions judiciaires

Une décision judiciaire produit en principe trois effets :

1. La force exécutoire

La décision rendue par les juges judiciaires est un titre exécutoire. Lorsque les parties ne l'exécutent pas volontairement, la partie ayant gagné le procès a le droit de faire exécuter par la force ce qui a été décidé.

2. Le dessaisissement du juge

Une fois la décision rendue, le juge est dessaisi de l'affaire qui lui était soumise. Le dessaisissement signifie que le juge ne peut plus, en principe, modifier sa décision ni la rétracter.

Ce dessaisissement ne s'applique cependant ni aux jugements avant dire droit ni aux décisions gracieuses.

3. L'autorité de la chose jugée

Lorsque le litige a été définitivement tranché (lorsque les voies de recours sont épuisées), la décision juridictionnelle rendue ne peut plus être remise en cause. L'exception de chose jugée interdit de recommencer un procès exactement identique au précédent, c'est-à-dire opposant les mêmes parties, sur le même objet et pour la même cause.

L'autorité de la chose jugée ne concerne que les jugements contentieux, à l'exclusion des décisions gracieuses. Elle ne concerne que les décisions sur le fond. Elle ne s'applique pas aux décisions avant dire droit.

PARAGRAPHE III : LES OBLIGATIONS NATURELLES

L'obligation naturelle est définie par l'article 192 du C.O.C.C. qui dispose que l'exécution d'une obligation morale faite avec l'intention de payer, en toute liberté et connaissance de cause par une personne capable de s'obliger contractuellement, est valable et constitue le paiement d'une obligation naturelle.

L'obligation naturelle est une dette qui pèse sur un individu mais son créancier, c'est-à-dire celui au profit duquel elle doit être exécutée, ne peut en exiger l'exécution, notamment par une action en justice. Elle est fondée sur le devoir moral de faire quelque chose au profit de quelqu'un d'autre. C'est un devoir de conscience dont l'exécution ne peut être imposée au débiteur.

Cependant, le paiement d'une obligation naturelle ne donne pas lieu à répétition (article 193 C.O.C.C.). Cela signifie que celui qui a payé ne peut réclamer ce qui a été versé volontairement.

On oppose l'obligation naturelle à l'obligation civile qui est une dette dont le créancier peut exiger l'exécution en s'adressant à la justice.

Constitue une obligation naturelle, en droit français, le devoir de verser une pension alimentaire à ses frères et sœurs qui sont dans le besoin. En droit sénégalais, ce devoir est une obligation civile[19].

L'exécution d'une obligation naturelle ne peut être que volontaire. L'obligation naturelle est une obligation juridique, mais elle est dépourvue de sanction. L'obligation naturelle est règlementée par les articles 192 et 193 du code des obligations civiles et commerciales.

LECTURES

Le procès. *L'action en justice permet de saisir la juridiction compétente pour trancher le litige opposant les parties au procès. Dans le système juridique sénégalais inspiré du droit français, la justice se caractérise par le monopole juridictionnel (sur le monopole juridictionnel en France, voir Sophie DRUFFIN-BRICCA ; Laurence-Caroline HENRY « Introduction générale au droit » ed. Gualin éditeur, Paris, 2007 p. 377). Le pouvoir de dire le droit est donc en principe dévolu à l'État seul. Ce principe n'est cependant pas absolu. Il existe en effet des modes alternatifs de règlement des conflits qui présentent l'avantage d'offrir une justice plus rapide, et parfois plus conforme aux valeurs et préoccupations des justiciables. Parmi les modes alternatifs on peut citer : l'arbitrage, la transaction, la médiation, la conciliation, (sur ces questions, voir Sophie Druffin-BRICCA, Laurence-Caroline HENRY « Introduction générale au droit » op. cit.. p. 377 et s.).*

L'intérêt à agir : *la notion d'intérêt à agir est difficile à définir. À ce propos, le Doyen G. VEDEL disait que « Rien n'est plus difficile à définir que la notion d'intérêt à agir, il faut même douter que l'on puisse en donner une formule entièrement rationnelle (G. VEDEL « Droit administratif » PUF, Paris, 1958, p. 296).*

Sur l'intérêt en droit sénégalais, voir : Gnan tarcisius MILLOGO « L'intérêt à agir dans la jurisprudence de la cour suprême ». Mémoire

[19] - Cf. art. 263 alinéa 1 C.F. selon lequel l'obligation alimentaire existe entre frères et sœurs germains, utérins ou consanguins.

de maîtrise – sous la direction de M. Demba SY – Université Cheikh Anta Diop de Dakar, année académique 1982-1983.

Sur le système judiciaire au Sénégal*, voir le fascicule « Institutions judiciaires » réalisé par Monsieur Amadou FAYE, Docteur en droit, Faculté des Sciences juridiques et Politiques – Université Cheikh Anta Diop de Dakar.*

Sur l'abus de droit d'ester en justice*, voir « Recenser et analyser les décisions rendues par la Cour d'Appel de Dakar en matière d'abus de droit d'ester en justice depuis 1980 » Mémoires de Maîtrise présentés par El H. Mbagnick NDIAYE, El H. Habib KANDJI, Alassane BOYE, sous la direction de M. Ndiaw DIOUF. Année universitaire 2005/2006 – Faculté des Sciences juridiques et politiques – UCAD-Dakar CREDILA*

Voir Mor Mbaba NDIAYE « L'abus de droit » - Mémoire de maîtrise sous la direction de Lamine SIDIME – Année académique 1986.

Sur les jugements avant dire droit, voir Madické DIOP « Les jugements avant dire droit » - Mémoire de maîtrise sous la direction de M. Vincent HEUZE – Faculté des Sciences juridiques et politiques – UCAD/Dakar.

Sur l'obligation naturelle*, voir Aminata FALL « L'obligation naturelle » - Mémoire de Maîtrise, sous la direction de Mme Françoise DIENG – année académique 2002/2003 – Faculté des Sciences juridiques et politiques – UCAD/Dakar CREDILA.*

Sur l'obligation naturelle, *voir E.H. PERREAU » Les obligations de conscience devant les tribunaux », R.T.D. civ. 1913, p. 503 et s. ; R. SAVATIER « Des effets et de la sanction du devoir moral en droit positif français et devant la jurisprudence », thèse Poitiers, 1916 ; J. FLOUR, « La notion d'obligation naturelle et son rôle en droit civil », travaux de l'Association H. CAPITANI, T. VII, 1952 ; p. 813 et s. ; M. ROTONDI, « Quelques considérations sur le concept d'obligation naturelle et son évolution », R.T.D. civ. 1979, p. 1 et s.*

SECTION II : LA PREUVE DU DROIT

Les preuves sont des procédés permettant d'établir l'existence d'un droit. Elles présentent donc une importance capitale dans la mise en œuvre du droit. Il ne sert à rien d'invoquer un droit si on n'est pas en mesure d'en apporter la preuve. C'est le sens de l'adage « idem est non esse et non probari ». Le droit de la preuve est organisé au Sénégal par le code des obligations civiles et commerciales dans ses articles 9 à 38. Des dispositions disparates concernant la preuve existent par ailleurs dans certains instruments juridiques tels que le Code pénal, le code de la famille et le code des obligations de l'administration.

L'étude du droit de la preuve soulève quatre questions essentielles : celle de la charge de la preuve, celle de l'objet de la preuve, celle des moyens de preuve et celle de l'admissibilité des procédés de preuve.

PARAGRAPHE I : LA CHARGE DE LA PREUVE

La charge de la preuve consiste à déterminer qui du demandeur, du défendeur ou du juge doit rechercher et apporter la preuve des prétentions alléguées.

Le droit sénégalais pose des règles générales d'attribution de la charge de la preuve, auxquelles il est apporté des exceptions qui constituent des dispenses de preuve.

I. Les règles générales d'attribution de la charge de la preuve

1) La charge de la preuve incombe au demandeur

Celui qui invoque l'existence ou l'absence d'un droit doit en rapporter la preuve (article 9 alinéa 1 du C.O.C.C.). C'est une règle fondamentale qui se traduit en latin par l'expression "actori incumbit probatio", c'est-à-dire que la charge de la preuve incombe au demandeur.

On doit donc admettre qu'il appartient au demandeur d'apporter la preuve de l'acte ou du fait qu'il invoque. Cependant, lorsque le défendeur prétend détruire la preuve rapportée par le demandeur, il sera lui-même placé dans la situation du demandeur. Il devra alors prouver que ses allégations sont conformes à la réalité (article 9 alinéa 2 du C.O.C.C.).

2) Le rôle du juge

En droit civil, le juge doit en principe être neutre. Par application de ce principe, le juge ne pourra pas faire valoir des faits dont il a eu une connaissance personnelle, en dehors du procès.

Il peut cependant fonder sa décision sur des faits que le dossier lui a révélés, alors même que les parties n'accordant pas de l'importance à ces faits, ne les avaient pas invoqués. Le juge peut également invoquer d'office des moyens de pur droit.

II. La dispense de la charge de la preuve

Dans certaines hypothèses, la loi admet l'existence de présomptions légales (article 10 du C.O.C.C.). La présomption légale qu'il ne faut pas confondre avec la présomption de fait ([20]), consiste en l'admission d'un fait par la loi, à partir d'un autre fait qui rend vraisemblable l'existence du premier. Par exemple, selon l'article 191 du code de la famille, l'enfant conçu pendant le mariage a pour père le mari de la mère. À partir d'un fait, la conception d'un enfant pendant le mariage de la mère, la loi suppose l'existence d'un second fait, la paternité du mari de la mère. Il s'ensuit que l'enfant n'a pas à prouver sa filiation. La preuve de celle-ci est déjà établie au moyen d'une présomption légale. Celle-ci aboutit à une dispense de preuve. Il y a un renversement de la charge de la preuve au profit de celui qui bénéficie de la présomption légale.

Les présomptions légales peuvent être simples ou irréfragables.

1) La présomption légale est dite simple lorsqu'elle peut être détruite par une preuve contraire qui peut être faite par tous moyens. Par exemple le mari de la mère peut détruire la présomption de paternité en intentant une action en justice dénommée action en désaveu de paternité (article 19 alinéa 2 C. F.)

La présomption légale simple est également appelée présomption juris tantum.

2) La présomption légale est dite irréfragable ou juris et de jure lorsqu'elle ne peut-être détruite par une preuve contraire (article 11 aliéna 2 du C.O.C.C.) ([21]).

Constitue une présomption irréfragable, l'autorité de la chose jugée. Ce qui est jugé est présumé vrai. Lorsque toutes les voies de recours ont été épuisées, la chose jugée devient inattaquable.

PARAGRAPHE II : L'OBJET DE LA PREUVE

La preuve a pour but de persuader le juge. L'objet de la preuve est pour la partie au procès qui en a la charge de convaincre le juge pour qu'il se prononce en sa faveur. Le problème de l'objet de la preuve est donc de déterminer ce qu'une partie doit démontrer pour obtenir la solution du juge en sa faveur. Le principe juridique qui résout ce

---

[20] - La présomption de fait est un mode de preuve. Voir infra sur les modes de preuve.

[21] - « Interdite dans le cas expressément prévus par la loi, la preuve contraire peut également être limitée dans son objet ou dans les moyens de preuve laissés à la disposition des parties (art. 11 al. 2 C.O.C.C.).

problème est que la preuve doit porter sur les faits qui sont la source des droits prétendus. La preuve ne doit donc porter que sur les faits et non sur le droit.

La règle de droit ne fait pas l'objet de preuve. Le juge est, en effet, censé connaître le droit : jura novit curia. Le juge connaît la loi, mais ignore les faits invoqués par les parties. Celles-ci doivent donc éclairer le juge sur ces faits en les prouvant.

PARAGRAPHE III : LES MOYENS DE PREUVE

Le droit sénégalais connaît principalement cinq modes de preuve : la preuve par écrit, la preuve testimoniale, la preuve par indice ou présomption, l'aveu et le serment (article 12 C.O.C.C.).

I. La preuve par écrit ou preuve littérale

Parmi les divers actes servant de preuve, les plus importants sont les actes préconstitués qui sont des moyens de preuve établis par avance en vue de difficultés futures. Ces actes peuvent être authentiques ou sous seing privé.

Outre les actes préconstitués, la preuve électronique et d'autres écrits sont susceptibles d'être utilisés comme preuve.

1) Les actes authentiques

L'acte authentique est celui qui est reçu par un officier public (notaire, huissier, greffier, officier de l'état civil, consul, etc.).

L'acte authentique présente des garanties et une sécurité importante en raison de l'autorité qui l'a rédigé. La contestation d'un acte authentique ne peut être faite qu'en vertu d'une procédure particulière appelée inscription de faux.

2) Les actes sous seing privé

Ce sont des actes rédigés par les parties elles-mêmes ou par un tiers autre qu'un officier public et qui portent la signature des parties.

Pour être valable en tant que preuve pré-constituée, une seule condition est exigée à tout acte sous seing privé : la signature des parties.

Outre la signature, qui est une condition commune à tous les actes sous seing privés, d'autres conditions sont exigées selon la nature de l'acte juridique dont ils sont destinés à faire la preuve : contrat synallagmatique ou acte unilatéral. Ces conditions sont la formalité du double et la formalité du bon pour.

1. La formalité du double

Si l'acte sous seing privé a été rédigé pour constater un contrat synallagmatique, il doit être fait en autant d'exemplaires qu'il y a de parties qui s'obligent (article 21 C.O.C.C.). C'est normal car chaque partie doit posséder une preuve écrite de l'engagement pris par l'autre partie.

Étant donné que généralement, le contrat synallagmatique ne met en présence que deux parties, on appelle cette règle la "formalité du double".

Mais lorsqu'il y a plus de deux parties, il doit y avoir autant d'exemplaires qu'il y a de parties.

2. La formalité du bon pour

Cette formalité est exigée dans le cas de promesse unilatérale portant sur une somme d'argent ou toute chose ayant valeur pécuniaire.

Selon l'article 22 du Code des obligations civiles et commerciales, lorsque l'acte sous seing privé contenant un engagement unilatéral n'est pas rédigé en entier de la main de la personne qui le souscrit, celle-ci doit écrire de sa main, outre sa signature, un "bon pour" ou un "approuve" portant en toutes lettres le montant de son obligation dont il fait la preuve.

3) L'écrit électronique

Le développement des nouvelles technologies de l'information et des télécommunications a entraîné une dématérialisation des échanges contractuels avec comme conséquence, un bouleversement des données fondamentales du droit de la preuve.

En droit comparé (Américain, Européen et particulièrement français) de nouvelles législations ont été élaborées afin d'adapter les fonctions probatoires traditionnelles aux réalités de l'environnement immatériel nouveau. Au Sénégal, la loi n° 2008-08 du 25 janvier 2008 relative aux transactions électroniques ([22]) prévoit et organise l'écrit électronique. Les solutions admises présentent des similitudes avec celles retenues par la loi française L 2000-230 du 13 mars 2000 modifiant l'article 1316 du code civil et par le règlement n° 15-2002 de l'UEMOA relatif au système de paiement par les États membres. Le droit sénégalais définit l'écrit électronique, fixe ses conditions de recevabilité et sa valeur probatoire.

---

22 - J.O. n° 6404 du samedi 26 avril 2008.

1) Définition de l'écrit électronique

L'article 27 de la loi relative aux transactions électroniques dispose que : « l'écrit résulte d'une suite de lettres, de caractères, de chiffres ou de tous autres signes ou symboles dotés d'une signification intelligible, quels que soient leur support et leurs modalités de transmission ». Cette disposition est presque une reprise de la loi française et du règlement de l'UEMOA.

En adoptant une conception large de la notion d'écrit, le législateur sénégalais étend le droit de la preuve au vaste domaine de l'informatique et des télécommunications.

Désormais, l'écrit peut être matériel, physique (papier) ou immatériel (électronique). Le mode de transfert peut être multiple (par personne, par câble, par satellite). Il suffit simplement que l'écrit soit doté d'une signification intelligible, ce qui n'exclut pas un texte crypté pouvant être décodé par la technique de la cryptographie.

Pour être considéré comme moyen de preuve, l'écrit électronique doit remplir un certain nombre de conditions.

2) Conditions de validité

L'article 28 de la loi 25 du janvier 2008 distingue selon qu'il s'agit d'une lettre simple ou d'une lettre recommandée.

Lorsqu'il s'agit d'une lettre simple relative à la conclusion ou à l'exécution d'un contrat, il est exigé l'apposition de la date d'expédition. Cette date d'expédition résulte d'un procédé électronique dont la fiabilité est présumée jusqu'à preuve du contraire[23].

Lorsqu'il s'agit d'une lettre recommandée relative à la conclusion ou à l'exécution d'un contrat, un certain nombre de conditions sont imposées aux personnes intervenant dans le transfert du courrier ([24]). Le courrier doit être acheminé par un tiers, selon un procédé permettant d'identifier le tiers, de désigner l'expéditeur, de garantir l'identité du destinataire et d'établir si la lettre a été remise ou non au destinataire. Il convient de faire remarquer que la loi sénégalaise, contrairement à la loi française, n'exige pas de façon expresse que le message ne soit pas altéré ou modifié avant son arrivée à destination (piraterie informatique). D'autres conditions concernent le contenu de la lettre recommandée. Lorsque son destinataire n'est pas un professionnel, la lettre recommandée

[23] - Article 28 loi 25 janvier 2008.

[24] Article 1326 de la loi française.

ne peut être imprimée par le tiers sur papier que si le destinataire demande l'envoi par ce moyen ou s'il en accepte l'usage au cours d'échanges antérieurs.

3) La force probante de l'écrit électronique

Le principe est celui de la non-discrimination et de l'équivalence entre la preuve traditionnelle manuscrite et la preuve par écrit électronique. L'écrit sur support électronique a la **même force probante** que l'écrit sur support papier.

Lorsqu'un écrit électronique est signé par les parties, il a la force probante d'un acte sous seing privé. Lorsqu'il est signé par l'officier public il a la force probante d'un acte authentique.

4) Les autres preuves littérales

Certains écrits peuvent parfois être invoqués comme preuve bien qu'ils n'aient pas été nécessairement établis à cette fin. Il en est ainsi des lettres missives (lettres fermées, cartes postales, télégrammes, messages télex, etc.), des registres et papiers domestiques (notes, livres de comptes tenus par des particuliers), des écritures mises sur un titre constatant une créance ou sur une quittance, les livres de commerce.

II. La preuve par témoignage

Le témoignage est une déclaration faite par une personne sur des faits dont elle a eu connaissance par elle-même. Le témoin est celui qui a vu ou qui a entendu ce sur quoi il témoigne.

La preuve par témoignage doit être distinguée de la preuve par commune renommée qui consiste en ce que des personnes rapportent, non plus ce qu'elles ont constaté elles-mêmes, mais ce dont elles ont eu connaissance par l'intermédiaire d'autrui (radio cancan, radio Sicap baobab).

En revanche, constitue un véritable témoignage, le témoignage indirect, par lequel le déclarant rapporte le récit qu'une personne déterminée a fait en sa présence.

1) La force probante du témoignage

La force probante de la preuve par témoignage n'est pas déterminée à l'avance, contrairement à la preuve littérale qui fait foi, c'est-à-dire entraîne la conviction du juge dès qu'elle est administrée. Le juge a toujours le droit de rejeter un témoignage, si celui-ci ne l'a pas convaincu.

2) Les conditions de recevabilité du témoignage

Il convient de distinguer la preuve des faits juridiques et celle des actes juridiques.

S'agissant des faits juridiques, la preuve par témoignage est généralement recevable.

Il en est autrement s'agissant des actes juridiques. En principe, ceux-ci ne peuvent pas être prouvés par témoignage si l'acte juridique porte sur une somme supérieure à 20.000 F.

III. La preuve par présomptions de fait ou de l'homme

Les présomptions peuvent être définies comme des conséquences que la loi ou le magistrat titre d'un fait connu à un fait inconnu.

Ce sont donc des déductions effectuées par le législateur ou le juge. Lorsqu'elles sont l'œuvre du juge, on les qualifie de présomptions de fait ou encore présomptions de l'homme (l'homme en l'espèce est le magistrat). Lorsqu'elles émanent de la loi, elles prennent le nom de présomptions légales[25]. Seules les présomptions de fait ou de l'homme constituent un mode de preuve.

Les présomptions de fait ou de l'homme sont des inductions que le juge fonde sur des indices ou circonstances quelconques qui lui sont signalés par les conclusions des parties. À partir de la constatation de certains indices, on va présumer l'existence de faits qui ne sont pas directement établis.

Les présomptions ne lient pas le tribunal qui conserve toute liberté d'appréciation.

IV. L'aveu

L'aveu est la reconnaissance faite par une personne de l'exactitude du fait ou de l'acte que son adversaire invoque afin d'établir son droit sur elle.

L'aveu produit effet indépendamment de toute acceptation de la partie adverse. L'aveu peut être judiciaire ou extrajudiciaire[26].

1) L'aveu judiciaire est recevable en toute matière (article 39 COCC). L'aveu fait pleine foi contre celui qui l'a fait (article 33

---

[25] - Sur la distinction entre aveu judiciaire et aveu extrajudiciaire, voit Cour d'appel de Dakar, n° 33 du 30 janvier 1970, publié dans les *Grands Arrêts de la jurisprudence civile et commerciale*, E.D.J.A., 1991.

[26] - Voir supra sur la charge de la preuve.

COCC). Cela signifie que le juge, quelle que soit son intime conviction, doit tenir pour exacts les faits avoués.

Une fois fait, l'aveu judiciaire est en principe irrévocable (art. 33 COCC). Il peut cependant être rétracté pour cause d'erreur de fait (art. 33 COCC).

2) Quant à l'aveu extrajudiciaire, il est constitué par tout aveu qui ne correspond pas aux conditions de l'aveu judiciaire. Il s'agit notamment de l'aveu fait dans une autre instance, celui reçu par un officier ministériel, celui d'un mandataire de justice, ou inclus dans une lettre, ou découlant d'une déclaration orale.

Selon l'article 32 du code des obligations civiles et commerciales, l'aveu extrajudiciaire vaut comme présomption du fait de l'homme. Il est donc laissé à l'appréciation des juges.

V. Le serment

Le serment est l'affirmation solennelle de l'exactitude d'un fait ou d'un acte dont dépend l'issue du litige.

Il existe deux catégories de serments : le serment décisoire et le serment supplétoire.

1) Le serment décisoire est ainsi appelé parce qu'il décide de la contestation. Le serment décisoire est le serment déféré par l'un des plaideurs à son adversaire. Autrement dit, l'un des plaideurs invite l'autre à prêter serment. Le mécanisme est le suivant : un des plaideurs allègue à l'appui de sa prétention, un fait qu'il ne peut démontrer. Il décide alors de s'en remettre à la conscience de son adversaire en lui demandant de jurer que le fait n'existe pas.

Celui à qui le serment est déféré par l'un des plaideurs a le choix entre trois attitudes : il prête serment de dire la vérité. Il obtient alors gain de cause. Il refuse de prêter serment. Il est alors obligatoirement condamné ; son silence est en effet une preuve contre lui.

3°) Il réfère le serment. Il renvoie la balle à son adversaire en lui demandant de jurer que le fait existe. Ce dernier peut jurer, il obtient gain de cause. Il peut également refuser de jurer ; il perd nécessairement le procès.

2) Le serment supplétoire

Le serment supplétoire est celui que le juge peut déférer d'office lorsqu'il désire compléter son information. Il invite l'un ou l'autre des plaideurs à prêter serment sur tel ou tel fait dont dépend l'issue du procès. C'est un complément de preuve.

PARAGRAPHE IV : L'ADMISSIBILITÉ DES PROCÉDÉS DE PREUVE

Il convient de distinguer la preuve des actes juridiques et celle des faits juridiques.

I. La preuve des actes juridiques

1) Le principe : la nécessité de la preuve écrite

En principe, les actes juridiques doivent être prouvés par écrit dès l'instant où ils portent sur une somme excédant 20.000 F (article 14 COCC).

2) Les exceptions à la nécessité de la preuve

Il existe trois exceptions à la nécessité de la preuve : le commencement de preuve par écrit, l'impossibilité de se procurer un écrit et la liberté de la preuve en matière commerciale.

1. Le commencement de preuve par écrit

On peut demander à faire la preuve d'un acte juridique par témoignage ou présomption lorsqu'on possède un commencement de preuve par écrit, c'est-à-dire tout acte écrit émanant de celui contre lequel la demande est formée ou de celui qu'il représente, ou de son auteur et qui rend vraisemblable le fait allégué (article 16 al. 2 C.O.C.C.). C'est donc un écrit qui rend probable le fait allégué. Peut constituer un commencement de preuve par écrit, une simple lettre missive, un acte authentique irrégulier en la forme, un acte sous seing privé irrégulier, un écrit non signé dont l'auteur peut être identifié par son écriture, etc.

En outre, sont assimilées au commencement de preuve par écrit : les déclarations faites par une partie au cours d'une comparution personnelle ordonnée par le juge (art. 16 al. 3 C.O.C.C.

2. L'impossibilité de se procurer un écrit

L'exigence d'un écrit pour prouver un acte juridique reçoit exception toutes les fois qu'il n'a pas été possible au créancier de se procurer ou de produire une preuve écrite (art. 15 C.O.C.C.).

L'impossibilité peut être matérielle ou morale. Elle est matérielle lorsque, par suite de certains événements imprévus, les parties n'ont pas eu le temps matériel de rédiger un écrit (incendie, naufrage, etc.). Il en est ainsi également lorsque l'écrit ayant été formé, a été perdu par suite d'un cas fortuit résultant d'une force majeure.

Quant à l'impossibilité morale de se procurer un écrit, elle résulte surtout des usages. Dans certains cas, on considère qu'il est moralement impossible de demander un écrit. Généralement, on n'exige pas d'écrit entre mari et femme, ou même entre de grands amis ou très proches parents.

3. La liberté de la preuve en matière commerciale

À l'égard des commerçants, les actes de commerce peuvent, en principe, se prouver par tous moyens. C'est le principe de la liberté de la preuve en matière commerciale (art. 13 du C.O.C.C.).

La liberté de preuve en matière commerciale ne remet pas en cause l'appréciation souveraine des témoignages et présomptions de fait par le juge.

II. La preuve des faits juridiques

Les faits juridiques peuvent en principe être prouvés par tous moyens.

Ce principe comporte cependant des limites concernant l'état des personnes. Ainsi, la preuve de la naissance ou du décès se fait normalement à l'aide des actes d'état civil.

LECTURES

Sur les preuves *: J. B. DENIS « Quelques aspects de l'évolution récente du système des preuves en droit civil », RTD civ, 1977, p. 671 ; C. MARRAUD « Le droit de la preuve, la production des preuves en justice », J.P.C. 1973. I. 2572 ; J. L. NAVARRO, « La preuve et l'écrit entre la tradition et la modernité », J.C.P. 2002.I. p.187 ; Mahamadou Maciré DIALLO « Le système de la preuve en droit sénégalais » mémoire de maîtrise sous la direction de M. Cheikh Saadibou DIALLO année académique 2002/2003 – Faculté des Sciences juridiques et politiques – UCAD/Dakar CREDILA ; Moustapha DIA « Le témoignage ». Mémoire de maîtrise sous la direction de M. Vincent HEUZE, année académique 1995-1996, Faculté des Sciences juridiques et politiques – UCAD/CREDILA*

Sur l'administration de la preuve *: voir Sophie DRUFFIN-BRICCA, op. cit., Laurence-Caroline HENRY « Introduction générale du droit » op. cit., pp. 404 et s. ; X. LAGARDE « Finalités et principes du droit de la preuve – Ce qui change », J.C.P. 2005 I., pp.133.et s. ; F. BOULANGER « Réflexions sur le problème de la charge de la preuve », R.T.D. civ, 1966, pp. 736 et s.*

Sur le rôle du juge : *En réalité, le juge jouit d'une large initiative dans la conduite du procès et dans la recherche des preuves. Il peut ainsi inviter les parties à lui fournir toute explication de fait qu'il estime nécessaire. Il peut ordonner d'office des mesures d'instruction et rechercher par divers moyens légaux (expertise, preuve par témoin, etc.) à connaître la vérité, si les preuves fournies par les plaideurs ne lui paraissent pas convaincantes (voir dans ce sens : NDIOGOU Thierno Amadou « Faire une analyse de la jurisprudence sénégalaise relative au droit de la preuve », Mémoire de Maîtrise sous la direction d'Amsatou Sow Sidibé – année académique 2009-2010 – CREDILA, Faculté des Sciences juridiques et politiques UCAD/Dakar, CREDILA p. 38. Voir dans le même sens : Tribunal Régional de Louga affaire Amar Thiam contre Soda Thiam in « Faire une analyse de la jurisprudence sénégalaise relative au droit de la preuve » par Ndiogou Thierno AMADOU op. cit. p. 39. Dans cette décision, le juge a fait appel à un expert pour asseoir sa conviction.*

Sur la preuve électronique : *voir Tribunal Régional hors classe de Dakar, 5 novembre 2008 – Direct médical SARL contre Patrick CORREA – Assistance médicale Sénégal dite AMS in « Faire une analyse de la jurisprudence relative au droit de la preuve au Sénégal » par Djibo Souleymane, Mémoire de Maîtrise sous la direction d'Amsatou SOW SIDIBÉ – année académique 2009-2010 CREDILA Faculté des Sciences juridiques et politiques – UCAD/Dakar.*

Sur la jurisprudence en matière de preuve au Sénégal *: voir affaire Pape DIOP c/ Aliou GUEYE – Tribunal du travail de Dakar 24 avril 1969, Revue sénégalaise de Droit n° 6 sept. 1969 p. 101 ; C. Cassation, SALL c/ Esso, décision n° 100 du 5 mai 1993 – cité par M. Maciré DIALLO, « le système de la preuve en droit positif sénégalais » op cit., – p. 10. ;*

DJIBO Souleymane « Faire une analyse de la jurisprudence relative au droit de la preuve au Sénégal », Mémoire de Maîtrise sous la direction d'Amsatou SOW SIDIBÉ – année académique 2009-2010, CREDILA, Faculté des Sciences juridiques et politiques – UCAD/Dakar.

NDIOGOU Thierno Amadou «« Faire une analyse de la jurisprudence sénégalaise relative au droit de la preuve », Mémoire de Maîtrise sous la direction d'Amsatou Sow Sidibé – Année académique 2009-2010 – CREDILA Faculté des Sciences juridiques et politiques UCAD/Dakar

Sur les présomptions *: voir Tribunal Régional de Kaolack, 19 mars 2009. Affaire Seynabou Thioye NDIAYE contre Moustapha NDIAYE in « Faire une analyse de la jurisprudence sénégalaise relative au droit de la preuve », Mémoire de Maîtrise par NDIOGOU Thierno Amadou sous la direction d'Amsatou Sow Sidibé – Année académique 2009-2010 – CREDILA Faculté des Sciences juridiques et politiques UCAD/Dakar. Le Tribunal, après avoir entendu les témoins et qualifié l'action de S. THIOYE de réclamation de paternité, a retenu : « Qu'en vertu de l'article 191 du code de la famille, l'enfant né d'un mariage n'est présumé avoir pour père le mari de la mère que lorsqu'il est né le 180e jour au moins après la mariage ; or en l'espèce même si l'enfant est né le 20 novembre 2007, au moment où les époux sont encore dans le lien du mariage, sa naissance n'est intervenue que le 173e jour après sa célébration au 1er juin 2007, en dehors des délais de la présomption légale de paternité prévue à l'article susvisé ; que si la même présomption peut bénéficier à l'enfant né vivant avant le 180e jour, tel ne saurait en être le cas en l'espèce dès lors qu'il n'est établie, conformément aux dispositions de l'article 192 dudit code que M. M. NDIAYE a eu connaissance de la grossesse avant le mariage on a assisté à l'établissement de sa naissance.*

Sur le respect des finalités du système juridique *: voir Sophie DRUFFIN BRICCA, Laurence-Caroline HENRY in « Introduction générale au droit », op. cit. pp. 425 et s., PAGNON, « L'apparence face à la réalité économique et sociale » D. 1992, chron. p. 285 et s. ; J. L. SOURIOUX » La croyance légitime », J.C.P. 1982. I. 3652.*

Sur l'abus de droit *: voir A. PIROVANO, « La fonction sociale des droits : réflexions sur le destin des théories de Josserand, (à propos d'un arrêt de la 3e chambre civile de la Cour de cassation du 12 octobre 1971) », D. 1972, chron.p. 67 et s. ; M. ROTONDI, « Le rôle de la notion d'abus de droit », R.T.D. civ. 1968, p. 68.*

SECTION III : LE RESPECT DES FINALITÉS DU SYSTÈME JURIDIQUE

La mise en œuvre du droit peut être source de difficultés lorsque les finalités du système juridique ne sont pas respectées. Il appartient alors aux juges de trouver des solutions qui sauvegardent les finalités du système juridique. À cet effet, les juges utilisent un certain nombre d'instruments dont certains présentent un intérêt particulier : il s'agit des théories de l'abus de droit, de la fraude et de l'apparence.

PARAGRAPHE I : L'ABUS DE DROIT

L'exercice sans contrôle des droits subjectifs risquerait de menacer la justice qui constitue la fin essentielle du système juridique. L'exercice des droits n'est pas absolu.

Le titulaire d'un droit devient responsable s'il abuse de son droit. Si en abusant de son droit, il cause un dommage à autrui, il est condamné à réparer le dommage. L'intention malveillante est le critère normal de l'abus de droit. Mais en réalité, le titulaire d'un droit engage sa responsabilité en l'absence d'intention malveillante, s'il cause à autrui un dommage anormal, excessif. Le critère objectif utilisé ici est la démesure du dommage. Au Sénégal, l'abus de droit est prévu par l'article 122 du code des obligations civiles et commerciales qui dispose que : « Commet une faute par abus de droit, celui qui use de son droit dans la seule intention de nuire ou qui en fait un usage contraire à sa destination ».

En réalité il n'existe plus de droit absolu. Chacun doit, dans l'exercice des droits, tenir compte de l'intérêt social à côté de son propre intérêt. Les droits subjectifs ne sont pas discrétionnaires, mais contrôlés.

PARAGRAPHE II : LA FRAUDE A LA LOI

Un autre correctif à l'irrespect des finalités du droit est fourni par la théorie de la fraude. Il s'agit alors de sanctionner les manœuvres des individus qui, par ruse, tentent de tirer parti des règles juridiques afin de bénéficier d'un droit ou, plus généralement, d'un avantage dont ils ne devraient pas profiter. Ainsi, par exemple, la loi permet aux créanciers d'attaquer les actes faits par leur débiteur en fraude de leurs droits au moyen de ce qu'on appelle l'action paulienne. De même, loi annule les actes frauduleux accomplis par les époux au cours de l'instance en divorce. Les mariages fictifs et simulés sont également nuls.

PARAGRAPHE III : L'APPARENCE

L'apparence est la situation, vraisemblable en fait, mais inexacte en droit. La théorie de l'apparence règle le conflit entre le fait et le droit. Lorsque les circonstances permettent de penser que la situation extérieure correspond à la situation juridique, l'apparence l'emporte sur la réalité. Le mandat apparent en est un exemple. Une personne traite avec une autre personne qu'elle croyait être le mandataire d'une troisième personne. Même s'il se révèle par la suite que ce mandataire était un faux intermédiaire, l'opération réalisée par les deux personnes est validée si le juge constate l'ignorance légitime du contractant.

2e PARTIE

L'ÉTAT DES PERSONNES ET LA FAMILLE

CONTEXTE DE L'ÉLABORATION DU DROIT DES PERSONNES ET DE LA FAMILLE

Le droit des personnes et de la famille est organisé à titre principal par le Code de la famille institué par la loi n° 72-61du 12 juin 1972 portant Code de la Famille et modifiée par la loi n° 74-37 du 18 juillet 1974 et la loi n° 79-31 du 24 janvier 1979, par la loi du 17 janvier 1989 et enfin par la loi n° 99-82 du 03 septembre 1999 sur la majorité.

Le Code de la famille a été le produit d'un long travail préparatoire qu'il convient de rappeler avant de préciser les grandes orientations qui se dégagent de l'œuvre accomplie.

I : La phase préparatoire du code de la famille

Si la codification du droit des obligations civiles et commerciales s'est réalisée dans des délais relativement brefs (dès 1963, promulgation de la 1re partie du COCC), il en fut autrement pour le droit des personnes et de la famille. Ce retard s'explique par un certain nombre de raisons. La première était liée à l'enjeu politique que recelait l'élaboration d'un code de la famille. La seconde raison était relative à la complexité de la matière. La connaissance du droit des personnes et de la famille constituait un préalable nécessaire à sa codification. C'est à cette tâche que s'est attelé l'État sénégalais en créant une commission de codification d'abord, et ensuite un comité des options du droit de la famille.

1°) l'œuvre de la commission de codification

Cette commission instituée par le décret n° 61-145 du 12 avril 1961 était composée de professeurs, magistrats, avocats, administrateurs et de personnalités choisies en raison de leur connaissance en matière coutumière.

Le travail préliminaire effectué par la commission a consisté à recenser les coutumes et à rassembler la documentation législative et jurisprudentielle.

1) Le recensement des coutumes

La première mission de la commission de codification a été de diffuser, à l'adresse des autorités locales de l'ensemble du pays, un questionnaire de plus de 400 rubriques. L'objectif poursuivi était de recueillir l'opinion des « anciens » et des praticiens du droit coutumier, sur le contenu du droit traditionnel.

Il semble cependant que les réponses aux questions posées aient été incomplètes et n'aient pas permis d'avoir une connaissance précise du droit coutumier. Les documents rassemblés ont pu cependant servir de règles témoins aux artisans de la codification du droit de la famille.

2) L'inspiration normative

La commission s'est également chargée de rassembler toute la documentation nécessaire pour l'élaboration du code notamment les textes les plus récents élaborés en matière familiale par les pays musulmans (tels que la Tunisie, le Maroc et l'Égypte), la législation française ainsi que la jurisprudence tant sénégalaise qu'étrangère.

2°) Les travaux du comité des options

La création d'un comité des options a été décidée par un décret du 23 décembre 1965. Le comité était composé de telle sorte que toutes les religions, toutes les coutumes et toutes les tendances y étaient représentées. Il comprenait une cinquantaine de personnes représentant les opinions les plus variées et les plus autorisées du pays : professeurs, magistrats, avocats, notaires, huissiers, administrateurs, députés. Tous les cadis y étaient présents, de même que les Présidents des anciens tribunaux de droit local. Seules ont été les grandes absentes du comité des options.

C'est à l'occasion des travaux du comité des options qu'ont été dégagées les grandes orientations du droit sénégalais de la famille.

II : Les grandes orientations du droit sénégalais de la famille

En élaborant le code de la famille, le législateur sénégalais a eu comme souci principal, d'assurer l'unité nationale, de créer un droit apte à promouvoir le développement économique et social du pays et de faciliter l'insertion du Sénégal dans le concert des nations modernes. Pour ce faire, deux techniques ont été utilisées : celle de l'unification du droit et celle de sa modernisation.

1°) L'unification du Droit

L'unification se manifeste d'abord par l'abrogation de principe des statuts existants avant l'avènement du code de la famille. En effet, selon l'article 830 C.F., à partir du code de la famille, « les dispositions du Code civil, les textes législatifs et réglementaires, les coutumes générales et locales, à l'exception toutefois de celles relatives aux formalités consacrant traditionnellement le mariage et les statuts particuliers applicables au Sénégal, cessent d'avoir force de loi ou de coutumes dans les matières qui font l'objet du code de la famille ». Désormais, tous les citoyens sénégalais sont en principe régis par le même code en matière de statut personnel.

L'unification du droit se manifeste également par l'élaboration d'une règle unique pour chacune des questions relatives au statut personnel. C'est ainsi que par exemple, les règles relatives au livre I du code intitulé : « Des personnes » ont été totalement unifiées. Il en est de même des règles relatives aux fiançailles, au divorce à la filiation, aux incapacités, aux successions, au testament, etc.

Cependant, des dérogations ont été apportées au principe de l'unification dans tous les cas où il y avait impossibilité de proposer une solution unique. Le législateur adoptait alors le système des options permettant aux individus de choisir la solution qui correspond le mieux à leurs convictions personnelles. Il en est ainsi en matière de forme de célébration du mariage. Le législateur offre aux époux la possibilité de choix entre le mariage célébré, le mariage constaté, le mariage déclaré tardivement, le mariage coutumier non constaté, en matière de dot selon la volonté des époux, la dot peut être ou non une condition de validité du mariage et même en matière successorale (possibilité de choix entre les successions de droit moderne et les successions de droit musulman.

2°) La modernisation du Droit

La volonté de moderniser le droit sénégalais de la famille s'est manifestée par le rejet des coutumes en tant que corps de règles, même si elles ont été maintenues comme source d'inspiration des règles du statut personnel et la préférence pour le droit moderne en cas d'option.

1- Le rejet des coutumes en tant corps de règles

La volonté d'assurer le développement économique et social du pays a conduit les autorités étatiques sinon à écarter le droit traditionnel, du moins à le reléguer au second plan. Les coutumes, par leur oralité et leur diversité, étaient en effet considérées comme anachroniques et contraires au développement.

2- Les coutumes maintenues comme source d'inspiration

Les coutumes ont cependant été une source d'inspiration des règles du droit de la famille. En outre, elles ont été intégralement maintenues en matière de forme de célébration du mariage.

Quant aux coutumes islamisées, elles constituent la source d'inspiration directe des règles du droit sénégalais des successions musulmanes.

3- La préférence pour le droit moderne

Le vœu du législateur sénégalais est d'amener les citoyens à se soumettre au maximum aux règles de droit dit « moderne ».

Pour réaliser cet objectif, le législateur a adopté un certain nombre de techniques. Par exemple dans l'option de statut conjugal, la préférence pour la monogamie se manifeste par l'irrévocabilité de l'option de monogamie ou de limitation de polygamie. De même, le droit moderne constitue le droit commun dans certains cas. Il en est ainsi en matière successorale.

LECTURES

Sur la codification en matière de statut personnel, voir Amsatou Sow Sidibé « La Codification du droit de la famille dans les États d'Afrique francophones au Sud du Sahara, l'exemple du Sénégal » in Revue du droit sénégalais, n° 7, Nov. 2008, pp. 191 à 218 ; Annales de l'Université des Sciences sociales de Toulouse Tome L 2008, p. 109 et s.

Sur l'option en matière de statut personnel, voir notre ouvrage « Le Pluralisme juridique en Afrique », LGDJ Paris 1191, pp. 133 et s.

Sur l'état des personnes et la famille au Sénégal, voir les travaux du Comité des options pour le code de la famille. Tomes I, II, III.

Sur la modernisation du droit des personnes et de la famille, voir notre ouvrage « Le Pluralisme juridique en Afrique », op. cit., pp. 2251 et s.

Sur l'attitude du législateur face aux coutumes, voir ouvrage « Le Pluralisme juridique en Afrique »

Sur l'éviction des coutumes en matière successorale, voir « Le Pluralisme juridique en Afrique, pp. 99 et s.

Sur l'attitude du législateur face à l'Islam, voir notre ouvrage « Le Pluralisme juridique en Afrique » pp. 69 et s.

I : Historique du droit des personnes et de la personne[27]

Le rappel de l'arrière-plan historique est important car le passé éclaire le présent, et plus spécialement en l'occurrence, le passé continue d'animer et d'influencer le présent.

L'état du droit antérieur s'est réalisé essentiellement en trois étapes. La première va de l'introduction du Code civil français dans la colonie à la Loi Diagne de 1916. La seconde se situe entre la fin de la période précédente et l'année 1946. La troisième a duré jusqu'à l'indépendance et plus précisément jusqu'à la loi de 1972 portant Code de la famille.

1°) Période anti-coloniale

Pendant la période pré-coloniale, ce sont les coutumes qui régissaient l'ensemble de l'organisation sociale africaine. Chaque groupe social : tribu ou clan avait sa coutume. Les coutumes imprégnées de croyance religieuse étaient à l'origine animistes. Elles ont été par la suite imprégnées de droit musulman dans certaines ethnies.

Les coutumes, orales (exception faite dans le cas où elles étaient influencées par le droit musulman, collectivistes ou communautaires, étaient détenues par des notables, gardiens de la tradition.

2°) L'introduction du Code civil français dans la colonie et le maintien des institutions traditionnelles

Le Code civil français a été introduit au Sénégal au début du XIXe. Le Code civil français a été introduit au Sénégal par un arrêté du 8 Vendémiaire an XIV, puis appliqué « en fait » jusqu'à l'arrêté du 5 novembre 1830 qui l'a rendu expressément obligatoire1. Les lois civiles étaient également appliquées dans la colonie en vertu de décrets d'introduction[28] 1979, p. 247. Ce droit était calqué sur celui de la métropole sans lui être totalement identique. En effet, les lois ultérieures et notamment celles modifiant le Code civil français, ne pouvaient être appliquées qu'à la faveur d'une disposition expresse d'extension, par application du principe de la spécialité législative[29]. En outre, il s'agissait d'un droit en principe adapté au milieu local africain

[27] - Cette rubrique est tirée de notre ouvrage « Le Pluralisme Juridique en Afrique » *op. cit.*, pp. 21 et s.

[28] - P. Lampue, „Droit écrit et droit coutumier en Afrique francophone », Penant 1979, p. 247.

[29] - Dareste. « L'application et la promulgation des lois aux colonies", Penant 1979, p. 247. 115.

et comprenant certains textes destinés spécialement à l'Outre-mer. Cependant dans l'ensemble, la part d'originalité de ce système juridique d'inspiration français, crée par le colonisateur suivant ses propres concepts et son propre mode de pensée, ne pouvait être surestimée[30].

Dans la logique du colonisateur, le système juridique convenable pour les Africains était le système juridique métropolitain dont l'application devait être généralisée. L'arrêté de 1830 décidait que « Le territoire de la colonie est considéré dans l'application du droit civil comme partie intégrante de la métropole. Tout individu né libre et habitant le Sénégal ou ses dépendances jouira dans la colonie des droits accordés par le Code civil aux citoyens français »

La politique de l'assimilation à outrance était cependant un idéal difficile à atteindre et les vives résistances rencontrées de la part des autochtones ont conduit le colonisateur à limiter son œuvre assimilatrice et à consacrer le principe du maintien des institutions traditionnelles.

C'est d'abord une ordonnance du 4 décembre 1847 reprise par un décret du 9 août 1854 qui établit à Saint-Louis du Sénégal un comité consultatif chargé de donner son avis sur les questions de droit musulman qui leur seraient soumises par les tribunaux.

Ensuite, le décret du 20 mai 1857 institue à Saint-Louis d'abord, ensuite dans d'autres villes, un tribunal musulman appelé à statuer d'après le droit musulman et donations et de testaments des indigènes musulmans. Ce décret concernait uniquement les originaires des quatre communes de plein exercice du Sénégal[31] et s'appliquait au droit de la famille, créant ce qui fut appelé le « statut civil réservé »[32]. Dans cette matière et uniquement, les intéressés devaient être régis par leurs coutumes sauf en cas d'option de législation et de renonciation au statut.

3°) La loi Blaise Diagne de 1916

La loi du 29 septembre 1916 dite loi Diagne était ainsi libellée. « Les natifs des quatre communes de plein exercice du Sénégal et leurs

[30] - F. Luchaire, l'apport européen dans l'élaboration des droits nationaux des pays en voie de développement ». I. « Les modèles continentaux », Revue administrative, 1964, doctrine et informations générales, pp. 571 et s. : P. Lampue « Droit écrit et droit coutumier », *op. cit.*, p. 247.

[31] - Dakar, Saint-Louis, Rufisque, Gorée.

[32] - Sur la notion de « statut civil réservé », voir G. A. Kouassignan, « Quelle est ma loi ? Tradition et modernisme dans le droit privé de la famille en Afrique noire francophone ». Paris, Pédone, 1974, p. 17 ; Lampue, « Droit écrit et droit coutumier ».

descendants sont et demeurent des citoyens français soumis aux obligations militaires prévues par la loi du 19 octobre 1915 ».

Le domaine quant aux personnes de la loi était limité. Elle laissait en effet, en dehors de son champ d'application, une masse considérable d'autochtones qui demeuraient soumis à leurs traditions. Les Français[33] étaient ainsi divisés en deux catégories d'individus soumises chacune à un régime juridique déterminé. Il s'agissait des sujets d'une part et des citoyens de l'autre.

On entendait par sujet français : les indigènes qui, par suite de l'annexion de la colonie (faisant partie intégrante du territoire français), étaient soumis à la souveraineté directe de la France, mais ne possédaient pas les droits de citoyens français[34]. Ils ne jouissaient pas des droits politiques conférés à ceux-là, et avaient un statut personnel spécial régi par leurs coutumes. Étaient sujets français tous les autochtones, à l'exception de ceux qui avaient la qualité de citoyen.

Les citoyens français se divisaient eux-mêmes en deux catégories : les citoyens de statut civil français et les citoyens « originaires des quatre communes de plein exercice du Sénégal ».

Les citoyens de statut civil français étaient des ressortissants métropolitains résidant dans la colonie, des indigènes qui avaient accédé à la citoyenneté en vertu de textes spéciaux et des métis. Ils étaient soumis à la législation française telle qu'elle était appliquée dans la colonie.

Les citoyens de statut personnel traditionnel étaient les originaires des quatre communes de plein exercice du Sénégal.

La qualité juridique de ces indigènes a été pendant la période coloniale l'objet des plus vives discussions qui ont été réouvertes par un auteur africain contemporain[35] à propos de la loi de 1916. Nous avons jugé utile de rappeler les prises de position concernant cette loi et d'émettre un point de vue sur le débat qu'elle suscite encore.

L'expression « citoyen français » que comportait ladite loi prêtait à équivoque et la question était posée de savoir si la disposition

---

[33] - Ceux de la métropole ainsi que les indigènes qui, par le système de l'annexion, étaient devenus des Français.

[34] - Solus. « De la qualité d'indigène sujet français et protégé français » : Rec. Dareste 1926, pp. 1 et s. du même auteur « Traité de la condition des indigènes en droit privé », op. cit. pp. 35 et s. La qualité de sujets français a été expressément reconnue aux indigènes par l'article 3 du décret du 25-5-1912 fixant les conditions d'accession des indigènes de l'A.O.F. à la qualité de citoyen français.

[35] - G. A. Kouassignan, « Quelle est ma loi ? », *op. cit.*, pp. 26 et s.

législative remettait en cause ou non le « statut réservé » des originaires des quatre communes. Le problème a été soulevé en jurisprudence par exemple lorsqu'un natif de Saint-Louis du Sénégal, et donc un originaire des quatre communes étant décédé, on s'était demandé si sa succession devait être régie par le droit traditionnel islamisé ou au contraire par le Code civil français[36].

La loi de 1916 était une loi de circonstance. En effet, il apparaît à travers le texte de la loi de 1916 d'une part, et des circonstances qui ont entouré son élaboration d'autre part, que les originaires des quatre communes de plein exercice du Sénégal étaient des citoyens à part entière soumis en matière de statut personnel au droit traditionnel. La loi de 1916 était une contrepartie accordée aux tirailleurs sénégalais qui combattaient sous les drapeaux français au moment de la Grande Guerre. Blaise Diagne, Haut-Commissaire au recrutement des indigènes en 1916, avait pensé que la participation des indigènes conforterait leur revendication de bénéficier du statut politique de citoyen. La loi de 1916 était donc une loi de circonstance et c'est ce qui explique la hâte avec laquelle elle fut promulguée.

4°) De la loi Lamine Gueye de 1946 à l'indépendance

Au lendemain de la Seconde Guerre mondiale, une nouvelle loi, la « loi Lamine Gueye »[37], du 7 mai 1946, allait généraliser la citoyenneté sans pour autant uniformiser les statuts en droit privé. Cette solution a été consacrée par la Constitution de 1946 en son article 80 qui dispose que « tous les ressortissants des territoires d'Outre-mer ont la qualité de citoyen au même titre que les nationaux français de la métropole ou des territoires d'Outre-mer ». Cette citoyenneté n'impliquait pas le statut civil français. Au contraire, en matière de statut personnel, elle « s'accommodait » de la diversité des droits. Ainsi, selon l'article 82 de ladite Constitution, « les citoyens qui n'ont pas le statut civil français conservent leur statut personnel tant qu'ils n'y ont pas renoncé ». On distinguait alors les citoyens de statut français ou citoyens de statut civil commun et les citoyens de statut traditionnel, ou de droit local, ou de statut civil particulier ([38]). Certes, il ne s'agissait pas d'une innovation

---

[36] - Sur ce débat, voir notre ouvrage « Le pluralisme juridique en Afrique », L.G.D.J. Paris 1991, pp. 25 et s.

[37] - Du nom de son promoteur.

[38] - Rolland et Lampué, « Précis de droit d'Outre-mer », Paris – Dalloz 1949, p. 261 ; Circulaire Gaston Defferre, n° 3-307 AP 4 du 26-4-1956 sur la nature et le rôle des divers statuts de droit privé existants, p. 10 ; M. Y. Gouet « Remarques sur une

puisque la loi Diagne de 1916 reconnaissait cette forme de citoyenneté aux originaires des quatre communes de plein exercice du Sénégal ; seulement cette dernière loi avait un domaine plus limité puisqu'elle ne concernait qu'une fraction de la population indigène de la colonie.

En 1960, le Sénégal accède à la souveraineté internationale. Les ressortissants du nouvel État ne sont plus des Français, mais des nationaux sénégalais en vertu de la loi n° 61-10 du 7 mars 1961 déterminant la nationalité sénégalaise[39].

Sur le plan juridique, la situation de l'ancien ordre juridique a d'abord été consacrée par la Constitution de la Fédération du Mali[40] reprenant l'ordonnance française du 6 octobre 1958 qui déterminait les conditions d'application de l'article 76 de la constitution de 1958[41].

---

réorganisation éventuelle de l'état civil dans les parties d'Outre-mer de la France qui connaissent le régime de la pluralité des états civils et dans les territoires sous tutelle », R.J.P.U.F. 1954, p. 498.

[39] - JO.R.S. 15 mars 1961, p. 351. Le changement de nationalité sur le territoire ne s'est pas effectué de façon immédiate après le transfert de souveraineté. En effet, selon M. Jean Foyer (problèmes de droit international privé dans les relations entre la France et les nouveaux États africains d'expression française » in Travaux du Comité français de droit internat. Privé 1960-1962, pp. 139 et s.), pendant la période située entre la date de l'Indépendance et la loi de 1961 réglementant la nationalité sénégalaise, une loi française organisait la situation et des non-originaires des Territoires que jadis faisaient partie de la République française et qui ont accédé à l'indépendance. Selon cette dernière loi, tant qu'une disposition législative locale n'était pas intervenue, la nationalité des personnes ne pouvait être considérée comme changée. Il s'ensuivait que les ressortissants d'un certain nombre d'États devenus indépendants étaient considérés pendant un laps de temps, au regard de la loi française, comme étant demeurés des Français. Lorsqu'une loi était promulguée en matière de nationalité, il fallait distinguer entre les personnes originaires du territoire de la République (celui-ci comprenant la France métropolitaine, les départements d'Outre-mer et ce qui reste des territoires d'Outre-mer) et les non-originaires du territoire de la République. Les originaires conservaient la nationalité française même lorsque la loi locale leur en octroyait une autre. Ils avaient alors la double nationalité. Pour les non-originaires, la loi du 28-7-1960 avait crée ce que l'on appelle la reconnaissance de nationalité française. En quelque sorte, le non-originaire se reconnaissait, la nationalité française. Deux conditions devaient être remplies à cet effet. Il fallait être domicilié sur le territoire de la République française, ensuite faire une déclaration devant le juge d'instance. (Pour plus de développement sur la situation du non-originaire, voir J. Foyer, ibid., pp. 147 et s.). Le système français de la reconnaissance a été remplacé par un système de réintégration autorisée par la loi française du 9 janvier 1973.

[40] - Comprenant le Sénégal et l'ancien Soudan français, actuelle République du Mali. Ladite Constitution était du 17-1-1959.

[41] - l'article 2 de l'ordonnance stipulait que : « Dans les États membres de la communauté, les dispositions ayant valeur législative ou réglementaire, en vigueur à

Après l'éclatement de la Fédération du Mali[42], la Constitution de la République du Sénégal du 26 août 1960[43] d'abord, et celle du 3 mars 1963[44] ensuite, réaffirment le même principe, sans cependant mentionner les coutumes. Au contraire, l'article 39 de la Constitution de 1960 définissant le domaine de la loi disposait que « la loi fixe les règles concernant la nationalité, l'état et la capacité des personnes, les régimes matrimoniaux, les successions et les libéralités »[45]. Compétence était ainsi donnée à la loi pour régir les matières, qui sauf la nationalité, étaient jadis régies par le droit traditionnel.

Or, l'ordonnance de 1960 fixant l'organisation judiciaire, ainsi que les principes fondamentaux applicables aux litiges de droit privé[46], prévoyait la compétence des coutumes et délimitait leur domaine d'application. C'est ainsi que l'article 10 de ladite ordonnance disposait qu'« en ce qui concerne leur capacité à contracter et à agir en justice, l'état des personnes, la famille, le mariage, le divorce, la filiation, les successions, donations et testaments, les citoyens ayant conservé leur statut traditionnel sont régis par la coutume ».

Il semble qu'il y ait une contradiction entre la loi fondamentale et l'ordonnance précitée. Mais il est possible de penser que le texte émanant de l'exécutif était purement transitoire et que le vœu des pouvoirs publics était d'unifier les statuts en élaborant une loi unique régissant l'ensemble des citoyens en matière de statut personnel. C'est ce qui a été réalisé en 1972 par la promulgation du Code de la famille applicable à tous les Sénégalais.

II Sur le contexte socio-politique de l'élaboration du droit des personnes et de la famille[47].

---

la date du choix prévu à l'article 76 de la Constitution, restent valables en leurs dispositions non contraires à la Constitution tant que leur modification ou leur abrogation n'ont pas été prononcées par les autorités compétentes en vertu de la Constitution et du nouveau statut desdits États ».

[42] - le 2 août 1960.

[43] - Article 70.

[44] - Article 93.

[45] - On retrouve la même disposition dans la Constitution de 1963, art. 56.

[46] - Ordonnance n° 60-56 du 14 nov. 1960, J.O.R.S. 19 novembre 1960, p. 1244.

[47] - Cette rubrique est tirée de notre ouvrage *Le pluralisme Juridique en Afrique*, *op. cit.*

I. Les données sociales

1) L'hétérogénéité sociale

Le Sénégal était un véritable creuset (« melting pot ») où foisonnait une multitude de groupes sociaux régis par divers corps de règles. Une infime partie de la population était soumise, comme pendant la période coloniale, au statut dit moderne. Mais la majorité des citoyens de la République obéissait à un droit traditionnel très diversifié. Les coutumes étaient multiples et les autorités publiques en avaient dénombré soixante-huit dans un arrêté du 28 février 1961 fixant la liste des coutumes en usage au négal[48].

Les soixante-huit coutumes peuvent être classées en quatre rubriques : les coutumes islamisées et musulmanes[49], les coutumes fétichistes et animistes[50], les coutumes catholiques[51], enfin les coutumes dont la religion d'attache n'est pas précisée[52].

L'arrêté de 1961 ne signalait que les coutumes les plus importantes en usage au Sénégal. D'autres coutumes effectivement appliquées dans le pays ne figuraient pas sur la liste [53]. La question a été posée de savoir si la décision ministérielle avait ou non un caractère limitatif. Des juristes[54] très autorisés ont conclu qu'il n'y a de coutumes que dans la

---

[48] - Il s'agit des coutumes : Badiaranké ; Baïnouck catholique ; Baïnouck musulmane ; Balante islamisée ; Bambara islamisée ; Bassari animiste ; Créole portugais ; Dahoméenne catholique ; Diankhankhé ; Diakhankhé islamisée ; Diola fétichiste ; Diola catholique ; Diola islamisée ; Fandanké ; Fandanké animiste ; Guinéenne musulmane ; Khassonké ; Laobé ; Léboue ; Malinké ; Malinké animiste ; Malinké islamisée ; Mandingue ; Mandingue islamisée ; Manjaque ; Manjaque catholique ; Mandingue fétichiste ; Maure ; Maure musulmane ; Maure islamisée ; Mossi ; Mouride ; Niominka ; None catholique, None islamisée ; ouoloff ; ouoloff catholique ; ouoloff islamisée ; Peulh ; Peulh Fouladou ; Peulh Fouta ; Peulh Camana ; Peulh M'Ball ; Peulh musulmane ; Pouladié ; Sarakolé ; sarakolé musulmane, Sérère ; Sérère catholique ; sérère fétichiste ; Sérère islamisée ; Sérère Niominké ; Sérère Thiédo ; Socé ; Soussou ; Toucouleur ; Toucouleur islamisée ; Tourka.

[49] - Au nombre de 19.

[50] - Au nombre de 09.

[51] - Au nombre de 07.

[52] - Au nombre de 33.

[53] - Il en est ainsi de la coutume dogon islamisée invoquée par une partie à un litige porté en appel devant le Tribunal de 1re instance de Dakar, le 17-4-1971, R.S.D. 1972, n° 11, p. 91 et s. note P. Gulphe.

[54] - R. Decottignies, « L'apport européen dans l'élaboration du droit privé sénégalais, Annales Afr. 1964, p. 106 : Bouckaert, « Les règles de conflit de lois en Afrique Noire

mesure où elles sont reconnues par l'autorité publique et que si un certain nombre d'entre elles manquent à l'appel, il faudra qu'elles disparaissent. Selon ces auteurs, l'arrêté de 1961 a gelé le droit coutumier sénégalais en excluant les coutumes qui ne sont pas reprises dans la liste. Bien entendu, la justification d'une telle prise de position était la constatation de la tendance du droit sénégalais à s'orienter vers la modernisation par une remise en question du droit traditionnel considéré comme un frein au développement. Le foisonnement des coutumes devait ainsi être limité.

La jurisprudence[55] a statué dans le même sens en décidant que l'arrêté du 28 février 1961, fixant la liste des coutumes applicables sur les territoires de la République, avait un caractère limitatif.

Outre le problème de savoir si l'arrêté avait ou non un caractère limitatif, il lui a été reproché d'englober des dispositions coutumières étrangères qui n'étaient plus assorties d'effets juridiques dans leur pays d'origine[56]. Il en était ainsi dans le cas de mariage contracté selon une coutume originaire du Mali ou de la Guinée[57] où la célébration coutumière est considérée comme constituant une cérémonie de caractère religieux, devant être nécessairement suivie par l'intervention d'un officier public à peine de sanctions pénales. En quelque sorte, l'arrêté de 1961 inclut des coutumes étrangères qu'il intègre dans le droit interne sénégalais. Sur le plan du droit privé, les conflits concernant les ressortissants des pays précités, devenus des États souverains, sont réglés au Sénégal, à l'instar de la période coloniale, comme des conflits interpersonnels et non comme des conflits de droit international privé[58]. Il a été reproché à une telle méthode de paralyser le droit international

– Penant 1971, p. 1 ; K. Mbaye, Conférence aux juges de paix sur leur compétence le 15-7-1968, inédit.

55 - Trib. 1re instance de Dakar, 17-04-1971, R.S.D. 1972, n° 11, pp. 91 et s., note P. Guéphe.

56 - P. Gulphe, note sous Trib. 1re instance Dakar, 17-4-1971, op. cit. p. 96.

57 - Respectivement, lois 64-17/A.N.R.M. du 3-2-1962, J.O.R.M. 27-2-1962, p. 1; et 52/An-62 du 14-4-1962, J.O.R.G. 1962, p. 209.

58 - Sur la différence entre les deux sortes de conflit, voir : Eliesco : « Essai sur les conflits de lois dans l'espace sans conflit de souveraineté, Thèse, Paris 1925 ; Arminjon, « Les systèmes juridiques complexes en droit international privé », Rec. Cours La Haye. T. 74, pp. 79 et s. ; De Nova, « Les systèmes juridiques complexes en droit international privé », Rev. Crit. Dr. Int. Pr. 1955, pp. 1 et s. ; Gannage, « La distinction entre les conflits internes et les conflits internationaux », Mélanges Roubier 1966, t. I, pp. 229 et s.

privé sénégalais[59]. Mais la remarque semble ignorer que la plupart des ressortissants des pays concernés, présents au Sénégal depuis des générations, sont devenus des nationaux sénégalais et parfaitement intégrés à la société sénégalaise, même s'ils demeurent régis par leur droit coutumier ancestral. Leurs coutumes ont été incorporées au corpus juridique sénégalais, caractérisé par l'hétérogénéité.

Cependant, face à la diversité des statuts coutumiers, on observait au Sénégal un phénomène presque généralisé d'islamisation des populations, ce qui constituait un commun dénominateur que le législateur n'a pu ignorer lors de l'élaboration du code.

2) L'islamisation de la majorité de la population

Sur les soixante-huit coutumes que compte l'arrêté de 1961, dix-neuf seulement sont déclarées expressément musulmanes ou islamisées. Pourtant, mis à part quelques bastions animistes ou catholiques, l'islam recouvrait, au moment des grandes codifications, l'ensemble du Sénégal. Même les régions restées longtemps réfractaires à son implantation sont passées sous son influence. Comme l'indiquent les chiffres de l'enquête démographique de 1960-1961, sur 3 049 560 habitants recensés, 2 780 600 se réclamaient de l'Islam, soit 90 %. Le recensement de 1970 révèle que sur une population totale de 3620000 personnes, il y avait 3 339 000 adeptes musulmans, soit 92 % se répartissant essentiellement entre quatre confréries : Tidjane, Mouride, Khadyr, Layène. C'est dire que les coutumes musulmanes ou islamisées régissaient la majeure partie de la population sénégalaise et que les autres droits traditionnels ne concernaient que des minorités.

Selon l'enquête de 1960-1961, on recense 125 480 catholiques et 720 protestants parmi les Africains. L'annuaire catholique du Sénégal de 1972 précise que l'ensemble des chrétiens s'élevait à environ 165 000 Africains, soit environ 5 %. Quant aux religions du terroir c'est-à-dire l'animisme et le fétichisme, elles se classaient dans deux types de zone. D'abord celles à emprise dominante où les populations se déclarent attachées aux croyances traditionnelles, et demeurent réservées en face du prosélytisme. Ensuite, celle à fortes survivances où l'on observe une persistance des rites traditionnels, même si des religions étrangères sont venues s'y greffer. Dans l'ensemble, la proportion des adeptes des religions du terroir a été entre 5 % et 15 % de la population[60].

[59] - P. Gulphe, Note sous Trib. 1re instance Dakar, 17-4-1971, *op. cit.*, p. 96.

[60] - Cf. Encyclopédie Africaine et Malgache, Sénégal, éd. Larousse, p. 8.

L'islamisation des coutumes ne signifiait pas nécessairement la transposition pure et simple du droit musulman classique. Si dans certains cas, il y a eu islamisation complète, le plus souvent il y a eu syncrétisme entre les pratiques ancestrales et le droit islamique[61].

Dans l'ensemble, le droit musulman constituait un facteur important d'unification des coutumes islamisées et, en matière successorales, les notables musulmans appliquaient généralement le « Risala »[62] particulièrement étudie en Mauritanie[63].

La donnée de fait que constitue l'islamisation de la majorité des Sénégalais a été largement prise ne considération lors de l » élaboration du Code de la famille et notamment du droit des successions. En témoignent les déclarations faites par le Garde des Sceaux, ministre de la Justice à l'ouverture des travaux du comité des options du Code de la famille[64]. Celui-là confirme l'importance numérique des populations islamisées, phénomène qui doit entrer en ligne de compte de façon substantielle, sinon déterminante. Le ministre précise cependant que ce qui exige une attention particulière, c'est ce qui est impérativement prescrit par la religion[65].

3) Les pressions politiques

Le Code de la famille a été un phénomène politique qui s'est manifesté par des pressions constituées d'une part par les « groupes de pression »[66]

---

[61] - Cette précision est importante pour la compréhension, l'interprétation et la réception du droit musulman tel qu'il est appliqué aujourd'hui dans un pays comme le Sénégal.

[62] - Ce texte est une épître sur le dogme et la foi islamique selon le rite malékite.

[63] - La République Islamique de Mauritanie est un pays limitrophe du Sénégal auquel il est lié par de nombreuses relations, en particulier spirituelles. L'Islam a été introduit au Sénégal à partir de la Mauritanie où la plupart des chefs religieux sénégalais ont suivi un enseignement coranique important. Notons que le guide d'une importante confrérie du Sénégal (la confrérie Khadrya) réside en Mauritanie.

[64] - Sur les travaux du comité des options, voir infra.

[65] - Cf. discours et Garde des Sceaux, publié dans le Recueil des travaux du Comité des options du Code de la famille, t. I, p. 5.

[66] - Constitue un groupe de pression au sens strict, « tout groupe d'intérêt qui utilise l'intervention auprès du gouvernement à quelque titre que ce soit (exclusif, principal, occasionnel) pour faire triompher ses revendications ou affirmer ses prétentions, au besoin contre une attaque venue du secteur étatique lui-même », (cf. J. Meynard, « Les groupes de pression en France », 1953, p. 25).

formés par les confréries[67] et les marabouts[68], d'autre part par le parti unique au pouvoir à l'époque, l'Union Progressiste Sénégalaise.

1. Les forces religieuses

L'Islam sénégalais est essentiellement confrérique et maraboutique. Les confréries et les marabouts constituent une force politique importante dans le pays. Cela s'explique certainement par le fait qu'en Islam, il est difficile de traiter à part la politique et le religieux. Il y a en effet une liaison intime du sacré et du profane, du spirituel et du temporel, du religieux et du juridique, dans la religion de Mohamed.

L'intervention des marabouts dans la vie politique du pays ne date pas d'aujourd'hui. Pendant la période coloniale, les administrateurs coloniaux ont été amenés à s'appuyer sur eux, afin de mener à bien leur mission dans la colonie[69]. Durant les premières années du XXe siècle, les chefs religieux se sont engagés dans les luttes politiques ; ils ont été un facteur important du réveil africain.

Sous la 4e République, les autorités religieuses ont été un enjeu important dans la lutte politique sénégalaise. Ils ont été un facteur important dans la victoire de M. L. S. Senghor[70] et sur son compatriote Lamine Guèye.

En 1958, lors du référendum constitutionnel relatif à la Communauté, le « oui » des Sénégalais a été appelé le « oui » des marabouts alors hostiles à la solution de l'Indépendance.

À l'Indépendance, la création d'un État sénégalais à pouvoir fortement personnalisé ainsi que la naissance d'un parti unique n'a pas remis en cause le rôle des forces religieuses en matière politique. Elles ont été sollicitées par le régime en place qui requérait leur appui en certaines circonstances, et les situations de crise politique de 1958 à

---

[67] - La confrérie, appelée Tariqua en Arabe, signifie la voie, le chemin. Il s'agit du chemin tracé par le fondateur et que les adeptes doivent suivre pour assurer leur progression spirituelle. Il y a une diversité de confréries au Sénégal : Tidjaniya, Khadrya, Layène, Mouride.

[68] - Le marabout est celui qui a reçu la baraka, c'est-à-dire le don d'attirer les grâces divines sur les personnes. Il est un élément de spiritualisation et on lui rend une sorte de culte.

[69] - Cela, malgré la méfiance du colonisateur à leur égard puisqu'ils ont été un facteur important de résistance à la poussée coloniale.

[70] - Bien que de religion catholique, il a pu, grâce à son habileté, avoir l'appui massif des musulmans en axant l'essentiel de sa campagne électorale dans les zones rurales qui comportent la majorité de la population sénégalaise.

1962 ont permis la création de nouvelles structures de collaboration entre elles et l'État sénégalais.

L'élaboration d'un code unique applicable à tous les Sénégalais en matière de statut personnel, mettant fondamentalement en cause les conceptions morales et spirituelles des individus, a été une occasion supplémentaire pour les autorités religieuses d'intervenir directement dans le domaine des pouvoirs publics.

En effet, dès qu'ils ont eu connaissance du projet de création d'un code de la famille, chefs de confrérie et marabouts, hostiles à une telle initiative qui, selon eux, privait les musulmans du bénéfice de l'application de la loi islamique à leur statut personnel, n'ont ménagé aucun effort pour contrecarrer l'action du gouvernement. De multiples réunions ont été tenues dans les lieux publics, les dahiras[71], les mosquées, etc., afin de sensibiliser les adeptes à la gravité de la situation. Les autorités étatiques ont elles-mêmes été directement saisies par les marabouts. Il n'était pas question de soumettre l'ensemble des Sénégalais à une législation unique. Les musulmans devaient demeurer soumis à la loi en matière de droit de la famille pendant la période coloniale.

Les revendications des chefs religieux n'ont pas été passées sous silence au cours de la procédure d'élaboration du code ; elles ont été au contraire omniprésentes et ont beaucoup influencé les directives du gouvernement au comité des options du droit de la famille. C'est ce qui explique l'institution d'un statut de droit musulman à côté du statut moderne chaque fois que l'intangibilité des règles religieuses exclut une solution différente.

Cependant, la prévenance des pouvoirs publics n'a pas comblé les autorités religieuses. En effet, lorsque le projet de code de la famille leur fut présenté en 1971, elles réagirent très négativement. Dans un document de dix pages, les marabouts marquèrent nettement leur hostilité audit projet qui aurait bafoué les principes coraniques ; « Pour nous, musulmans, écrivent-ils, nous nous devons de souligner que l'Islam est régi depuis plus de 13 siècles par le Coran. Constitution suprême, qui a tout prévu et n'a rien omis en matière de mariage, divorce, succession et autres actes touchant à la société. Ses prescriptions immuables et irréfragables sont respectées et appliquées à travers le monde, sans la moindre modification, par tous les érudits et tous les gouvernements qui ont été institués. Nous nous étonnons de voir

---

71 - Un dahira est une association religieuse musulmane.

maintenant, qu'au Sénégal, on veuille y apporter des « innovations » pour ne pas dire des entorses, alors que la colonisation avait admis le Code musulman et crée des juridictions spécialisées pour les islamisés ». Des innovations[72] avaient en effet été apportées au droit musulman classique, et cela était la cause du rejet en bloc de l'ensemble du Code de la famille. En matière successorale, par exemple, de l'avis des autorités religieuses, le fait de prévoir des options n'était pas suffisant, il fallait laisser intact le droit islamique et même ne pas essayer de le codifier, cela ne relevant pas du ressort de l'État.

Cependant, le problème politique posé par la famille, cellule de base de la société, était trop important pour les pouvoirs publics sénégalais. Ainsi, si les pressions religieuses pouvaient avoir des chances d'aboutir lorsque les revendications ne portaient pas atteinte aux conceptions fondamentales de l'État, il en était autrement lorsqu'il s'agissait de décisions importantes orientant l'action gouvernementale, auquel cas, les autorités étatiques ne pouvaient se soumettre. Les forces religieuses déniaient à l'État la compétence de légiférer dans le domaine de la famille régie obligatoirement, en ce qui concerne les musulmans, par le droit islamique. Le pouvoir n'a pas accepté une telle immixtion dans son domaine d'intervention. Le projet gouvernemental fut adopté en dépit des pressions religieuses. Celles-ci n'ont pas cessé après la promulgation du code, les chefs religieux espérant au moins une révision du code. Mais le gouvernement a été inébranlable. Le Président L. S. Senghor déclara en novembre 1977[73] que le Code de la famille était le fruit de dix ans de travail et de réflexion et qu'il n'était pas question de le modifier. Il ne restait plus aux marabouts qu'à ignorer le code, ce qu'ils firent effectivement.

Après avoir constaté l'action des forces religieuses lors de l'élaboration du Code sénégalais de la famille, il convient de mesurer le rôle du parti unique à l'époque au pouvoir, l'Union Progressiste Sénégalaise.

2. Le rôle du parti unique

Au moment de l'élaboration du Code de la famille, le Sénégal était doté d'un parti unique[74], l'Union Progressiste Sénégalaise (U.P.S.) dont

---

[72] - En matière successorale, par exemple. Nous reviendrons plus en détail sur la question. Cf. 1re partie, chap. II.

[73] - Discours de Senghor, présidant le grand meeting annuel de la Collectivité Léboue du 19-11-1977. Soleil des 21-22 novembre 1977.

[74] - Il faut préciser que le parti en question était le seul reconnu officiellement ; il existait cependant des partis clandestins.

le but essentiel était de réaliser l'intégration nationale[75]. À cet effet, le rôle qui lui était assigné a été défini par son secrétaire général L. S. Senghor, lors du congrès de l'U.P.S. de 1960 : « Il a pour rôle d'organiser la politique générale de la nation en la rationalisant. Son but est de mettre en pratique, après les avoir conçues et définies, des options politiques est donc de conception, de direction, d'organisation et de contrôle. C'est dire sa primauté sur les autres organismes, politiques, économiques, sociaux, culturels, dont le rôle est essentiellement d'étude, d'élaboration et de gestion. Ceux-ci mettent en forme et en pratique la doctrine et le programme du parti »[76].

La fonction d'animateur exercée par le parti consistait ainsi en la formation de la volonté nationale, au dégagement d'une règle d'action à partir d'une ligne de pensée. En outre, une conséquence fondamentale de la mission d'intégration du parti, c'était le principe de sa primauté dans l'État. Un tel principe se justifiait par le fait que le parti était présenté comme instrument du peuple[77] et devait défendre ses intérêts.

Le rôle éminent dévolu au parti unique n'excluait qu'une décision, aussi importante que celle concernant l'organisation de la famille, pu être prise en se passant de l'avis de l'U.P.S. Le Conseil national du parti, saisi d'un rapport sur le futur Code sénégalais de la famille, a tenu ses assises le 11 juillet 1966. À cette occasion, les principes directeurs et les orientations du code ont été précisées, d'abord à travers le rapport introductif de son secrétaire général, le président Senghor qui commence par rappeler que les juristes ont souvent soutenu que la loi n'était que la consécration des mœurs. Ceci, dit-il, est une vieille conception de droit. Il en retient la vérité d'expérience que pour être effective, la loi doit prendre en considération les mœurs. Cependant, poursuit-il, la loi doit également préparer l'avenir dans notre histoire en perpétuelle accélération.

En ce qui concerne plus précisément le Code de la famille, la nécessité d'un équilibre et d'une stabilité de la communauté sociale exigeait l'enracinement dans les réalités négro-africaines, et l'ouverture aux autres réalités qui sont du XXe siècle.

Ainsi, les grandes lignes du code reposent sur trois principes :

---

[75] - P. F. Gonidec, « Les systèmes politiques africains », Paris, LG.D.J. 1978, pp. 316 et s.

[76] - Notons que deux ans plus tard, à la suite des évènements de décembre 1962, Senghor contestait cette primauté.

[77] - P. F. Gonidec, « Les systèmes politiques africains », *op. cit.*, p. 333.

1°) Un seul code pour une seule Nation.

2°) Dans l'unicité du Code, diversité des options selon les croyances.

3°) Interprétation des options à la lumière et dans le sens de l'histoire

Le premier principe est politique. En effet, dans la Nation, expression d'une « commune volonté de vie commune », les citoyens doivent, dans la même situation, être soumis aux mêmes prescriptions d'une même loi.

Le second principe est social. Dans la plupart des Nations, les citoyens appartiennent à des croyances, à des religions, sinon à des mœurs diverses. Dans tous ces cas, le Code de la famille, tout en maintenant le principe de l'unicité de la loi et en poussant à l'unification de ses prescriptions, offre, sur certains points essentiels, une diversité d'options fondées sur la multiplicité des croyances.

Le troisième principe, celui de la modernisation des options, participe du développement au sens profond du mot. Il s'agit d'interpréter, d'une façon dynamique, les livres sacrés des religions révélées : le Coran et les Hadiths pour l'Islam ; la Bible pour le christianisme.

Tels étaient les principes généraux qui, selon le Secrétaire général de l'U.P.S., devaient orienter les codificateurs. Le rapport du Garde des Sceaux s'inscrivait dans le même ordre d'idées, mais donnait davantage de précisions sur la technique des options.

Le rapport de M. Alioune Badara MBENGUE, ministre de la Justice sur le futur Code de la famille présentant les grandes lignes du Code insistait sur les propositions d'options particulièrement importantes ou épineuses et en particulier en matière successorale et dans le droit du mariage. Dans ces matières, le Code de la famille ne pouvait être élaboré en méconnaissant totalement les us et les coutumes pratiqués par une partie importante de la population. Il était donc nécessaire de trouver une solution conforme à la Constitution et aux exigences de la vie moderne sans oublier le droit musulman et les coutumes.

Les directives du Garde des Sceaux ont été suivies d'une large discussion. Les travaux du Conseil national ont été clôturés par l'adoption d'une résolution générale.

TITRE I : LES PERSONNES

Les personnes peuvent être définies comme étant des individus ou groupements auxquels est reconnue la capacité d'être sujets de droits et d'obligations.

On distingue donc deux catégories de personnes : les personnes physiques, c'est-à-dire les êtres humains êtres de chair et de sang corps et âme, et les personnes morales qui sont des organismes sociaux notamment des groupements de personnes (sociétés, associations, syndicats, etc.)

Seule l'étude des personnes physiques sera envisagée dans le cadre de cet ouvrage.

Étant juridiquement des personnes, les êtres humains ont la personnalité juridique. Mais cette personnalité juridique étant en principe la même pour tous, d'éventuelles confusions doivent être évitées en identifiant chaque être humain par des procédés que le droit réglemente.

CHAPITRE I

LA PERSONNALITÉ DES ÊTRES HUMAINS

Le mot personnalité peut avoir deux sens.

Au sens juridique du terme, la personnalité est l'aptitude à avoir et exercer un droit ou à subir l'exécution d'une obligation. La personnalité juridique est reconnue à tout être humain. Elle est liée à la vie.

La personnalité juridique fait l'objet d'une protection contre les atteintes des autres. C'est la protection des droits de la personnalité juridique.

SECTION I : L'EXISTENCE DE LA PERSONNALITÉ JURIDIQUE

Toute personne humaine acquiert, par sa naissance, la personnalité juridique.

Deux questions se posent : la première est relative à la durée de la personnalité. Il s'agit de déterminer les dates extrêmes d'existence de la personnalité juridique. Ces dates permettent de préciser le début de la personnalité et sa fin.

La seconde question est relative aux conséquences de l'incertitude dans l'existence de la vie en cas d'absence ou de disparition.

PARAGRAPHE I : LA DURÉE DE LA PERSONNALITÉ

I. Le commencement de la personnalité

Selon l'article 1er al. 1 du Code de la famille la personnalité commence à la naissance. Donc toute personne humaine, acquiert par sa naissance, la personnalité juridique. La personnalité juridique est un droit inné.

Cependant, par faveur pour la personne humaine, l'alinéa 2 de l'article 1er prévoit que l'enfant peut acquérir des droits au jour de sa conception s'il naît vivant.

La personnalité remonte donc à la date de la conception, toutes les fois que cette rétroactivité est dans l'intérêt de la personne concernée. Cette solution se traduit par l'adage latin « Infans conceptus pro nato habetur quoties de commodis éjus agitur » : l'enfant simplement conçu est considéré comme né chaque fois qu'il y va de ses intérêts. Ainsi, l'enfant simplement peut succéder à parent. Cet enfant simplement conçu ne peut cependant être soumis à des obligations. La personnalité juridique n'est donc pas complète durant la conception de l'enfant. L'enfant acquiert la totalité de la personnalité juridique s'il naît vivant, autrement dit lorsqu'à sa naissance, il respire. La respiration est le critère de la vie.

En droit sénégalais, il n'est pas exigé la viabilité, c'est-à-dire la capacité naturelle de vivre. C'est sans doute parce que tout enfant né est présumé viable, même s'il décède immédiatement après sa naissance.

La date de la conception d'un enfant est fixée légalement et de façon irréfragable entre le 180ᵉ jour et le 300ᵉ jour précédent sa naissance (art. 1ᵉʳ al.3 C.F)

I. La fin de la personnalité

1) Le principe

La personnalité cesse au décès (art. 1ᵉʳ al. 1ᵉʳ C.F), donc à la mort, à la fin de la vie physique. La mort civile (perte de la personnalité juridique) d'une personne vivante n'est pas connue en droit sénégalais. Elle a existé dans l'Ancien Droit en France en particulier contre les condamnés à des peines criminelles. Elle est aujourd'hui abolie dans ce pays par la loi du 31 mai 1854.

La date de la mort naturelle peut être déterminée facilement. Elle peut être constatée dans l'acte de décès.

Cependant, cette date peut soulever des difficultés techniques dans certaines hypothèses de coma prolongé (question de preuve). Des difficultés peuvent également surgir lorsque plusieurs personnes périssent lors d'un même événement sans que l'on puisse savoir l'ordre exact des décès.

Dans cette dernière hypothèse, le code de la famille propose dans son article 398 des présomptions que l'on appelle la théorie des comourants. Selon l'article 398 C.F, lorsque plusieurs personnes successibles les unes des autres périssent dans le même événement ou des événements concomitants sans que l'ordre des décès soit connu, elles sont présumées décédées au même instant, sauf preuve contraire qui peut être administrée par tous moyens.

2) Subsistance de quelques traces de la personnalité après la mort

L'existence passée de la personne laisse les traces après la mort. Ainsi, le droit pénal réprime la diffamation ou l'injure contre la mémoire des morts. De même, le droit garantit le respect des sépultures. L'efficacité des testaments est également admise.

PARAGRAPHE II : LA THÉORIE DE L'ABSENCE ET DE LA DISPARITION

Il peut arriver que pendant la durée de la personnalité, il y ait des doutes sur l'existence réelle d'une personne. Il en est ainsi en cas d'absence ou de disparition.

I. L'absence

1) Définition

Le code de la famille définit l'absent comme étant la personne dont le manque de nouvelles rend l'existence incertaine (art.16.1er C.F)

L'absent est donc une personne qui a disparu de son domicile ou de sa résidence depuis un temps assez long et dont on n'a plus de nouvelles de sorte que nul ne peut prouver qu'elle est morte ou vivante.

Il convient de préciser que le non-présent qui est hors de son domicile ou de sa résidence, mais dont on sait parfaitement l'existence, n'est pas un absent et sa situation ne produit pas d'effets juridiques.

2) Régime juridique de l'absence

Pour organiser le régime juridique de l'absence, le législateur sénégalais a prévu trois phases dont le processus aboutit à la constatation de la mort de l'absent. Le retour de l'absent est envisagé.

1re phase : La présomption d'absence

En vertu de l'article 17 du code de la famille, dès que la réception des dernières nouvelles remonte à plus d'un an, tout intéressé, et le ministère public par voie d'action, peuvent former une demande de déclaration de présomption d'absence devant le tribunal régional du dernier domicile connu du présumé absent ou de sa dernière résidence.

Le parquet fait alors diligenter une enquête sur le sort du présumé absent et prend toutes les mesures utiles à la publication de la demande, notamment par voie de presse écrite et de radiodiffusion, même à l'étranger, s'il y a lieu (art. 18 C.F).

La loi qui se préoccupe de l'administration des biens de l'absent ainsi que de ceux des enfants mineurs, organise des mesures provisoires. Notamment, dès le dépôt de la demande de déclaration de présomption d'absence, le tribunal désigne un administrateur des biens de l'absent. Cet administrateur peut être le curateur aux biens de l'absent, le mandataire laissé par celui dont on est sans nouvelle, ou toute autre personne choisie par le tribunal.

La loi du 17 janvier 1989 portant réforme du code de la famille ajoute à la liste des administrateurs éventuels le conjoint présent. S'il y a des enfants mineurs, le tribunal les déclare soumis au régime de l'administration légale ou de la tutelle. L'administrateur a le pouvoir de faire des actes conservatoires et d'administration. En cas d'urgence, il peut être autorisé à faire des actes de disposition.

Un an après la saisine du tribunal, et suivant les résultats de l'enquête, la présomption d'absence peut être déclarée. L'absence n'est donc pas immédiatement déclarée. La personne dont on est sans nouvelle est seulement présumée absente.

2e phase : La déclaration d'absence

Deux ans après le jugement déclaratif de présomption d'absence, le tribunal peut être saisi d'une demande de déclaration d'absence.

Le jugement déclaratif d'absence permet au conjoint de demander le divorce pour cause d'absence.

Les pouvoirs de l'administrateur provisoire sont étendus aux actes d'aliénation à titre onéreux des biens de l'absent. Les biens de l'absent peuvent être vendus. Néanmoins, lorsque l'aliénation est faite à l'amiable, l'administrateur provisoire devra faire expertiser le bien sur l'ordonnance du Président du tribunal.

3e phase : La déclaration de décès de l'absent

Dix ans après les dernières nouvelles, tout intéressé peut introduire devant le tribunal qui a déclaré l'absence, une demande en déclaration de décès. Le jugement déclaratif des décès est transcrit sur les registres de l'état civil du dernier domicile de l'absent. La succession de l'absent déclaré s'ouvre.

3) Le retour de l'absent

Le retour de l'absent entraîne des effets patrimoniaux et des effets extrapatrimoniaux.

1. Effets patrimoniaux du retour de l'absent

Deux situations doivent être distinguées.

– **Le retour de l'absent avant le jugement déclaratif de décès.**

Que l'absent réparait avant le jugement déclaratif de décès, il reprend la totalité de ses biens dès qu'il en fait la demande. L'administrateur provisoire lui rend compte de sa gestion. Les actes d'aliénation régulièrement conclus lui sont opposables (art.27.al 1er C.F.).

– **Le retour de l'absent après le jugement déclaratif de décès**

Lorsque l'absent reparaît après le jugement déclaratif de décès, il reprend ses biens dans l'état où ils se trouvent sans pouvoir prétendre à la restitution des biens aliénés (art. 2 al.2 C.F).

2. Les effets extrapatrimoniaux du retour de l'absent

– **Effets personnels : à l'égard de l'absent lui-même**

Que l'absent réapparaisse avant ou après le jugement déclaratif de décès, le divorce obtenu pour cause d'absence et le nouveau mariage que son conjoint aurait obtenu lui sont opposables (art. 28 al .1er C.F). Le retour ne rend pas à l'absent son conjoint qui s'est remarié.

– **Effets à l'égard des enfants**

Quel que soit le moment où l'absent reparaît, les enfants cessent d'être soumis au régime de l'administration ou de la tutelle. Dans le cas de divorce ou de remariage opposable au conjoint qui reparaît, le juge statue sur la garde des enfants en tenant compte de leur intérêt supérieur.

I. La disparition

1) Définition

Selon l'article 19 du code de la famille, le disparu est la personne dont l'absence s'est produite dans des circonstances mettant sa vie en danger, sans que son corps ait pu être retrouvé. Le fait que le corps du disparu n'ait pu être découvert laisse planer un doute sur sa survie. C'est le cas lorsqu'il y a une catastrophe naturelle (tremblement de terre par exemple), un grand incendie, un accident d'aviation, etc.…

2) La déclaration du décès du disparu

1. Les personnes concernées

Aux termes de l'article 24 du code de la famille, peut être judiciairement déclaré, le décès :

– de tout sénégalais disparu au Sénégal ou hors du Sénégal ;

– de tout étranger ou apatride disparu, soit sur le territoire sénégalais, soit à bord d'un bâtiment ou aéronef sénégalais, soit même à l'étranger, s'il avait son domicile ou sa résidence au Sénégal.

2. La procédure de déclaration de décès

La requête est présentée d'office ou à la demande de tout intéressé par le Procureur de la République, ou directement par tout intéressé, au tribunal du lieu de la disparition si celle-ci s'est produite sur le territoire sénégalais, ou à défaut, au tribunal régional de Dakar. Une requête collective peut être présentée lorsque plusieurs personnes ont disparu au cours des mêmes circonstances (art.25 al. 3 C.F)

Si le tribunal l'estime utile, il peut ordonner toute mesure d'information complémentaire et requérir notamment une enquête administrative sur les circonstances de la disparition (art. 25 al .3 C.F)

Le tribunal peut enfin rendre un jugement déclaratif de décès dans lequel il doit fixer la date du décès en tenant compte des circonstances de la cause. À défaut, le décès est fixé au jour de la disparition (art 25 al.4 C.F). Le jugement est ensuite transcrit sur les registres de l'état civil et tient lieu d'acte de décès (art. 25 al. 5 C.F)

3) Les effets du retour du disparu

Les effets du retour du disparu sont les mêmes que pour le retour de l'absent après le jugement déclaratif de décès.

Si le disparu reparaît après le jugement déclaratif de décès, le nouveau mariage de son conjoint lui est opposable.

Quant aux enfants, ils cessent d'être soumis au régime de l'administration légale ou de la tutelle dès la réapparition de leur parent disparu.

SECTION II : LA PROTECTION DES DROITS DE LA PERSONNALITÉ

Nous avons vu que les droits de la personnalité[78] étaient ceux qui avaient pour objet les éléments constitutifs de la personnalité de l'être humain, sous ses aspects physiques et moraux. Ces droits sont communs à tous les hommes et sont si attachés à leur personnalité qu'ils sont intransmissibles.

---

[78] - Voir la partie de l'ouvrage portant introduction à l'étude du droit.

Ces droits n'ont pas besoin d'avoir des incidences pécuniaires pour être protégés, ils ne sont pas susceptibles de convention et font partie des droits extrapatrimoniaux.

Les droits de la personnalité sont nombreux. Il n'est pas possible d'en donner une liste exhaustive.

Les droits de la personnalité sont protégés aussi bien sur le plan national qu'au niveau international. Au plan national, cette protection est organisée par la Constitution, les lois, les règlements. Sur le plan international, ce sont surtout les Déclarations de droits de l'Homme et les conventions internationales et régionales qui assurent cette protection.

Les différents droits protégés et les sanctions encourues par les auteurs de violation des droits de la personnalité vont faire l'objet de quelques développements.

PARAGRAPHE I : LA PROTECTION DES DROITS DÉCOULANT DE L'ASPECT PHYSIQUE DE LA PERSONNALITÉ

La protection du corps humain s'exerce aussi bien durant la vie de l'individu, qu'après sa mort.

I. Protection durant la vie

1) La protection du droit à l'intégrité physique

Le principe est celui de l'inviolabilité du corps humain qui est sacré. Chacun a droit au respect de son corps.

Le corps humain est doublement protégé : d'une part contre le pouvoir de disposition de l'individu, lui-même ; d'autre part contre les atteintes des tiers.

1 – **Le corps est protégé contre le pouvoir de disposition de l'individu lui-même** en ce sens que les conventions sur son propre corps sont en principe prohibées en raison du caractère extrapatrimonial du corps humain et de l'inviolabilité du corps humain. Cette règle est d'ordre public. Sont d'abord interdites les conventions portant sur l'aliénation du corps humain et qui impliquent l'esclavage. Sont également prohibées les conventions portant sur la réparation des atteintes dont le corps humain est l'objet. Les conventions qui tendent à supprimer le dédommagement d'une atteinte portée au corps humain, notamment les conventions de non-responsabilité, sont nulles.

2- **Le corps est protégé contre les atteintes portées par les tiers.** C'est surtout dans ce domaine que l'on parle de protection des droits découlant de l'aspect physique de la personnalité. Par tiers, il faut entendre aussi bien l'État que les particuliers.

Le contrôle et la répression des actes de l'État seront difficiles à assurer puisque l'État est détenteur de la puissance publique. Mais, il est nécessaire de limiter les pouvoirs de l'État, notamment dans le domaine de la police. Les héritiers d'une personne décédée des suites de tortures infligées par un policier peuvent intenter une action en justice contre ce dernier pour meurtre par torture.

Quant à la protection de l'intégrité corporelle contre les agissements des particuliers, elle est assurée par l'État qui prévoit des sanctions civiles et pénales lorsque des coups et blessures, des homicides ont été commis par un particulier sur la personne d'autrui. Les prélèvements de parties du corps humain sur une personne vivante sont illicites lorsqu'ils sont pratiqués sans le consentement de l'intéressé.

En outre, un traitement médical ou chirurgical n'est possible que si l'intéressé y consent.

2) Protection des libertés physiques

Les libertés physiques sont entre autres la liberté d'aller et venir, la liberté de ne pas se mouvoir qui est l'expression de l'inviolabilité du domicile, etc.

I. Protection après la mort

L'homme, même mort, est protégé contre les actes qui pourraient porter atteinte à son intégrité corporelle. En effet, toute personne capable est libre de régler ses funérailles. L'individu a également en principe le droit d'interdire toute atteinte éventuelle portée sur son cadavre : prélèvements « post mortem », autopsie, etc.

PARAGRAPHE II : PROTECTION DES DROITS DÉCOULANT DE L'ASPECT MORAL DE LA PERSONNALITÉ

I. Protection du vivant de l'individu

Sont protégés de nombreux droits parmi lesquels on peut citer :

1) Le droit au respect de la vie privée

La jurisprudence s'est efforcée de protéger la vie privée contre toute divulgation et toute investigation. Sont ainsi considérées comme appartenant à la vie privée, les amours et les amitiés amoureuses (Paris, 7 avril 1966, Gaz. Pal. 1966. I. 140 ; également Cass. Civ., 25 nov. 1966, Bull. (Civ. 12-7-1966. D. 1967 181), etc. La publication de photos ou d'articles relativement à la vie privée de quelqu'un est une atteinte à l'intimité de la vie privée. Aujourd'hui, il est admis la que la publication du patrimoine ne constitue pas une atteinte à la vie privée.

2) Le droit au secret ou à la confidentialité s'organise notamment à l'encontre ou à la confidentialité de personnes qui, pour des raisons professionnelles, ont connaissance des éléments physiques et moraux de la personne. C'est ainsi que l'avocat ayant certaines connaissances de type moral de son client est tenu au secret professionnel. Le médecin également est tenu au secret professionnel.

3) Le droit à l'image

C'est le droit pour une personne de s'opposer à la reproduction et à la publication de son image sans son consentement. Ce droit protège la personne humaine en préservant sa liberté, son intimité et dans une certaine mesure en assurant sa sécurité.

Il convient de préciser que la protection du droit à l'image est absolue lorsque l'individu se trouve dans un lieu privé. Elle l'est moins lorsque l'individu se trouve dans un public, car alors la personne s'expose aux regards.

4) Le droit à la dignité, à l'honneur, à la considération

La protection du droit à la dignité, à l'honneur, à la considération de ces droits se manifeste par l'incrimination de la diffamation et des injures.

5) Le droit au nom

C'est à propos du droit au nom que le code sénégalais de la famille parle de protection de la personnalité. En effet, selon l'article 11 C.F., « un intérêt même purement moral, peut permettre à toute personne d'agir en réclamation de son nom patronymique et d'interdire à un tiers d'en faire usage ».

L'usage abusif d'un nom patronymique et de tous autres éléments d'identification de la personne engage, s'il y a préjudice, la responsabilité de son auteur.

Ce droit existe pour tous les éléments du nom, à savoir essentiellement le nom patronymique, les prénoms, les pseudonymes et les surnoms.

6) La liberté et la puissance de travail

La liberté et la puissance de travail ne peuvent faire l'objet d'une atteinte de quelque gravité que ce soit. L'individu est libre de choisir sa profession. La liberté syndicale constitue un principe. Ces libertés sont consacrées par les instruments juridiques internationaux, régionaux et nationaux de droits humains.

7) Le droit moral de l'auteur et celui de l'inventeur

Est assurée, la protection des droits appartenant à une personne sur les fruits et son activité intellectuelle. Le droit moral de l'auteur et de l'inventeur s'explique par le fait que l'œuvre de l'esprit conserve l'empreinte et l'attache de la personne dont elle émane[79]. Le droit de l'inventeur protège la personnalité du titulaire du droit. Celui-ci a le droit de protéger la paternité ou la maternité de son œuvre contre les contrefaçons, les plagiats, etc.…

I. Protection après la mort

La violation de sépulture c'est-à-dire l'intention d'outrager la dépouille du mort est réprimée par le droit pénal.

PARAGRAPHE III : LES SANCTIONS DE LA VIOLATION DES DROITS DE LA PERSONNALITÉ

I. Les sanctions civiles

Les atteintes aux droits de la personnalité sont sanctionnées par la responsabilité civile de leur auteur sur le fondement de l'article 118 du COCC. Elles constituent des fautes pouvant entraîner des préjudices matériels ou moraux. La personne tenue de réparer le dommage doit indemniser la victime en lui allouant des dommages et intérêts, ou en subissant des mesures préventives. Dans le cas de violation de la vie privée, le séquestre, la saisie et les astreintes sont des mesures permettant d'empêcher une atteinte à l'intimité de la vie privée.

II. Les sanctions pénales

La responsabilité pénale de l'auteur de la violation des droits de la personnalité peut justifier la prononciation de peines d'emprisonnement ou d'amende.

---

79 - Voir dans le même sens, Gérard CORNU « Droit civil, Introduction, Les personnes, Les biens » 8e édition 1997, Montchrestien, p. 582.

LECTURES

Sur la théorie des comourants, voir notre ouvrage *Le Pluralisme juridique en Afrique,* op. cit. pp. 273 et s.

CHAPITRE II

L'IDENTIFICATION DES PERSONNES

Chaque être humain à une individualité propre qui permet de le distinguer des autres. Les besoins pratiques de la vie sociale exigent que l'on puisse identifier les personnes.

Ceci se réalise grâce à des procédés que la loi réglemente : il s'agit du nom, du domicile, des actes de l'état civil et des actions d'état.

SECTION I : LE NOM

Le nom est l'appellation servant à désigner une personne dans la vie sociale et juridique. C'est le nom propre. Il se compose de divers éléments d'importance inégale qu'il convient de rappeler avant de s'interroger sur la nature juridique du nom et sur ses caractères.

PARAGRAPHE I : LES ÉLÉMENTS CONSTITUTIFS DU NOM

Il relève de l'article 2 du code de la famille que le nom comprend : le nom patronymique, le ou les prénoms et les accessoires du nom qui sont le surnom et le pseudonyme.

I. Le nom patronymique

Le nom patronymique ou nom de famille est celui qui appartient à tous les membres d'une famille. Chacun de ceux-ci porte le nom et se distingue des autres par ses prénoms.

Le nom patronymique s'acquiert et peut être changé suivant des conditions fixées par la loi. Il n'est donc pas laissé au choix des individus, contrairement au prénom et aux accessoires du nom.

1) L'acquisition du nom patronymique

En principe le nom patronymique d'une personne déterminée est celui de la famille à laquelle elle est attachée par la filiation ou par le mariage.

Exceptionnellement, les personnes dont la famille est inconnue peuvent acquérir un nom patronymique par une décision de l'autorité publique.

1. L'acquisition du nom patronymique par la filiation

– L'acquisition du nom patronymique par la voie de la filiation légitime

L'enfant légitime porte le nom de son père (art.3 C.F.). L'attribution du nom à l'enfant né du mariage de ses parents est donc un effet de la filiation paternelle. Cette règle est une survivance du système patrilinéaire.

Cependant, l'enfant légitime perd l'usage de ce nom lorsque, à la suite d'une action en désaveu de paternité, sa filiation n'est plus établie à l'égard de son père. Il prend alors le nom de sa mère (art. 3. C.F.)

– Acquisition du nom patronymique par la voie de la filiation naturelle

L'enfant naturel porte le nom de sa mère donc le nom de celle qui l'a porté dans ses entrailles. Reconnu par son père, il prend le nom de celui-ci (art ? C.F), c'est alors le retour au système patrilinéaire.

– Acquisition du nom patronymique par la filiation adoptive

Deux situations doivent être distinguées : celle de l'adoption plénière et celle de l'adoption simple.

L'adoption plénière, (c'est-à-dire celle qui réalise une assimilation complète à un lien de filiation légitime entre l'adoptant et l'adopté) confère à l'enfant le nom de l'adoptant ou de l'adoptante. C'est une manifestation de l'intégration parfaite de l'enfant dans sa nouvelle famille et la rupture totale des liens juridiques avec la famille d'origine.

Lorsque l'adoption plénière est le fait des époux, l'enfant adoptif prend le nom du mari.

Les enfants du mari, adoptés par l'épouse de celui-ci, conservent le nom de leur père.

Dans l'hypothèse d'une **adoption simple** (celle qui n'opère pas de rupture des liens entre l'adopté et sa famille d'origine), l'enfant adoptif porte le nom de l'adoptant qu'il ajoute à son nom de famille. Il porte alors deux noms patronymiques. Néanmoins, le juge peut dans l'intérêt de l'enfant, décider que l'enfant adoptif ne portera que le nom de l'adoptant. Il se produit alors une substitution de nom.

2. L'acquisition du nom patronymique par le mariage

Le législateur sénégalais ne prévoit pas l'acquisition par le mari du nom de son épouse.

Le mariage ne fait pas non plus perdre à la femme son nom patronymique de naissance ou nom de jeune fille. La femme mariée conserve son nom (article 7 al 1er C.F.).

Mais la femme acquiert, du fait du mariage, pendant le mariage et durant tout le temps qu'elle reste veuve, le droit d'user du nom de son mari. Il s'agit d'un simple droit d'usage[80]. Le nom acquis par la femme du fait du mariage ne lui appartient pas. Elle ne peut donc le transmettre à ses descendants.

L'usage par la femme du nom de son mari est facultatif. Ce n'est pas une obligation.

Le droit pour la femme d'user du nom de son mari survit à la dissolution du mariage par décès.

Après le divorce, la femme peut continuer à user du nom de son mari sauf si ce dernier s'y oppose expressément. (Art. 176 al.3 nouveau du C.F.).

En cas de séparation de corps, la femme mariée peut conserver l'usage du nom de son mari sauf décision contraire du juge.

3. L'acquisition par décision de l'officier de l'état civil

Le nom patronymique est obligatoire. Mais il peut arriver que des enfants naissent de parents inconnus et soient sans rattachement familial connu.

L'article 5 al. 1er du code de la famille prévoit que de tels enfants porteront le nom que leur attribue l'officier de l'état civil.

Le choix de ce nom doit être fait en sorte qu'il ne porte atteinte ni à la considération de l'enfant, ni à celle d'une quelconque personne (article 5, alinéa 2 C.F.).

2) Le changement de nom patronymique

Le changement de nom patronymique ne peut être autorisé que par décret (article 10, alinéa 1er C.F.).

La demande est publiée au Journal Officiel. Pendant un délai d'un an à compter de cette publication, toute personne justifiant d'un intérêt légitime, pourra faire opposition au changement de nom (article 10, alinéa 2 C.F.).

---

[80] - Cette règle, inspirée du droit français est d'origine coutumière.

II. Le Prénom

1) Utilité du choix du prénom

Le prénom est un accessoire qui précède le nom et sert à individualiser la personne dans la famille dont elle porte le nom. Il faut donc avoir au moins un prénom. On peut cependant en avoir plusieurs.

Les prénoms sont librement choisis lors de la déclaration de la naissance à l'officier de l'état civil (article 2, alinéa 3 C.F.).

2) Changement de prénom

Selon l'article 9 du Code de la Famille, les prénoms de l'enfant figurant dans son acte de naissance peuvent être modifiés par jugement en cas d'intérêt légitime. Ainsi, un prénom considéré comme ridicule ou rendant difficile l'intégration de l'enfant dans la communauté peut être judicieusement changé. En cas d'adoption, le changement de prénom sur la seule demande de l'adoptant s'opère.

III. Les accessoires du nom

Il s'agit du surnom et du pseudonyme.

1) Définition

Le surnom est un vocable supplémentaire ajouté au nom patronymique. Exemple « Diallo Dalloz » Dalloz ici est un surnom. Le surnom n'est pas nécessairement choisi par celui qui le porte.

Le pseudonyme est un nom d'emprunt choisi par celui qui le porte afin de dissimuler son véritable nom : exemple : Molière, Johny Hallyday, Voltaire, Yasser Arafat, Mbaye (pour ceux qui s'appellent Babacar), Boy Nar, Inno, Boy Bambara.

2) Régime juridique du surnom et du pseudonyme

Le surnom et le pseudonyme ne font pas partie du nom de la personne (article 2, alinéa 4). Ils ne constituent pas des éléments de l'identification juridique de la personne. Celui qui porte un surnom ou un pseudonyme ne peut exiger de le faire figurer dans un acte de l'état civil. Le surnom et le pseudonyme ne se transmettent pas en principe par la filiation.

Le surnom et le pseudonyme servent cependant à compléter l'identification. Ainsi, la connaissance du surnom ou du pseudonyme peut être utile dans les actes administratifs ou judiciaires ; il est alors précédé du mot « dit ». Abdoulaye Ndiaye alias « Boy Nar » ou alias « Boy Bambara ».

PARAGRAPHE II : LA NATURE ET LES CARACTÈRES DU NOM

I. La nature juridique du nom

1) Le nom est un droit extrapatrimonial

Il constitue plus précisément un droit de famille et un droit de la personnalité.

Le nom est un droit de famille dans la mesure où il est un attribut de la filiation, ou se rattache à l'état des personnes.

Le nom est également un droit de la personnalité. En effet, il y a un rapport étroit entre le nom et la personnalité qu'il identifie. C'est un droit nécessaire à l'individu pour affirmer et développer sa personnalité dans le milieu social.

2) Le nom est une institution de police civile

Le nom est une institution de police civile se justifiant par la nécessité pour l'État d'identifier les individus. C'est la raison pour laquelle chaque personne doit porter son nom dans la vie juridique et ne peut en changer en dehors des procédures prévues par la loi.

II. Les caractères du nom

1) Le nom est immuable

Le principe de l'immutabilité du nom est posé par l'article 8 du Code de la famille qui dispose que nul ne peut porter de nom patronymique ni de prénoms autres que ceux exprimés dans l'acte de naissance.

La même disposition précise qu'il est expressément défendu à tous fonctionnaires ou officiers publics de désigner une personne dans un acte autrement que par les prénoms et le nom patronymique exprimés dans l'acte de naissance.

Les seules limites apportées au principe de l'immutabilité du nom sont relatives aux changements de noms autorisés par décrets et aux changements de prénoms effectués par jugement.

2) Le Nom est indisponible

Le nom ne peut être cédé entre vifs, ni être transmis par voie testamentaire. Cette indisponibilité est une des conséquences de la nature de droit de la personnalité reconnue au droit au nom. Elle est également liée au caractère immuable du droit au nom.

Le principe de l'indisponibilité comporte cependant les limites suivantes :

1. **L'article 176 al. 3 C.F. nouveau** (tel qu'il est rédigé dans la nouvelle loi du 17 janvier 1989) admet que la femme peut, après divorce, continuer à user du nom du mari sauf si ce dernier s'y oppose expressément. On peut considérer que les époux concluent, alors, un accord tacite par lequel la femme conserve l'usage du nom de son mari.

2. **Le nom commercial**, c'est-à-dire celui qui est utilisé pour faire le commerce comme enseigne ou marque de fabrique peut être cédé en même temps que le fonds de commerce dont il fait partie. Par ailleurs, le titulaire d'un nom peut consentir valablement à son utilisation à des fins commerciales. Cependant, le nom commercial diffère précisément du nom patronymique par son caractère patrimonial.

3. **La jurisprudence semble admettre des conventions portant sur le pseudonyme** Cette limite est inspirée du droit français[81]

3) Le nom est imprescriptible

L'imprescriptibilité du nom découle de son caractère immuable et de son caractère extrapatrimonial qui fait qu'il est hors du commerce.

Le nom ne saurait donc être perdu par le non-usage prolongé. Vu le droit français, la jurisprudence offre des exemples de décisions jurisprudentielles allant dans ce sens.[82]

Le nom ne peut non plus être acquis par prescription[83].

Cependant, en droit français la jurisprudence de la Cour de la Cassation tempère le refus de la prescription acquisitive du nom en admettant qu'un usage prolongé du nom peut permettre à une famille de conserver ce nom, à condition toutefois que l'usage en ait été « loyal, public, incontesté »[84].

---

[81] - Cf. Req. 11-2-1935 D.R. 1935. 177 ; Paris, 8-9-1948 – Gaz. Pal. 1949. 2. 242.

[82] - Req. 21 juillet 1926. S. 1926 1.. 310 : Req. 14-4-1934. D.H. 1934.

[83] - Dans ce sens, voir en droit français Angers, 22 avril 1964. D. 1964. 538.

[84] - Voir dans ce sens, cf. civ. 5 mars 1923. D. P. 1923. 1. 81 ; également Civ. 1re section, 13 juillet 1955. D. 1955. 717.

SECTION II : LE DOMICILE

La personne est identifiée non seulement par son nom mais encore par son domicile qui est le lieu auquel la loi rattache la personne et qui permet de la localiser pour les actes de la vie juridique.

Nous étudierons successivement la notion de domicile et son intérêt, la détermination du domicile et les caractères du domicile.

PARAGRAPHE I : LA NOTION DE DOMICILE ET SON INTÉRÊT

I. Définition du domicile

Le domicile est le lieu du principal établissement de la personne (art. 12 C.F.). C'est en ce lieu que la personne est fictivement localisée dans l'espace. Ce lieu ne doit pas être confondu avec la résidence et l'habitation.

La notion de domicile est essentiellement juridique et souvent fictive. Le domicile qui est déterminé par le lieu du principal établissement est le siège légal de la personne : le lieu auquel la loi la rattache, qu'elle y vive de façon effective, ou qu'elle s'en éloigne.

Les notions de résidence et d'habitation présentent plus de réalité. Elles correspondent à l'endroit où une personne se trouve effectivement pendant un certain temps. Cet endroit est une résidence lorsque l'individu y vit de façon normale. Il est une habitation lorsqu'il est un lieu de séjour très bref et occasionnel.

Ainsi, un commerçant dakarois qui vit à Rufisque où il se rend tous les jours après son travail et qui passe ses vacances à Saint-Louis est domicilié à Dakar, réside à Rufisque et habite pendant les vacances à Saint-Louis.

II. Les intérêts du domicile

Les intérêts du domicile sont nombreux.

1) C'est au domicile que sont faites les significations d'actes telles que les citations, les sommations lorsque la signification à personne est impossible.

2) Le domicile détermine la compétence des juridictions.

3) Certains actes concernant le droit de la famille doivent ou peuvent être accomplis au domicile : le mariage par exemple peut être célébré devant l'officier de l'état civil du domicile des époux.

4) La succession s'ouvre au domicile du défunt.

5) Le paiement d'une dette se fait normalement au domicile du débiteur

6) En droit international privé, le domicile joue un rôle important pour la solution de certains conflits de lois.

III. Intérêts de la résidence et de l'habitation

1) Intérêts de la résidence

La résidence n'a pas la même importance que le domicile. Toutefois, la loi lui fait produire certains effets. C'est ainsi que :

1. La résidence remplace le domicile lorsque celui-ci est inconnu.

2. En outre, il arrive que la résidence et le domicile soit sur le même plan juridique. C'est ainsi que l'article 121 du code de la famille déclare que le mariage est célébré publiquement au centre d'état civil du domicile ou de la résidence de l'un ou de l'autre des époux. La résidence est établie par un an au moins d'habitation continue à la date de la célébration du mariage.

2) Intérêts de l'habitation

Les intérêts de l'habitation sont moins importants. Une simple habitation constitue ce que la loi appelle domicile lorsqu'elle réprime la violation de domicile.

PARAGRAPHE II : LA DÉTERMINATION DU DOMICILE

En principe, le domicile est déterminé par le choix volontaire de la personne intéressée. Cependant il arrive que la loi impose un domicile à certaines personnes. C'est le domicile légal. Il peut arriver enfin qu'une personne se choisisse un domicile spécial pour certains actes ou certaines opérations juridiques.

I. **Le domicile volontaire**

Toute personne majeure ou émancipée est, en principe libre de choisir un domicile autre que celui qui lui était affecté à l'origine. La détermination volontaire du domicile suppose réaliser l'élément matériel et l'élément intentionnel. Ces deux éléments sont nécessaires.

1) Les éléments de détermination du domicile volontaire

1. L'élément matériel

L'élément matériel est le principal établissement de l'individu. La détermination du principal établissement est simple lorsque l'intéressé a, en un seul et même lieu, sa résidence familiale et y exerce sa profession. Mais une personne peut avoir plusieurs établissements dans plusieurs endroits. L'un de ces établissements doit être choisi pour constituer le domicile.

En France, la Cour de cassation considère que le choix du domicile, dans cette dernière hypothèse, est une question de fait qu'il faut résoudre d'après les circonstances de la cause et l'intention de l'individu (cf. Req. 29 juillet 1935. D.H. 1935.556; Req. 24 juillet1941- D.A. 1941 357).

Le titre de propriété n'est pas un élément constitutif du domicile. On peut donc être domicilié en un endroit où on est simple locataire. On peut également être domicilié dans sa maison familiale, dans son lieu de travail ou ailleurs.

2. L'intention

L'intention est une condition nécessaire pour déterminer le domicile lorsque la loi n'impose pas un domicile légal.

Généralement, c'est la volonté de chacun qui permet de déterminer le domicile.

Pour être déterminant, l'élément matériel du domicile doit donc être accompagné de l'intention de faire de l'établissement en un lieu, un véritable domicile.

2) Le changement de domicile

Le changement de domicile suppose la modification des deux éléments constitutifs du domicile volontaire : l'élément matériel : le changement de localisation, l'élément intentionnel : la volonté de fixer dans un autre endroit le principal établissement.

II. **Le domicile légal**

Certaines personnes n'ont pas la possibilité de fixer volontairement leur domicile. Celui-ci leur est attribué d'office par la loi : c'est le domicile légal.

La fixation du domicile légal est organisée par l'article 13 du code de la famille modifié par la nouvelle loi du 17 janvier 1989 portant réforme du code de la famille.

Cette disposition édictait à l'origine que : sont domiciliés :

1) La femme mariée au domicile du mari ou dans la demeure qui lui a été fixée par celui-ci. Sauf autorisation judiciaire de domicile séparé. Jusqu'en 1989, les époux avaient nécessairement le même domicile. Le domicile des époux était celui du mari.

2) Le mineur non émancipé chez la personne qui exerce sur lui le droit de garde.

3) Le majeur en tutelle chez son tuteur.

La loi du 17 janvier 1989 a réformé l'article 13 du code de la famille en l'amputant de son premier point qui concerne le domicile de la femme mariée. Les auteurs de la modification de l'article 13 du code de la famille ont considéré que le domicile de la femme mariée devait logiquement être celui défini par l'article 12 du code de la famille aux termes duquel la personne est domiciliée au lieu de son principal établissement et pour son activité professionnelle, au lieu où elle exerce celle-ci. Ainsi, l'article 13 dont l'objet est de fixer le domicile des incapables n'est plus applicable à la femme qui jouit du plein exercice de sa capacité civile en vertu de l'article 371 du code de la famille.

Il convient cependant de préciser que la détermination volontaire du domicile de la femme n'affecte pas l'obligation de communauté de vie des conjoints. Cette communauté de vie se réalise à la résidence du ménage, là où ils vivent de manière effective. On perçoit ici la différence entre domicile et résidence. La résidence du ménage peut coïncider avec le domicile du mari et celui de l'épouse.

Au demeurant, la modification apportée à l'article 13 présente un intérêt pratique dans le cas où les époux sont séparés de fait.

Désormais, l'article 13 du code de la famille n'organise plus que le domicile légal du mineur non émancipé et celui du majeur en tutelle. Concernant ces deux catégories de personnes, l'article 13 reste inchangé.

III. **Le domicile élu**

L'élection du domicile est prévue par l'article 15 du code de la famille qui dispose que : « pour une affaire ou activité déterminée, les parties peuvent convenir d'un lieu qui produira les effets du domicile, ou seulement certains d'entre eux ».

Le domicile élu est un domicile spécial et purement fictif qui est choisi pour attribuer compétence à une juridiction ou pour donner certains pouvoirs à un mandataire.

En principe, celui qui recourt à l'élection de domicile conserve son domicile normal.

PARAGRAPHE III : LES CARACTÈRES DU DOMICILE

I. Le domicile est obligatoire

Le principe du caractère obligatoire du domicile comporte des limites.

1) Principe du caractère obligatoire du domicile

En principe, toute personne a un domicile, même si celui-ci est difficile à déterminer. Dans cette dernière hypothèse, on peut admettre que la personne a conservé son domicile d'origine, c'est-à-dire celui qu'elle avait à sa naissance et qu'elle est censée avoir conservé depuis, à moins qu'il ne soit établi qu'elle en a acquis un autre.

2) Exception au principe du caractère obligatoire du domicile

Un individu peut être sans établissement fixe et on peut en outre ignorer où était son domicile d'origine. Dans cette hypothèse, c'est la résidence qui tient lieu de domicile.

II. Le domicile est fixe

C'est le caractère de fixeté qui permet de distinguer le domicile de la résidence et de l'habitation. Le changement de résidence ou d'habitation s'effectue toutes les fois qu'une personne quitte l'endroit où elle est installée pour aller ailleurs. Cela n'entraîne pas nécessairement un changement de domicile.

Néanmoins, la fixeté du domicile n'empêche pas que l'on puisse en changer, en respectant les conditions fixées par la loi, et en particulier le changement de l'élément matériel et de l'élément intentionnel pour le domicile volontaire.

III. Le domicile est unique

Chaque personne n'a en principe qu'un domicile. Ce principe facilite la localisation de l'individu.

Des exceptions à la règle de l'unité du domicile viennent de l'existence de ce que l'on appelle des « domiciles spéciaux » et qui ne sont en réalité que la résidence appelée à jouer un rôle subsidiaire à côté du domicile.

Il s'agit en premier lieu du **domicile matrimonial ou résidence des époux**, qui peut être la résidence établie par un mois au moins d'habitation continue à la date de la célébration du mariage (art. 121 al. 1 et 2 C.F.)

Il s'agit en second lieu du **domicile politique** où s'exercent les droits civiques comme le droit de vote, et qui est souvent distinct du domicile normal.

Il s'agit en troisième lieu du **domicile commercial** où un commerçant exerce son activité et peut notamment être assigné pour les procès relatifs à cette activité. Le domicile commercial peut être différent du véritable domicile de la personne.

En quatrième lieu, le **domicile apparent** : il s'agit d'une exception apportée par la jurisprudence qui valide les assignations et significations faites par un tiers de bonne foi en un endroit que celui-ci croyait être le domicile de l'intéressé[85].

Enfin, une cinquième exception est constituée par le **domicile élu** qui permet à une personne d'avoir un ou plusieurs domiciles spéciaux à côté de son domicile réel.

LECTURES

Sur le domicile, voir Papa Cheikh SECK « Le domicile de la femme mariée en droit sénégalais », Mémoire de maîtrise sous la direction de Madame Amsatou Sow SIDIBÉ, année académique 1992-1993 ; Sidy SYLLA « Le domicile de la Femme mariée en droit sénégalais », Mémoire de maîtrise sous la direction de Madame Amsatou Sow SIDIBÉ, année académique 1994-1996.

SECTION III : L'ÉTAT CIVIL

L'état des personnes est l'ensemble des traits caractéristiques qui assignent à la personne sa place dans la société, la différencient des autres, et déterminent son statut juridique. On est célibataire, séparé de corps, veuf ou veuve, marié, divorcé, enfant naturel, incestueux, adultérin, adoptif, sexe masculin ou féminin, âge de… etc.

L'état des personnes, présente certains caractères qu'il convient de préciser. Il est constaté par des actes de l'état civil.

PARAGRAPHE I : LES CARACTÈRES GÉNÉRAUX DE L'ÉTAT

L'état présente un caractère impératif. Il est en outre étroitement lié à la personne. L'état peut faire l'objet d'une possession.

---

[85] - Sur la jurisprudence française voir cf. Req. 15 mars 1909, D. 1909. I. 395. Soc. 23 – 10 – 1947. D. 1948. 143.

I. Caractères impératifs des règles concernant l'état des personnes

L'importance fondamentale de l'état des personnes explique son caractère impératif.

La loi réglemente strictement les modes de constitution et d'extinction de l'état, ainsi que ses conséquences.

1) Caractère légal des modes de constitution et d'extinction de l'État

C'est la loi qui détermine de façon impérative les conditions dans lesquelles une personne acquiert ou perd sa qualité d'époux, d'enfant légitime, etc.

Généralement, l'état s'acquiert d'abord par des faits juridiques tels que la naissance par exemple. L'état peut s'acquérir également par des actes juridiques : mariage, adoption, reconnaissance d'un enfant hors mariage. Les actes juridiques concernés sont en nombre limité, et la loi en fait des actes solennels soumis à de nombreuses conditions de fond et de forme.

L'état des personnes s'acquiert enfin par des décisions de l'autorité publique, notamment l'autorité judiciaire. Il en est ainsi par exemple dans le cas du jugement de divorce qui fait acquérir l'état de divorcé. Il en est ainsi également des jugements d'adoption ou de légitimation qui créent l'état d'enfant adoptif ou d'enfant légitimé.

2) Caractère légal des conséquences de l'État

C'est la loi qui fixe les droits et les obligations reconnus à l'individu en raison de son état.

Les effets de l'état d'une personne sont opposables à tous. Par exemple, un enfant légitimé peut faire valoir son état d'enfant légitime à l'égard de tous.

II. L'état est étroitement lié à la personne

Le fait qu'il soit étroitement lié à la personne a pour corollaire que l'état est indisponible, indivisible, insaisissable.

1) L'État est indisponible

Tout acte juridique (convention, cession entre vifs ou à cause de morts, transaction, réconciliation) contraire à l'état légalement constitué, est nul et de nullité absolue. C'est ainsi que la jurisprudence annule toutes les conventions par lesquelles une personne s'interdit de rechercher sa filiation[86].

2) L'état est indivisible

Une personne ne peut avoir simultanément deux états différents. De même, une personne ne saurait accepter certains attributs de son état pour en écarter d'autres.

3) L'état est insaisissable

Les créanciers ne peuvent, au nom de leur débiteur, exercer les actions d'état appartenant à ce dernier.

III. L'état peut faire l'objet d'une possession

De façon générale, posséder une chose consiste à exercer sur elle les prérogatives du propriétaire du droit, indépendamment du point de savoir si l'on est ou non titulaire de ce droit. La possession entraîne un certain nombre de conséquences juridiques dans le domaine des biens. Par exemple, l'article 262 au Code des Obligations Civiles et Commerciales stipule qu'en fait de meuble, possession vaut titre.

La notion de possession connue dans le domaine du droit patrimonial est appliquée par la loi, à l'état des personnes. C'est la **possession d'état**. Celle-ci consiste dans l'exercice de fait des prérogatives d'un état, indépendamment du point de savoir si l'on en est vraiment titulaire.

La possession d'état est composée de trois éléments : le nomen c'est-à-dire le fait de porter le nom qui correspond à l'état que l'on prétend avoir ; le tractatus (traitement) qui est le fait d'avoir été traité comme étant la personne dont on prétend avoir l'état ; la fama (renommée) c'est-à-dire le fait d'avoir été considéré par la famille et par les autres comme ayant l'état que l'on prétend avoir.

La loi prévoit par exemple, qu'un enfant peut avoir la possession d'état d'enfant légitime d'un couple ou d'une personne déterminée.

PARAGRAPHE II : LES ACTES DE L'ÉTAT CIVIL

On appelle « actes de l'état civil », des écrits à caractère authentique qui constatent les principaux faits ou actes juridiques relatifs à l'état civil d'une personne et qui constituent le mode principal de preuve de ces faits ou actes.

---

[86] - En droit français, Cf. Ttib. Gde Instance de Nice, 30 – 1976 – JCP 1977. II. 18 597.

Les principaux actes de l'état civil sont : les actes de naissance, de décès, de mariage. Ils sont dressés par des officiers publics spéciaux appelés officiers de l'état civil.

Outre ces actes principaux, d'autres actes sont relatifs à l'état civil des personnes. Il s'agit par exemple de l'acte d'adoption, de l'acte de reconnaissance d'un enfant naturel.

Les actes de l'état civil ont une importance capitale dans la mesure où ils permettent de constater les faits ou actes affectant l'état des personnes et de fournir un moyen de preuve de ces faits ou actes à la personne intéressée et aux tiers.

Comment est organisé l'état civil ? Quelle est la procédure de constatation des événements donnant lieu à l'établissement d'actes d'état civil ? Quel est le rôle du juge en matière d'actes d'état civil ? Autant de questions auxquelles nous allons apporter des réponses.

I. L'organisation de l'état civil

1) Les autorités compétentes pour organiser l'état civil

Les autorités compétentes pour établir les actes de l'état civil sont appelées officiers de l'état civil.

Il convient de déterminer les officiers de l'état civil ainsi que leurs fonctions.

1. Détermination des officiers de l'état civil

Le code sénégalais de la famille distingue deux catégories d'officiers d'état civil : les officiers d'état civil des centres principaux et les officiers de l'état civil des centres secondaires.

Les officiers d'état civil des centres principaux

Dans les communes, les fonctions d'officier de l'état civil sont remplies par le Maire, un adjoint, un conseiller municipal ou un fonctionnaire spécialement désigné à cet effet.

Dans les sous-préfectures, ces fonctions sont exercées par le sous-préfet ou par une personne sachant couramment lire et écrire le français et désignée par arrêté du préfet (art. 31 C.F.)

Les officiers d'état civil des centres secondaires

Les centres secondaires sont rattachés à un centre principal. Ils sont créés par arrêté du ministre de l'Intérieur et les fonctions d'officier de l'état civil y sont remplies par une personne désignée par arrêté du préfet.

L'officier de l'état civil d'un centre secondaire exerce ses fonctions sous le contrôle et la responsabilité de l'officier du centre civil principal auquel son centre est rattaché.

Notons que parallèlement aux dispositions du Code de la Famille, l'article 54 de la loi du 19 avril 1972 relative aux communautés rurales, investit les présidents de ces communautés rurales des fonctions d'officier de l'état civil.

2. Les fonctions de l'officier de l'état civil

Dans l'exercice de ses fonctions, l'officier de l'état civil est non pas une autorité administrative mais une autorité judiciaire. Il en est ainsi parce que tout ce qui concerne l'état des personnes relève du pouvoir judiciaire. C'est la raison pour laquelle, l'article 34 du Code de la Famille dispose que la surveillance de l'état civil est assurée par le juge du tribunal départemental et par le Procureur de la République.

L'officier de l'état civil est chargé essentiellement de la tenue des registres de l'état civil, de l'établissement des actes de l'état civil, de la conservation des registres et des transcriptions et mentions en marge des actes, de la délivrance des copies ou des extraits des actes de l'état civil. Il reçoit les déclarations de naissance et des décès ; il célèbre et constate les mariages selon les cas.

Les fonctions qui sont dévolues à l'officier de l'état civil sont obligatoires : celui-ci est tenu de recevoir toutes les déclarations faites pour la rédaction des actes. Si une déclaration lui semble contraire à la loi, il doit en aviser immédiatement le Procureur de la République qui agit s'il y a lieu en rectification de l'acte ou en action d'état (art. 37 C.F.).

2) Les registres de l'état civil

1. La composition des registres de l'état civil

Selon l'article 38 du Code de la Famille, les registres comportent des feuilles reliées, et sont composés chacun de trois volets selon un modèle fixé par décret.

Chaque volet donne l'énonciation de toutes les mentions qui doivent figurer dans l'acte de sorte que l'officier de l'état civil n'ait qu'à remplir les blancs, signer et faire signer les personnes dont la signature est requise.

Le volet n°1 est remis immédiatement au déclarant.

Les volets n° 2 et 3 restent au centre d'état civil pendant l'année en cours. À la fin de chaque année, le registre des volets n°3 est conservé au centre et constitue le registre de l'année. Le registre du volet n°2 est séparé de celui de volet n°3 et constitue le double des registres envoyés au greffe du tribunal régional.

2. La tenue des registres

Les registres sont ouverts le 1er janvier et clos le 31 décembre de chaque année (art. 40 C.F.).

Il est tenu un registre des actes de naissance, un registre des actes de décès et un registre des actes de mariage. Les actes de reconnaissance seront dressés sur un feuillet du registre des actes de naissance.

3. Le contenu des registres

Les registres de l'état civil contiennent soit des actes, soit des transcriptions, soit des mentions marginales.

Les actes : Proprement dits sont rédigés par l'officier de l'état civil sur la déclaration des parties.

Certaines mentions doivent obligatoirement figurer dans les actes de l'état civil. L'acte doit indiquer : l'année, l'officier de l'état civil compétent, les prénoms, nom, profession et domicile de tous ceux qui y sont dénommés (art. 40 al. 8 C.F.).

Une fois l'acte rédigé, l'officier de l'état civil en donne lecture aux comparants et les invite à en prendre connaissance avant de le signer.

Les transcriptions sont la reproduction sur les registres d'état civil de certains actes dressés ailleurs, ou de certains jugements.

L'article 44 du Code de la Famille prévoit la transcription des actes d'état civil concernant les Sénégalais vivants à l'étranger. Ces actes d'état civil sont valables s'ils ont été reçus, conformément aux lois sénégalaises, par les agents diplomatiques ou par les consuls. Le double des registres de l'état civil tenu par ces agents est adressé à la fin de chaque année au ministère des Affaires étrangères qui, après vérification par le Procureur de la République de Dakar, en assure la garde et peut en délivrer des copies ou des extraits.

Si l'acte a été reçu dans la forme usitée dans le pays étranger, il est transcrit sur les registres de l'état civil de l'année courante tenus par les agents diplomatiques ou les consuls territorialement compétents.

En cas de rupture des relations diplomatiques ou de la fermeture du poste diplomatique ou consulaire territorialement compétent, l'acte est exceptionnellement déposé au ministère des Affaires étrangères qui le fait transcrire sur les registres du 1er arrondissement de la commune de Dakar.

Dans l'hypothèse d'un changement de nationalité postérieurement à un mariage au Sénégal, l'article 45 du Code de la famille prévoit que les actes de mariage reçus au Sénégal par les agents diplomatiques ou les consuls d'une nation étrangère et concernant les étrangers dont l'un au moins est devenu sénégalais postérieurement au mariage, sont transcrits sur les registres de l'état civil du lieu où le mariage a été célébré.

Les mentions marginales sont celles relatives aux événements affectant l'état civil d'une personne et qui doivent être portées sur un acte déjà établi. Ainsi, le divorce fait l'objet d'une mention marginale sur l'acte de naissance des époux. La mention doit se faire en principe dans les trois jours suivant l'événement y donnant lieu.

3) Contrôle et sanctions des actes de l'état civil

1. Le contrôle des actes de l'état civil

Conformément à l'article 34 du Code de la Famille, la surveillance de l'état civil est assurée par le juge du tribunal départemental et le Procureur de la République.

Le juge du tribunal départemental, une fois pas an, obligatoirement, et chaque fois qu'il l'estime nécessaire, procède à la vérification des registres de l'état civil de l'année en cours en se transportant dans les différents centres de son ressort (art. 35 C.F.).

Quand cette inspection est terminée, le juge adresse à l'officier de l'état civil, ses observations sur les contraventions relevées. Une copie de ce rapport est envoyée au Procureur de la République qui adresse au ministre de la Justice un rapport sur la tenue des registres et sur le contrôle effectué en cours d'année par le juge du tribunal départemental. Il relève les irrégularités et les infractions et en poursuit la répression.

2. Sanctions des irrégularités de l'état civil

L'officier de l'état civil qui commet des irrégularités dans l'exercice de ses fonctions peut engager sa responsabilité pénale, sa responsabilité civile et sa responsabilité disciplinaire.

Responsabilité civile

Tout manquement, même involontaire, aux règles relatives à la tenue des registres et à la délivrance des copies, entraîne pour l'officier de l'état civil, l'application d'une amende civile de 500 à 10.000 FCFA prononcée par le juge du tribunal départemental (art. 50 C.F.) cette sanction est sans doute très faible et peu dissuasive.

En outre, toute altération, destruction, tout faux dans l'établissement des actes d'état civil ou dans leurs copies, toute inscription de ces actes sur une feuille volante et autrement que sur des registres destinés à cela, donne lieu à indemnisation des personnes lésées par l'officier de l'état civil.

Responsabilité pénale

Les actes d'état civil sont des actes publics dont la régularité est protégée par les dispositions du Code pénal. L'officier de l'état civil encourt donc la responsabilité pénale lorsqu'il commet une irrégularité constitutive d'une infraction. Le faux en écriture en est un exemple type.

Responsabilité disciplinaire

En tant qu'agent de l'État, l'officier de l'état civil qui commet des fautes professionnelles peut être frappé de peines disciplinaires et notamment être suspendu ou révoqué par l'autorité administrative.

II. **La procédure de constatation des événements donnant lieu à l'établissement d'actes d'état civil**

1) La constatation des naissances

En ce qui concerne la constatation des naissances, il y a lieu de distinguer deux régimes distincts : un régime général et un régime spécial.

1. Le régime général de la constatation des naissances

Toute naissance doit être déclarée à l'officier de l'état civil. La question est alors de savoir quelles sont les personnes qui doivent faire la déclaration et dans quels délais ?

Les déclarants

L'obligation de déclarer la naissance de l'enfant incombe au père ou à la mère, à un ascendant ou proche du parent, au médecin, à la sage-femme, à la matrone. Lorsque la mère accouche hors de son domicile, à la personne chez qui elle accouche (art. 51 C.F.).

Lorsque les personnes qui viennent d'être mentionnées n'ont pas fait la déclaration de naissance, les chefs de villages ou les délégués de quartier sont tenus d'y procéder.

Les délais de constatation des naissances

Le délai normal est d'un mois franc (art. 51 al. C.F.). Le Code de la Famille prévoit cependant les cas de déclaration tardive. C'est ainsi que lorsqu'un mois et 15 jours se sont écoulés depuis la naissance sans qu'elle ait fait l'objet d'une déclaration, l'officier de l'état civil peut en recevoir une déclaration tardive à condition toutefois que le déclarant produise à l'appui de sa déclaration un certificat émanant du médecin ou d'une sage-femme ou qu'il fasse attester la naissance par deux témoins majeurs. L'acte dressé dans ces conditions doit porter la mention inscription de déclaration tardive (art. 51 al. 4 C.F.).

Au-delà d'un an après la naissance, l'officier de l'état civil ne peut dresser l'acte de naissance que sur l'autorisation du juge du tribunal départemental (art.51 al.6 C.F.).

Les mentions de l'acte de naissance

Outre les mentions prévues à l'article 40 al. 8 du Code de la Famille, l'acte de naissance doit comporter les mentions suivantes : l'année, le mois, le jour, l'heure et le lieu de naissance, le sexe de l'enfant et les prénoms qui lui sont donnés. L'acte de naissance doit énoncer également l'identité complète des pères et mère, celle du déclarant ou des témoins (art.52 C.F.). C'est ainsi que certaines personnes sont nées « vers » ou « en », suivis de l'année.

Si les déclarants ou les témoins ne sont pas en mesure de préciser le jour de la naissance, une date est fixée d'office par l'officier de l'état civil ou par le juge du tribunal départemental en cas d'autorisation judiciaire d'inscription tardive (art.52 al. C.F.).

Lorsque l'enfant est né hors mariage, son acte de naissance mentionne le nom de sa mère si celle-ci est connue. Le nom du père ne peut être mentionné que s'il fait lui-même la déclaration.

2. Le régime spécial de constatation des naissances

La constatation de la naissance d'un enfant mort-né

La déclaration d'un enfant mort-né est inscrite à sa date sur le registre des décès et non sur celui des naissances (art. 54 C.F.). Il est alors mentionné qu'il a été déclaré un enfant sans vie.

La constatation de la naissance d'un enfant trouvé

Toute personne qui trouve un enfant nouveau-né est tenue d'en faire une déclaration à l'officier de l'état civil du lieu de découverte (art. 55

al. 1er C.F.). Il est alors établi un acte provisoire de naissance dans les mêmes conditions que pour les enfants dont la filiation est inconnue et porte en tête de l'acte la mention « enfant trouvé » (art. 55 al. 2 C.F.).

Si l'acte de naissance de l'enfant est retrouvé ou si sa filiation est ultérieurement établie, l'acte provisoire de naissance est annulé par le juge du tribunal départemental à la requête du Procureur de la République ou des personnes intéressées (art. 55 al. 4 C.F.).

La constatation de la naissance d'un enfant naturel reconnu

Il peut arriver que l'enfant naturel n'ait pas été reconnu au moment de sa naissance. Sa filiation ne résulte pas de son acte de naissance. La reconnaissance faite ultérieurement devant l'officier de l'état civil est établie sous la forme d'acte de naissance (art. 57 al. 1er C.F.).

Si la reconnaissance est intervenue postérieurement à l'acte de naissance, l'officier de l'état civil mentionne en tête de l'acte la formule « reconnaissance d'enfant naturel ».

Lorsque la reconnaissance concerne un enfant qui n'est pas encore né, mais qui est simplement conçu, l'officier de l'état civil mentionne en tête de l'acte, la formule « reconnaissance d'un enfant à naître ». À la naissance, il est établi son véritable acte de naissance en marge duquel est portée la reconnaissance.

La constatation de l'adoption

En cas d'adoption plénière ou d'adoption simple, le procureur de la République fait injonction à l'officier de l'état civil du lieu de naissance, de dresser acte du jugement d'adoption à sa date sur le registre des naissances sous forme d'acte de naissance. Cet acte de naissance mentionne la date et le lieu de naissance de l'enfant.

2) Les actes relatifs au mariage

Les formalités sont variables selon le type de mariage.

1. Les actes relatifs à la célébration et à la constatation des mariages

Aux termes de l'article 114 du Code de la Famille, selon le choix des futurs époux, le mariage peut être célébré par l'officier de l'état civil ou constaté par lui ou son délégué dans les formes prévues par la loi. Le mariage célébré est la forme moderne. Il est directement célébré par l'officier de l'état civil. Le mariage constaté est une forme traditionnelle de célébration du mariage.

Lorsque le mariage est célébré ou constaté, la compétence de l'officier de l'état civil est obligatoire, certaines formalités sont requises et certaines mentions exigées.

La compétence obligatoire de l'officier de l'état civil

Que le mariage soit célébré ou constaté, l'officier de l'état civil doit obligatoirement en dresser acte sur le registre des mariages et en faire mention en marge de l'acte de naissance de chacun des époux (art. 60 al. 1er C.F.).

Les formalités requises

L'officier de l'état civil exige de chacun des époux qu'il dépose les pièces nécessaires à la constatation ou à la célébration du mariage (art. 61 C.F.). Il remplit le formulaire type prévu pour la célébration ou la constatation du mariage. Il le signe et le fait signer par les futurs époux.

L'officier de l'état civil procède alors aux publications destinées à faire connaître le projet de mariage, afin que les personnes qui sauraient l'existence de quelque empêchement au mariage aient le temps de le signaler à l'officier de l'état civil et même de former une opposition au mariage si la loi leur en donne le droit.

Les mentions exigées

- **En cas de célébration du mariage**, outre les mentions obligatoires pour tous les actes de l'état civil, l'acte de mariage célébré doit comporter les énonciations relatives : à l'identité complète des époux (nom, prénoms, etc.) ; à leur consentement, à l'autorisation des parents ou de ceux qui exercent la puissance paternelle en cas de minorité de l'un ou des deux époux ; aux éventuelles dispenses d'âge ou de publication ; à l'option de monogamie ou de limitation de polygamie éventuellement souscrite par le mari ; à la convention des époux relativement à la dot ; au choix du régime matrimonial adopté par les époux ; aux prénoms et nom du ou des précédents conjoints de chacun des époux ; à la déclaration des futurs époux de se prendre pour mari et femme ; au prononcé de leur union par l'officier de l'état civil ; enfin à l'identité complète et à la qualité de majeurs des témoins et éventuellement de l'interprète.

- **En cas de constatation du mariage coutumier**, l'acte de mariage contient les mêmes mentions que celles prévues pour le mariage célébré. Cependant, la mention relative à la déclaration de l'union par l'officier de l'état civil n'y est pas incluse. En effet, lorsque le mariage est constaté, l'officier de l'état civil ne célèbre pas l'union conclue suivant les règles coutumières. Il se contente de la constater qu'un mariage a été célébré traditionnellement, selon les procédures et les autorités traditionnelles.

2. Les actes relatifs à la déclaration tardive du mariage

Lorsque le mariage est déclaré tardivement, l'officier de l'état civil dresse l'acte de mariage dans les mêmes conditions que pour la constatation du mariage traditionnel.

3) La constatation des décès

S'agissant de la constatation des décès, le législateur prévoit un régime général et des cas particuliers.

1. Le régime général de constatation des décès

Tout décès doit obligatoirement être déclaré à l'officier de l'état civil (art. 67 al. 1 et C.F.). La question est alors de savoir qui doit déclarer le décès et dans quels délais.

Les déclarants

La déclaration de décès doit être faite par l'un des parents du défunt ou par toute autre personne possédant sur son état civil les renseignements nécessaires à l'établissement de l'acte (art. 67 al. 2 C.F). À défaut de ces personnes, les chefs de village et les délégués de quartier sont tenus d'y procéder sous peine d'une amende de simple police (art. 67 al. 7 C.F.).

Les délais requis

En principe, le délai requis pour constater un décès est d'un mois franc (art. 67 al. 1er C.F.). Cependant, lorsqu'un mois et 15 jours se sont écoulés depuis le décès sans qu'il y ait eu déclaration du décès, l'officier de l'état civil peut en recevoir une déclaration tardive pendant le délai d'une année à compter du décès.

Passé le délai d'un an, l'officier de l'état civil ne peut dresser l'acte de décès qu'à condition d'en recevoir une autorisation judiciaire (art. 67 al. 6 C.F.).

Les mentions de l'acte de décès

L'acte de décès doit comporter l'identité complète du défunt, les prénoms, nom, domicile de ses père et mère, les prénoms et nom du ou des conjoints si la personne décédée était veuve ou divorcée ; les prénoms, nom, âge, profession et domicile du déclarant, et s'il y a lieu, son degré de parenté avec la personne décédée (art. 68 al. 4 C.F.).

Il est fait mention du décès en marge de l'acte de naissance (art. 68 al. 4 C.F.).

2. Les cas particuliers de constatations des décès

Des règles spéciales sont prévues au cas de décès dans les hôpitaux, de décès dans un établissement pénitentiaire, de décès au cours d'un voyage maritime ou aérien, en cas de découverte d'un cadavre, ou de mort violente.

Décès dans les hôpitaux

Il est tenu dans les hôpitaux et autres services de santé, un registre spécial sur lequel sont immédiatement inscrits par ordre de date, les décès qui surviennent. Les personnes responsables de ces établissements doivent dans les 24 heures, faire les déclarations des décès qui surviennent à l'officier de l'état civil.

Décès dans un établissement pénitentiaire

Lorsque le décès survient dans un établissement pénitentiaire, la déclaration doit être faite dans les 24 heures par les responsables de l'établissement à l'officier de l'état civil qui en rédigera l'acte au vu du certificat de décès établi par un médecin.

L'exécution capitale c'est-à-dire la peine de mort étant abolie au Sénégal, la disposition de l'article 70 du code de la famille n'a plus de raison d'être. Elle édicte qu'en cas d'exécution capitale, le greffier est tenu dans les 24 heures de l'exécution, de faire la déclaration de décès à l'officier de l'état civil du lieu où le condamné a été exécuté.

Décès au cours d'un voyage maritime ou aérien

En cas de décès survenu à bord d'un navire ou d'un aéronef de nationalité sénégalaise, le capitaine ou le commandant de bord constate le décès et le mentionne sur le livre de bord. Il envoie une copie certifiée de la mention portée sur le livre de bord à l'officier de l'état civil qui dresse l'acte de décès.

La découverte d'un cadavre

En cas de découverte du corps d'une personne décédée et dont l'identité a été établie, l'officier de l'état civil du lieu où la mort est présumée s'être produite doit dresser un acte de décès sans qu'il soit tenu compte du temps écoulé entre le jour du décès et la découverte du cadavre (art. 72 al. 1er C.F.).

Lorsque la personne décédée n'a pu être identifiée, l'acte de décès donne seulement son signalement aussi complet que possible en marge de l'acte de décès. En cas d'identification ultérieure, l'acte sera rectifié (art.72 al. 2 C.F.).

Mort violente

Lorsqu'il y a des signes de mort violente, l'inhumation ne peut avoir lieu qu'après l'établissement par un officier de police judiciaire assisté d'un médecin, d'un procès-verbal dans lequel sont précisés : l'état de cadavre, les circonstances relatives à la mort, et les renseignements relatifs à l'identité complète de la personne décédée (art. 73 al. 1er C.F.). L'officier de police judiciaire doit transmettre sans délais à l'officier de l'état civil du lieu où la personne est décédée, tous les renseignements contenus dans son procès-verbal et qui permettront de dresser l'acte de décès.

4) Actes de l'état civil concernant les militaires et les marins dans certains cas spéciaux

En principe, les actes d'état civil relatifs aux militaires et aux marins sont dressés selon les règles de droit commun. Cependant, la loi prévoit que ces actes peuvent être dressés par l'officier de l'état civil militaire dans certains cas.

La loi distingue deux cas selon que l'événement à constater est survenu ou non sur le territoire du Sénégal.

1. Les actes de l'état civil peuvent être reçus par l'officier de l'état civil militaire dans les hypothèses suivantes : l'événement survient hors du territoire sénégalais, et en cas de guerre, d'expédition, ou de stationnement des troupes sénégalaises en territoire étranger soit en occupation soit en vertu d'accords gouvernementaux ou d'un mandat international (cas des casques bleus) (art. 75 al. 3 C.F.).

2. Lorsque l'événement survient au Sénégal, l'officier de l'état civil militaire, pour recevoir les actes de l'état civil dans les parties du territoire où par suite de siège ou de mobilisation, le service normal de l'état civil ne peut plus être assuré (art. 75 al. 3 C.F.).

Dans les deux hypothèses présentées, les actes dont il s'agit doivent ultérieurement faire l'objet d'une transcription sur les registres de l'état civil.

III. Les décisions judiciaires en matière d'actes d'état civil

1) L'autorité judiciaire compétente en matière d'actes d'état civil

Le juge du tribunal départemental est juge de droit commun en matière d'actes d'état civil (art. 86 al. 1er C.F.).

Cependant, les autres juridictions peuvent connaître des questions d'état civil lorsqu'elles sont liées aux instances dont elles sont saisies, notamment lorsque ces matières sont relatives à l'état des personnes.

Le juge du tribunal départemental est en outre compétent pour appliquer non seulement les sanctions civiles mais aussi les sanctions pénales visant à réprimer les manquements aux prescriptions légales en matière d'état civil.

2) Rôle du juge en cas d'inexistence et de destruction des actes de l'état civil

En cas d'inexistence et de destruction des actes de l'état civil, le juge peut autoriser l'inscription de l'acte ou sa reconstitution.

1. L'autorisation d'inscription

Lorsqu'un acte d'état civil devant constater une naissance, un décès ou un mariage, n'a pas été dressé ou que la demande d'établissement en a été présentée tardivement, le juge du tribunal départemental compétent peut, par jugement, autoriser l'inscription de l'acte par l'officier de l'état civil.

2. La reconstitution des actes de l'état civil

Lorsqu'il y a eu destruction d'un seul exemplaire de l'acte ou des registres, le ou les actes détruits sont reconstitués à la diligence du Procureur de la République et avec l'aide de l'exemplaire qui subsiste.

En cas d'inexistence ou lorsque tous les exemplaires d'un acte ont disparu, un décret pourra décider de leur constitution ou de leur reconstitution en fixant la procédure qui devra être suivie à cet effet.

3) La rectification judiciaire des actes de l'état civil

Deux hypothèses doivent être distinguées : celle de la rectification d'office, et celle de la rectification contentieuse.

1. La rectification d'office

En cas d'omission ou d'erreurs purement matérielles (par exemple des erreurs de frappe) commises dans la rédaction des actes de l'état civil, il appartient concurremment au juge du tribunal départemental et au Procureur de la République de faire procéder d'office à leur rectification. Ils donnent directement des instructions utiles aux dépositaires des registres.

2. La rectification contentieuse

Dans les cas d'omission ou d'erreurs autres que matérielles, toute personne intéressée ainsi que le ministère Public peuvent présenter une requête en rectification au juge du tribunal départemental dans le ressort duquel l'acte à rectifier a été dressé.

Le dispositif de la décision de rectification transmis au dépositaire des registres où se trouve inscrit l'acte rectifié, est porté en marge dudit acte.

SECTION IV : LES ACTIONS D'ÉTAT

Étudier la notion d'action d'état revient à la définir, à en présenter les caractères généraux et à classer les différentes actions d'état.

PARAGRAPHE I : LA NOTION D'ACTION D'ÉTAT

I. Définition de l'action d'état

On entend par action d'état, toute action en justice qui a pour objet une question d'état, soit pour modifier ou constituer cet état (cas de l'action tendant à une adoption ou à un divorce), soit pour le contester (cas de l'action en désaveu de paternité).

Les actions d'état doivent être distinguées des actions qui s'intéressent essentiellement les actes constatant l'état civil (exemple : l'action tendant à rectifier ou à constituer un acte d'état civil).

Il ne faut pas non plus confondre les actions d'état avec les actions visant à établir une généalogie en matière successorale. Ces actions ont un but essentiellement pécuniaire et ne mettent pas directement en cause l'état des personnes.

II. Les caractères généraux des actions d'état

1) Les actions d'état sont essentiellement attachées à la personne de l'intéressé. C'est la raison pour laquelle la loi n'en attribue l'exercice qu'à l'intéressé lui-même. Il s'ensuit que ces actions ne peuvent être exercées par un créancier agissant au nom de son débiteur.

De même, les actions relatives à la filiation ne peuvent être exercées par les héritiers de l'intéressé que lorsque celui-ci est décédé mineur ou dans les cinq années de sa majorité ou de son émancipation. Les héritiers peuvent également poursuivre l'action déjà engagée par leur auteur décédé par la suite. Dans cette hypothèse, l'action des héritiers cesse d'être une action d'état pour devenir une action à fin pécuniaire (art. 97 C.F.).

2) Les actions d'état sont d'ordre public

Étant d'ordre public, l'action d'état est indisponible. Son titulaire ne peut renoncer d'avance à son exercice (art. 97 al. 2 C.F.).

Une fois l'action intentée, seul un jugement passé en force de chose jugée peut y mettre fin. Tout désistement, acquiescement ou transaction est sans effet (art. 97 al. 3 C.F.). Toutefois, le caractère d'ordre public et ses conséquences s'effacent lorsque l'action est intentée dans un intérêt purement pécuniaire.

3) Les actions d'état, en tant qu'actions attachées à la personne, sont en principe **imprescriptibles** (art. 97 al. 4 C.F.). Néanmoins, la loi apporte des limites à ce principe. En effet, pour certaines actions, il est prévu des délais préfix à l'expiration desquels elles ne peuvent plus être exercées valablement (art. 97 al. 4 C.F.). Il en est ainsi par exemple des actions relatives à la filiation. L'action en désaveu de paternité doit être engagée dans le délai de deux mois à partir de la naissance si le père se trouve sur les lieux au moment de la naissance, ou après son retour s'il n'était pas présenté à l'époque ou après la découverte de la fraude, si on lui a caché la naissance de l'enfant (art. 204 C. F.).

4) Les actions d'état sont des **actions personnelles** par opposition aux actions réelles. Cependant, leur caractère extrapatrimonial permet difficilement qu'elles puissent être insérées dans la classification des droits selon qu'ils sont des droits réels ou des droits de créance. Ce qu'il y a lieu de retenir, c'est que les actions d'état essentiellement, attachées à la personne, suivent le même régime juridique que les droits de la personne.

III. Classification des actions d'état

On distingue habituellement deux catégories d'actions d'état :

1) Les actions constitutives

Ces actions ont pour but de créer un état nouveau d'une façon positive ou négative. Parmi les actions ayant des conséquences positives, on peut citer l'action tendant à l'adoption. Une telle action tend à établir un lien nouveau de filiation. Au contraire, constituent une action à conséquence négative, l'action en divorce ou en séparation de corps, l'action en déchéance de la puissance paternelle. Ces actions poursuivent en effet la destruction ou le relâchement d'un lien familial.

2) Les actions déclaratives

Les actions déclaratives sont celle qui tendant à constater un état préexistant. Elles se subdivisent en deux groupes : celui des actions en contestation d'état et celui des actions en réclamation d'état.

1. Les actions en contestation d'état

Les actions en constatation d'état tendent à constater l'état qu'une personne paraît avoir. Il en est ainsi par exemple de l'action en contestation d'une reconnaissance d'enfant naturel, de l'action en désaveu de paternité, de l'action en contestation de légitimité, etc.

2. Les actions en réclamation d'état

Les actions en réclamation d'état ont pour objet de réclamer un état qu'on paraît ne pas avoir. C'est le cas de l'action en recherche de paternité ou de maternité naturelle et de l'action en recherche de maternité légitime.

PARAGRAPHE II : LE RÉGIME JURIDIQUE DES ACTIONS D'ÉTAT

Étudier le régime juridique des actions d'état, revient à préciser les personnes qui peuvent agir, la juridiction compétente pour connaître des actions d'état, la preuve en matière d'action d'état et l'autorité de la chose jugée en matière d'état.

I. Les personnes pouvant agir

Selon l'article 94 du Code de la Famille, sauf disposition contraire de la loi, toute personne peut, par une action en réclamation d'état, faire établir que la loi lui confère un état différent de celui qu'elle possède actuellement. De même, tout intéressé peut, par une action en contestation d'état, mettre fin à l'état qu'une personne possède actuellement.

L'article 94 du Code de la Famille n'apporte de précision relativement aux personnes pouvant agir qu'en ce qui concerne les actions déclaratives. En réalité, il faut distinguer entre les actions constitutives et les déclaratives.

1) Les actions constitutives

La loi limite les personnes pouvant exercer des actions constitutives. Cette limite est particulièrement marquée pour les actions tendant à la modification de l'état. C'est ainsi que, par exemple, une demande de divorce ou de séparation de corps ne peut être faite que par les époux.

2) Les actions déclaratives

Dans cette catégorie d'actions, l'article 94 du Code de la Famille ne prévoit de limitation que pour les actions en réclamation d'état qui sont réservées à ceux qui sont intéressés par l'état réclamé.

En revanche, les actions en contestation d'état peuvent être exercées par toute personne. Il n'en est autrement que pour l'action en désaveu de paternité qui est réservée au mari de la mère de l'enfant.

II. La compétence en matière d'action d'état

Les actions d'état sont, par nature, des actions civiles (art. 95 C.F.). Elles sont portées devant le tribunal départemental ou le tribunal régional.

Toute autre juridiction saisie d'une question d'état doit se déclarer d'office incompétente et surseoir à statuer jusqu'à ce que le tribunal civil tranche la question d'état. On dit que la question d'état constitue une question préjudicielle (art. 96 C.F.).

Cependant, les juridictions répressives peuvent exceptionnellement juger une affaire dans laquelle une question d'état est posée, sans surseoir à statuer. Il en est ainsi d'abord pour la Cour d'Assises qui, en raison de sa plénitude de juridiction, peut trancher directement, sans que sa décision ait influence sur l'état de la personne (art. 96 al 2 in fine C.F.).

En outre, les juridictions répressives peuvent trancher une question d'état lorsqu'elle est soulevée de façon incidente au cours du procès pénal et que sa solution présente un intérêt pour le jugement de l'infraction dont elles sont saisies. Il en est ainsi par exemple lorsque le lien de filiation constitue une circonstance aggravante de cette infraction. C'est le cas du parricide c'est-à-dire le meurtre du père par son fils.

III. La preuve en matière d'action d'état

La loi fixe pour chacune des actions d'état l'objet et les moyens de preuve autorisés (art. 98 al 1er C.F.). C'est ainsi que les actions relatives à la filiation tant maternelle que paternelle se prouvent par les actes de l'état civil (art. 197 al. C.F.).

La loi peut autoriser la preuve par possession d'état, (la possession d'état est la réunion de faits : (usage du nom, attitude de la famille, du public, etc.) desquels il résulte qu'une personne jouit en fait d'un état qu'elle réclame ou qui lui est contesté en droit). Dans cette hypothèse, il s'est comporté, a été traité par la famille et considéré par la société comme ayant l'état auquel il prétend (art. 98 al.2 C.F.).

IV. L'autorité de la chose jugée des jugements relatifs à l'État

Les jugements relatifs à l'état, tant qu'ils ne sont pas transcrits sur les registres de l'état civil, obéissent à la règle de l'autorité relative de la chose jugée. Selon cette règle, la chose jugée ne s'impose qu'entre les parties et leurs ayant-cause, elle n'est pas opposable aux tiers, c'est-à-dire à ceux qui n'ont été ni parties, ni représentés au procès (art. 99 C.F.).

À partir de leur mention ou leur transcription, les jugements relatifs à l'état deviennent opposables à tous.

TITRE II : LA FAMILLE

La famille se crée essentiellement par la parenté, par l'alliance, le mariage et la filiation. Elle se désagrège par le divorce et la séparation de corps (chap. III).

La parenté unit des personnes descendant les unes des autres (en ligne directe) ou d'un auteur commun (en ligne collatérale). La parenté en ligne directe ascendante comprend les père et mère, grands-parents et arrière-grands-parents. Les ascendants du côté paternel forment la lignée paternelle. Les ascendants du côté maternel constituent la ligne maternelle. Les collatéraux sont ceux qui descendent d'un auteur commun. Ce sont les frères et sœurs, les neveux et nièces, les oncles et tantes, les cousins germains. Du côté du père, les collatéraux sont consanguins. Du côté de la maternelle, ils sont utérins. Des deux côtés ils sont dits germains. La parenté en ligne directe descendante est constituée par les enfants, petits-enfants, arrière-petits-enfants.

La proximité de la parenté se compte par degré. Le degré est l'unité de mesure de la parenté. Chaque génération forme un degré : les filles et fils sont parents au premier degré des père et mère. Les filles et fils sont parents au second degré de leurs grands-parents, et parents au troisième degré de leurs arrière-grands-parents. En ligne collatérale, le degré se calcule autrement. Il faut remonter échelon par échelon à l'auteur commun et redescendre de la même façon jusqu'à la personne par rapport à laquelle on calcule le degré de parenté. Les frères et sœurs sont parents au deuxième degré. Les oncles, tantes, sont parents au troisième degré. Les cousins germains sont parents au quatrième degré. L'alliance naît du mariage. Elle est le lien qui unit l'un des époux aux parents de l'autre conjoint. Les liens d'alliance sont mesurés de la même manière que pour la parenté. Le père et mère du conjoint sont les beaux-parents : le beau-père et la belle-mère. Les frères et sœurs du conjoint sont les beaux-frères et belles-sœurs. Les liens de parenté et d'alliance créent l'obligation alimentaire. C'est une obligation légale imposée à certaines personnes d'assurer la subsistance à la personne qui est dans le besoin. Le débiteur de l'obligation exécute sa charge dans la mesure de ses possibilités. C'est une marque de la solidarité familiale. L'obligation alimentaire légale entre parents et alliés est prévue par les articles 261 à265 du code de la famille. Les modalités d'exécution de l'obligation alimentaires sont fixées par les articles 267 à 272 du même code.

LECTURES

Sur la famille, voir : Le pluralisme juridique en Afrique (L'exemple du droit successoral sénégalais), LGDJ-Paris, 1991 « Politique juridique et l'État de Droit au Sénégal : l'exemple du droit familial » in « État de droit, Droits fondamentaux et diversité culturelle ». Textes recueillis par P. ARSAC, J-L., CHABOT, H. PALLARD. L'Harmattan, 1999, pp. 165 et s.

Sur l'obligation alimentaire, voir Antoinette SARR « L'obligation alimentaire légale » mémoire de maîtrise sous la direction de Madame Amsatou Sow Sidibé, année universitaire 1996-1997, Faculté des Sciences juridiques et politiques, UCAD-Dakar-CREDILA.

Sur les sources &&&

GUY A. Kouassigan : « Quelle est ma loi ? Tradition et Modernisation dans le droit privé de la famille en Afrique noire francophone », Paris-Pedone, 1974.

Kéba Mbaye : « Droit et développement en Afrique francophone de l'ouest », Revue sénégalaise de Droit, 1967, n°1, pp. 23 et s.

Kéba Mbaye : « L'unification du droit en Afrique ». In Revue sénégalaise de droit 1971, Vol. N° 10, pp. 65 et s.

CHAPITRE I

LE MARIAGE

Le mariage est un acte solennel par lequel l'homme et la femme établissent une union reconnue par la loi.

La nature juridique du mariage est hybrique. En tant qu'acte juridique volontaire, le mariage emprunte s'apparente au contrat. Mais le mariage est également une institution car met en relation les familles des deux époux et concerne la société tout entière. C'est la raison pour laquelle le législateur fait des conditions de formation et des effets du mariage, des règles légales, impératives et générales. Ces règles sont légales dans la mesure où elles s'appliquent de plein droit à toutes personnes mariées par le seul effet du mariage et durant tout le mariage.

Étant impératives, les règles relatives au mariage s'appliquent aux époux quel que soit leur volonté contraire (sauf dans des cas limités prévus par la loi). Le caractère général des règles relatives au mariage signifie que ces règles sont communes à tous les ménages. Enfin, le mariage confère un état d'époux. Il existe un droit des conjoints qu'on appelle statut conjugal. Ce statut est légal dans la mesure où c'est la loi (en particulier le code de la famille) qui fixe les règles de formation et les effets du mariage. Ces règles s'appliquent de plein droit aux époux. C'est un effet du mariage. Ce statut est impératif car les règles de formation et les effets du mariage sont d'ordre public et s'appliquent à tous les conjoints nonobstant toute clause contraire (sauf quelques cas exceptionnels). Le caractère impératif du statut conjugal s'explique par la nécessité de protéger la famille.

Enfin, le statut conjugal est général, les règles étant de droit commun, applicables à tous les ménages. Les cas de pluralisme juridique sont exceptionnels et peuvent être tirés des options de polygamie, monogamie, de dot, de régimes matrimoniaux.

L'étude du mariage se fera en analysant successivement le préalable au mariage ; les fiançailles (Section I), la formation du mariage (Section II) et les effets du mariage (Section III).

SECTION I : LE PRÉALABLE AU MARIAGE : LES FIANÇAILLES

L'article 101 du Code de la famille définit les fiançailles comme une convention solennelle par laquelle un homme et une femme se promettent mutuellement le mariage.

Les fiançailles sont soumises à un certain nombre de conditions (§. I.). Elles produisent des conséquences qu'il convient de préciser (§. II)

PARAGRAPHE I : CONDITIONS D'EXISTENCE DES FIANÇAILLES

I : Conditions de fond

Les fiançailles ne peuvent être contractées que si les parties remplissent les conditions de fond exigées pour le mariage (art. 103 C.F). En particulier, chacun des fiancés doit donner librement son consentement, indépendamment du consentement des parents nécessaires aux mineurs.

En outre, les fiançailles ne peuvent être contractées qu'entre un homme et une femme.

Cependant, l'âge minimum requis est inférieur d'un an à celui prévu pour pouvoir contracter mariage. Cela signifie que l'homme doit être âgé de plus de 17 ans et la fille de plus.

II : Conditions de forme

1°) Les formalités requises

La convention des fiançailles est conclue en présence de deux témoins au moins pour chaque fiancé et d'un représentant de chaque famille (art. 104 al.1 C.F).

La fiancée peut recevoir du fiancé ou de sa famille, conformément à l'usage, un don manuel en nature dont la valeur maximum est fixée par la loi. La loi n°67-04 du 24 février 1907 tendant à réprimer les dépenses excessives à l'occasion des cérémonies familiales (J.O.R.S. 1er mars 1967 p359) fixe la valeur maximale du cadeau à cinquante mille francs (article 5 al. 1er)

2°) Preuve des fiançailles

En cas de contestation la preuve des fiançailles s'administre par l'audition des témoins y ayant assisté. Cette solution est critiquable en raison de l'impasse que peut créer le décès ou l'indisponibilité physique et mentale des témoins. Une réforme du code de la famille sur ce point est souhaitable. La liberté de la preuve serait sans doute la meilleure sociale. Il s'agit d'offrir aux fiancés la preuve par tous moyens.

III : Durée des fiançailles

Les fiançailles ne peuvent durer plus d'un an.

PARAGRAPHE II : CONSÉQUENCES JURIDIQUES DES FIANÇAILLES

Les fiançailles n'ont aucun effet sur le mariage (A). Elles entraînent cependant un certain nombre de conséquences liées à la promesse (B) et à sa rupture (C).

I : Absence d'effets sur le mariage

L'article 102 du Code de la famille dispose qu'on peut contracter mariage sans avoir, auparavant, fait célébrer les fiançailles.

Lorsqu'il y a fiançailles, cette convention n'oblige pas les fiancés à contracter mariage. Une telle solution se justifie par l'idée que le mariage, régi par des règles d'ordre public, ne peut faire l'objet de conventions. En outre, toute solution contraire nuirait à la liberté du consentement qui doit être donné au moment du mariage.

II : Conséquences liées à la promesse

Les fiançailles font naître un certain nombre d'obligations à la charge des fiancés (1). Elles emportent également des conséquences sur la filiation (2) et en cas de décès de l'un des fiancés.

1°) Obligations des fiancés

Les fiançailles créent des droits et devoirs réciproques entre les fiancés. Elles ne produisent cependant pas d'obligations alimentaires.

1. Droits et devoirs réciproques des fiancés

Droit de visite

Selon l'article 105 al.2 du Code de la famille, les fiancés peuvent se rendre réciproquement visite conformément aux usages. Par usages, il faudrait comprendre les us et coutumes et pratiques sociales. Chacun des fiancés a donc l'obligation de recevoir l'autre.

Devoir de réserve à l'égard des tiers

Les fiancés doivent, en outre, se conduire, l'un et l'autre d'une manière réservée à l'égard des tiers (art.105 al.3 C.F.).

Le devoir de réserve dont il est question n'est rien d'autre que le devoir de fidélité qu'il faudrait définir comme le fait de s'abstenir de relations sexuelles avec une personne autre que son conjoint.

Il convient de préciser cependant que si une telle obligation peut être exigée de la femme, elle ne peut l'être plus difficilement s'agissant de l'homme. Le droit sénégalais admet en effet la polygamie.

Sanction des obligations des fiancés

Tout manquement à l'une des obligations dont on vient de faire cas, constitue un motif légitime de rupture souverainement apprécié par le juge (art. 105 al.4 C.F).

2. Absence d'obligation alimentaire

Les fiancés ne sont pas tenus à une obligation alimentaire d'entretien ou de secours, soit l'un à l'égard de l'autre, soit chacun à l'égard des membres de la famille de l'autre (art. 106 C.F).

Une telle règle se justifie largement puisqu'il n'y a pas encore mariage.

2°) Conséquences des fiançailles sur la filiation

Le Code de la famille (art. 215 et suivants) organise ce que l'on appelle l'action en indication de paternité[87] qui permet à l'enfant dont la filiation paternelle n'est pas établie, d'obtenir des aliments de celui qui sera indiqué comme son père par décision judiciaire. L'un des 5 cas d'ouverture de l'action en indication de paternité est précisément celui où il y a eu séduction, promesse de mariage ou fiançailles (art. 216-2 C.F).

3°) Conséquences des fiançailles en cas de décès d'un fiancé

Le Code de la famille n'a pas réglé la question de savoir si le fiancé survivant est en droit de réclamer au tiers responsable de la mort de son fiancé, la réparation du dommage qu'il subit. Il est cependant possible d'admettre le principe de la réparation du préjudice moral et même matériel résultant de la disparition du fiancé en application des règles de la responsabilité civiles telles qu'organisées par le code des obligations et commerciales (art. 118 et s. c.o.c.c.) Il faut alors prouver le fait dommageable, le dommage et le lien de causalité entre le fait et le dommage. En droit français, la jurisprudence s'est prononcée dans le

[87] - Sur l'action en indication de paternité, voir le chapitre sur la filiation.

même sens (cf. Cass. Crim. 5/01/1956, D. 1956. 216 ; Rouen, 9/07/1952, D. 1953, 13).

III : Conséquences liées à la rupture

C'est surtout en cas de rupture que le législateur laisse percevoir les conséquences des fiançailles. La rupture peut nécessiter la restitution des cadeaux. Elle peut également mettre en jeu la responsabilité du fiancé. Avant de développer ces deux points, il nous semble opportun d'apporter quelques précisions à propos des modalités de la rupture.

1°) Les modalités de la rupture

Selon l'article 107 du Code de la famille, chacun des fiancés a le droit de rompre unilatéralement les fiançailles. Cette solution s'explique par le fait qu'un fiancé ne peut être contraint au mariage. Il peut donc toujours rompre les fiançailles sauf à payer éventuellement des dommages-intérêts lorsque la rupture ne se justifie pas par un motif légitime qu'il appartiendra au juge d'apprécier.

Cependant, lorsque l'un des fiancés est mineur, la rupture des fiançailles ne peut émaner de lui seul. La rupture doit, dans ce cas, être exprimée en présence des témoins et de représentants des deux familles.

Il convient de préciser que la rupture n'est pas nécessairement imputable à celui qui en prend l'initiative. Celui-ci peut, en effet, avoir été guidé par de justes motifs (par exemple, *l'inconduite notoire de l'autre.*)

L'imputabilité de la faute peut engendrer la restitution des cadeaux ou l'allocation de dommages-intérêts.

2°) La restitution des cadeaux en cas de rupture unilatérale des fiançailles

Les cadeaux objet de restitution sont les cadeaux de fiançailles. Ils doivent être distingués de la dot.

Il convient de préciser, en outre, que seuls les cadeaux de fiançailles peuvent faire l'objet de restitution à l'exclusion des dépenses occasionnées par les fiançailles, c'est à dire, « les limonades et les beignets qui ont pu être achetés au moment des fiançailles. »[88] Ces dépenses ne peuvent faire l'objet d'un remboursement ou d'une indemnisation (art.107-4 C.F.)

---

[88] - pour citer un membre du comité des options pour le code de la famille.

Le code de la famille distingue selon que la rupture est imputable à la fiancée ou au fiancé.

1. Rupture imputable à la fiancée

- La rupture sans motif légitime imputable à la fiancée l'oblige à restituer le cadeau qu'elle a reçu (art. 107-2 C.F).
- La loi permet au fiancé évincé sans motif légitime, de demander qu'il soit formé opposition au mariage de son ancienne fiancée jusqu'à la restitution du cadeau.

2. Rupture imputable au fiancé

Le fiancé ne peut réclamer la restitution du cadeau qu'il a fait lorsque la rupture lui est imputable (art. 107-2 C.F).

3°) La responsabilité d'un fiancé en cas de rupture unilatérale des fiançailles

Si un fiancé ou une fiancée rompt les fiançailles sans motif légitime, il commet une faute et doit réparer le préjudice causé. Il sera condamné à verser des dommages-intérêts à l'autre.

Le fiancé délaissé devra donc établir une faute spécifiée par les circonstances de la rupture. Une faute peut ainsi être relevée lorsque le fiancé ne peut épouser sa fiancée pour la raison qu'il est déjà marié sous le régime monogamique.

Celui des fiancés qui est abandonné doit également prouver le préjudice qu'il a subi. Ce préjudice peut être matériel (*dépenses déjà faites en vue du mariage*) ou moral (*atteinte à la réputation, troubles psychologiques, etc.*).

La preuve du préjudice et celle de la faute peuvent être administrées par tous moyens.

SECTION II - LA FORMATION DU MARIAGE

Le mariage obéit à un certain nombre de conditions que le législateur a minutieusement précisées (I) et dont le non-respect est source de sanctions (II).

PARAGRAPHE I : CONDITIONS DE FORMATION DU MARIAGE

En tant qu'acte juridique, le mariage est soumis à des conditions de fond (A) ; étant solennel, il obéit à un certain nombre de formalités (B).

I : Conditions de fond du mariage

Ces conditions sont de plusieurs sortes.

Certaines conditions sont d'ordre physiologique (a), psychologique (b), moral (c), d'autres sont relatives aux options de statut conjugal et à la dot (d).

1°) Conditions d'ordre physiologique

Les conditions d'ordre physiologique sont relatives au sexe et à l'âge. La condition relative au contrôle médical n'est pas prévue par le Code de la famille.

1. La différence de sexe

Cette condition découle de l'article 111 du Code de la famille qui dispose que le mariage ne peut être contracté qu'entre un homme âgé de plus de 18[89] ans et une femme âgée de plus de 16 ans.

Il convient de faire remarquer que le mari doit avoir une aptitude aux relations sexuelles. L'impuissance du mari est en effet cause de nullité relative du mariage (art.139-4 C.F).

Quid de l'hermaphrodite défini comme l'individu ayant deux sexes différents donc bisexués. En cas d'hermaphrodisme, c'est le sexe prééminent qui l'emporte.

2. L'âge minimum

Il n'y a pas d'âge maximum. Les vieillards peuvent se marier.

En revanche, un âge minimum est exigé. L'homme doit être âgé de plus de 18 ans, la femme de plus de 18 ans (art. 111 C.F).

Au-dessous de l'âge requis, le mariage peut être exceptionnellement permis pour motif grave, par le Président du Tribunal régional après enquête[90] (art. 111 C.F). Les motifs graves sont le plus souvent l'état de grossesse de la future épouse. L'autorisation de mariage peut alors avoir deux fondements. D'abord, il y a une preuve de l'aptitude physiologique de l'époux concerné. Ensuite, il est de l'intérêt de l'enfant que sa légitimité soit établie par l'effet du mariage.

---

[89] - Avant la loi n° 99-82 du 3 septembre 1999 portant réforme du code de la famille et qui fait passer la majorité de 21 ans à 18 ans, l'homme ne pouvait se marier qu'après l'âge de 20 ans.

[90] - Loi n° 59-01 du 17-01-1989. Avant cette loi, la dispense d'âge ne pouvait être accordée que par le chef de l'État.

2°) Conditions d'ordre psychologique

Le consentement des époux est nécessaire à la formation du mariage. Lorsque les époux sont mineurs, le consentement des parents est en outre requis.

1. Le consentement des époux au mariage

Chacun des futurs époux, même mineur, doit consentir personnellement au mariage (art. 108 al. 1er C.F.)

La nécessité d'une manifestation personnelle de l'accord de volonté est assortie d'une exception. En effet, le Code de la famille prévoit le cas où la forme de mariage adoptée ne comporte pas la comparution en personne de l'un ou de l'autre des futurs époux au moment de sa conclusion. L'hypothèse envisagée est celle où le mariage n'est ni célébré ni constaté par l'officier de l'état civil. L'article 108 alinéa 2 permet alors aux époux de se faire représenter par mandataire sous réserve de respecter préalablement les formalités prévues par les articles 126 et 127 C.F.

Le consentement doit exister et être exempt de vices.

L'existence du consentement

Pour exister, la volonté doit être consciente et sérieuse.

La volonté doit d'abord être consciente. Il n'y a pas de consentement si la personne qui donne son consentement n'est pas en possession de ses facultés mentales du fait de la démence ou de la dépression profonde. Il s'agit d'une question de fait laissé à l'appréciation souveraine des juges du fond. Ensuite, la volonté » doit être sérieuse. En effet, il n'y a pas de consentement lorsque l'époux qui le donne n'a en lui aucune intention sérieuse de se marier. Il s'ensuit que les mariages pour rire sont inexistants. En outre, les mariages simulés ou fictifs, célébrés non pas en vue de fonder un foyer mais dans le but d'atteindre un objectif précis sont en principe nuls. C'est le cas *du mariage contracté par une personne afin d'acquérir la nationalité de son conjoint.*

L'absence de vice du consentement

Le Code de la famille ne prévoit que deux vices du consentement en matière de mariage : la violence et l'erreur (art. 138 al. 2 C.F). En matière de mariage, le dol n'est pas un vice du consentement. Selon un adage célèbre tiré de Loysel, « ***en mariage, il trompe qui peut*** ». En effet, il n'est pas possible de tenir compte des multiples artifices dont peut user l'un des époux afin d'amener l'autre au mariage, au risque d'annuler de nombreux mariages. Précisons cependant que le dol peut être pris en compte, dans une certaine mesure, en cas d'erreur.

La violence, vice du consentement, peut être physique ou morale. Les violences physiques, inconcevables devant l'officier de l'état civil ont pu cependant être infligées avant la cérémonie et la volonté a pu être viciée par la crainte de leur renouvellement. La violence morale qui est la crainte née de la menace d'un mal considérable est plus concevable.

L'erreur n'est pas visée de façon expresse par le code de la famille comme vice du consentement en matière de mariage. Il convient donc de se référer au droit commun des obligations réglementé par l'article 62 du C.O.C.C. qui fait référence à l'erreur déterminante. Cette erreur déterminante doit porter sur les qualités essentielles de la personne. Les qualités essentielles sont celles qui sont si importantes pour l'époux, que s'il avait su que son conjoint en était dépourvu, il ne l'aurait pas épousé.

2. Le consentement des parents au mariage de l'époux mineur

Le mineur moins de moins 18 ans ne peut contracter mariage sans le consentement de la personne qui exerce la puissance paternelle à son égard (art. 109 al. 1er C.F.).

La nécessité du consentement des parents s'explique essentiellement par le souci de protection du mineur non émancipé.

Le consentement des parents est donc un acte d'assistance qui ne se substitue pas au consentement des époux, mais constitue leur complément.

Les parents peuvent refuser de consentir au mariage.

Dans tous les cas, le refus d'autorisation est susceptible de recours devant les tribunaux sénégalais. Tout parent peut, en effet, saisir le juge du Tribunal départemental du lieu de célébration du mariage s'il estime que le refus de consentement est fondé sur des motifs non conformes à l'intérêt de l'enfant (art. 109 al. 3 C.F.).

3°) Conditions de moralité

Le Code de la famille édicte un certain nombre de conditions fondées sur des considérations de moralité ou d'utilité sociale. Elles sont de trois ordres : la célébration du mariage suppose l'inexistence d'un mariage antérieur non dissout, l'expiration d'un délai de viduité et l'absence de liens de parenté ou d'alliance.

1. L'inexistence d'un mariage antérieur non dissout

1°- L'article 113 al. 1er du Code de la famille dispose que : « la femme ne peut contracter un nouveau mariage avant la mention sur le registre de l'état civil de la dissolution du précédent ». La femme ne peut donc avoir simultanément deux maris. La bigamie est interdite.

2°- L'homme non plus ne peut contracter un nouveau mariage s'il a un nombre d'épouses supérieur à celui autorisé par la loi, compte tenu des options de monogamie ou de polygamie souscrites par lui (art. 113 al. 2).

2. L'expiration du délai de viduité

L'exigence de l'expiration du délai de viduité concerne uniquement la femme. Celle-ci, qu'elle soit veuve ou divorcée, ne peut se remarier qu'à l'expiration d'un délai de viduité de 300 jours à compter de la dissolution du mariage.

Cette condition se justifie essentiellement par le désir d'éviter une confusion sur la paternité d'un enfant qui viendrait à naître après le second mariage.

Le délai de 300 jours peut cependant être limité à trois mois en cas de dissolution du mariage par le divorce ou par annulation, et à quatre mois et 10 dix jours en cas de décès du mari (art.112 al.2 C.F.).

Dans tous les cas, le délai de viduité prend fin par la délivrance de la femme c'est-à-dire l'accouchement (art.112 al.3 C.F.). La raison de cette abréviation du délai est la disparition du risque d'incertitude sur la paternité de l'enfant.

3. L'absence de liens de parenté ou d'alliance

Le mariage est interdit entre certaines personnes parentes ou alliées pour des raisons morales.

Une telle prohibition frappe le mariage de toute personne avec ses ascendants ou ceux de son conjoint, ses descendants ou ceux de son conjoint ; enfin, jusqu'au 3e degré, avec les descendants de ses ascendants ou de ceux de son conjoint (art.110 C.F.).

Entre parents en ligne directe ascendante ou descendante, le mariage est prohibé à tous les degrés. Cela découle de l'article 110 alinéas 1 et 2 du Code de la famille qui parle de descendants et d'ascendants sans précision.

Au contraire, en ligne collatérale, le mariage est possible au-dessus du 3e degré (art.110-3 C.F.).

En outre, l'article 110 al.2 du Code de la Famille prévoit qu'il n'y a plus prohibition pour cause d'alliance entre beau-frère et belle-sœur lorsque l'union qui provoquait l'alliance a été dissoute par le décès. En cas de dissolution par le divorce, la prohibition demeure.

Les prohibitions au mariage résultant des liens de parenté ou d'alliance résultent également de l'adoption simple. Le mariage est en effet prohibé entre l'adoptant, l'adopté et ses descendants ; l'adopté et le conjoint de l'adoptant et, réciproquement, entre l'adoptant et le conjoint de l'adopté ; les enfants adoptifs du même adoptant ; l'adopté et les enfants de l'adoptant.

Le Code de la Famille ne contient aucune disposition spéciale concernant la prohibition du mariage en cas d'adoption plénière. Cependant, il convient de traiter à cet égard les enfants bénéficiant de l'adoption plénière comme des enfants légitimes conformément à l'article 242 du Code de la famille qui assimile d'une manière générale les deux catégories d'enfants.

4°) Conditions relatives aux options des époux

Les options en question sont relatives au statut conjugal et à la dot.

1. L'option de statut conjugal

Les termes de l'option conjugal

Selon l'article 133 du Code de la famille, « *le mariage peut être conclu* :

soit sous le régime de la polygamie, auquel cas l'homme ne peut avoir simultanément plus de 4 épouses ;

soit sous le régime de la limitation de polygamie ;

soit sous le régime de la monogamie ».

L'option de polygamie signifie que l'homme peut avoir simultanément jusqu'à quatre épouses. Mais ce chiffre ne peut être dépassé. Cette limite est prévue par le Coran.

L'option de limitation de polygamie signifie que l'homme doit limiter le nombre de ses épouses à deux ou trois. Si l'optant limite le nombre d'épouses qu'il souhaiterait avoir à deux, il ne peut contracter un 3e mariage avant la dissolution d'au moins un parmi ses précédents mariages. S'il opte pour trois épouses il ne peut en prendre une quatrième.

2. Le régime juridique de l'option

- **Formes de l'option**

L'option peut être expresse (art. 133 al. 1 C.F.) ou tacite (133 al. 2C.F.).

Dans la première hypothèse, l'option découle d'une manifestation expresse de volonté faite par l'homme devant l'officier d'état civil.

Quant à l'option tacite, elle est prévue par l'alinéa 2 de l'article 133 qui dispose : « ***faute pour l'homme de souscrire à l'une des options prévues à l'article 134, le mariage est placé sous le régime de la polygamie*** ».

On en arrive alors à faire de la polygamie le régime de droit commun, le régime légal. Pourtant, tel n'était pas le vœu du législateur sénégalais dont la préférence porte sur la monogamie.

- **Moment et procédure de l'option**

Selon l'article 135 du Code de la famille, l'option peut être souscrite soit à l'occasion du mariage, soit postérieurement.

L'homme doit, préalablement à l'option, justifier qu'au moment où il l'exerce, il ne dépasse pas le nombre d'épouses qu'il entend se fixer désormais.

La déclaration est faite auprès de l'officier de l'état civil ou de son délégué, ou auprès de l'agent diplomatique ou du consul territorialement compétent en cas de mariage à l'étranger.

- **Les caractères de l'option**

Les caractères de l'option sont définis par les alinéas 2 et 3 de l'article 134 du Code de la famille :

« Les options de monogamie et de limitation de polygamie sont définitives, sous réserve de la possibilité pour l'homme de restreindre par une nouvelle option une limitation antérieure de polygamie.

Elles engagent l'optant toute la durée de son existence même après dissolution de l'union à l'occasion de laquelle elles avaient été souscrites ».

L'option de statut conjugal est donc définitive et irrévocable. Cela signifie que l'option, une fois souscrite, ne peut plus être révisée dans le sens d'une augmentation du nombre d'épouses. Lorsque l'homme opte pour la limitation de polygamie à trois épouses, il ne peut plus opter pour la polygamie à quatre épouses. Lorsqu'il choisit la polygamie limitée à deux épouses, il ne peut plus jamais dépasser ce nombre. Lorsqu'il opte pour la monogamie, il ne peut plus souscrire à la polygamie sous quelque forme qu'elle se présente.

L'option engage l'homme toute sa vie durant, même après la dissolution du mariage à l'occasion duquel l'option avait été souscrite.

- ***Sanction de la violation des règles de l'option***

Des sanctions civiles et pénales sont prévues en cas de violation des règles de l'option.

S'agissant des sanctions civiles, l'article 141 du Code de la famille prévoit la nullité absolue du nouveau mariage que le mari contracte alors que la disposition de l'article 133 du Code de la famille ne le lui permet pas.

Concernant les sanctions pénales, il convient de préciser qu'il existe un droit pénal de la famille. Deux infractions sont incriminées en cas de violation des règles de l'option de statut conjugal. Ces infractions sont la bigamie et l'adultère.

La bigamie est sanctionnée par l'article 333 du Code pénal sénégalais modifié par la loi n° 77-33 du 22 février 1977. L'article 333 punit d'un emprisonnement de six mois à un an et d'une amende de 20.000 à 300.000 francs, toute personne ayant contracté une nouvelle union, alors qu'elle n'en était repêchée par l'effet d'un précédent mariage non même dissout, même si ce précédent mariage n'a été ni célébré, ni constaté, ni déclaré tardivement.

L'adultère qui consiste dans le fait pour une personne mariée d'avoir des relations sexuelles avec une personne autre que son conjoint, est puni par les articles 329 à 331 du Code pénal. Selon l'article 329 du Code pénal, l'adultère ne pourra être dénoncé que par l'autre époux. Toutefois, pour les maris polygames, les usages tolérés par la coutume ne sauraient en eux-mêmes constituer l'adultère. Que faut-il entendre par là ? Est-ce à dire que la faculté de se marier à plusieurs femmes offertes par la polygamie autorise les relations sexuelles hors mariage ? La jurisprudence devrait nous édifier sur cette question pour le moins nébuleuse.

Dans tous les cas l'époux convaincu d'adultère sera puni d'une amende de 20.000 à 100.000 F. L'époux restera le maître d'arrêter l'effet de cette condamnation (art. 330 C.P).

Le complice de l'adultère sera passible de la même peine que le coupable. Les seules preuves admissibles contre le prévenu de complicité sont le flagrant délit, l'aveu, les lettres ou autres pièces écrites par le prévenu 'art. 331 C. F.).

3. L'option relative à la dot

Concernant la dot, le législateur sénégalais avait un choix entre deux alternatives : soit supprimer la dot, soit la maintenir mais en la réglementant. Il a opté pour la seconde solution. La dot est maintenue, mais elle n'est qu'une simple faculté et ne devient une condition de validité du mariage que par la seule volonté des époux. Lorsque la dot est une condition de validité du mariage, elle est soumise à un certain nombre de règles.

- **La dot condition de validité du mariage par la volonté des époux**

Selon l'article 132 du Code de la famille *« les futurs époux peuvent convenir que la fixation d'une somme d'argent, ou la détermination de biens à remettre en partie ou en totalité par le futur époux à la future épouse, sera une condition de fond du mariage...Le mariage* ne *peut être conclu que lorsque la partie convenue de la dot a été versée à la femme. »*

Il appartient aux futurs époux de décider que le versement d'une dot sera ou non une condition de validité de leur mariage.

C'est au moment de l'établissement de l'acte de mariage que l'officier de l'état civil demande aux époux s'ils conviennent que la dot sera ou non une condition de validité du mariage. Lorsque les époux décident de faire de la dot une condition de validité de leur union, le mariage ne pourra être conclu que lorsque la partie convenue de la dot aura été versée à la femme.

- **La réglementation de la dot**

– **Le montant de la dot**

L'article 132 al. 1er in fine du Code de la famille dispose que la dot ne peut dépasser la valeur maximum fixée par la loi.

Pour déterminer la valeur maximum, il faut se référer à l'article 6 de la loi de 1967 sur les dépenses excessives à l'occasion des cérémonies (J.O.R.S. 1/3/1967) qui fixe le montant de la dot à 3.000 F maximum. Les dépenses cumulées relatives aux cadeaux destinés à la fiancée, aux membres de sa famille ou à des amis, ainsi qu'aux réjouissances ne peuvent dépasser 15.000 F, non compris celles effectuées à l'occasion des fiançailles et la dot proprement dite.

L'article 11 de la loi de 1967 veille à l'application de la loi. Il donne compétence aux chefs de circonscription administrative, aux chefs de village et aux délégués de quartier pour veiller à l'application de la loi et pour constater les infractions.

Tout citoyen peut informer l'officier d'état civil ou l'agent de police le plus proche.

Une amende de 20 000 F à 500 000 F est prévue en cas d'inapplication de la loi.

En cas de divorce, les 3.000 F correspondant à la dot proprement dite ne peuvent être remboursés. Seuls les 15.000 F correspondant aux autres dépenses peuvent l'être. Rembourser les 15000 francs correspondant aux dépenses ? Cette solution paraît peu satisfaisante. La loi de 1967 devrait être réformée sur ce point. La dot est payable en plusieurs tranches. Cela ressort de l'article 132 dernier alinéa du code de la famille qui parle de « la part stimulée payable d'avance et de ce qui a été perçu par la femme au moment de la célébration du mariage »

– **La dot propriété exclusive de la femme**

L'article 132 du Code de la famille dispose que la dot est la propriété exclusive de la femme qui en a la libre disposition. La dot n'est donc pas versée aux parents. Cependant, lorsque le montant de la dot dépasse le maximum prévu par la loi, aussi bien les époux que les parents encourent une sanction.

– **Mention de la dot dans l'acte de mariage**

Il est fait mention dans l'acte de mariage du montant de la dot, de la part stipulée payable d'avance et de ce qui a été perçu par la femme au moment de la célébration du mariage (art. 132 dernier al. C.F.).

L'acte de mariage est donc un moyen de prouver que les époux ont fait de la dot une condition de validité du mariage, que la partie immédiatement exigible a été payée et que le reliquat, s'il existe, est de tel montant.

II : Conditions de forme du mariage

Le législateur sénégalais offre aux futurs époux un choix entre la forme moderne de célébration du mariage d'une part, et les formes coutumières d'autre part.

Les deux formes de mariage prévues par l'article 114 du Code de la famille, à savoir le mariage célébré et le mariage constaté, sont les formes normales de célébration du mariage. Mais le législateur a, en réalité, élargi le domaine de l'option en prévoyant des formes exceptionnelles de mariage coutumier.

1°) Les formes normales de célébration de mariage

Aux termes de l'article 114 du Code de la famille « selon le choix des futurs époux, le mariage peut être célébré par l'officier de l'état civil ou constaté par lui ou son délégué dans les formes prévues par la loi. »[91]

Le mariage célébré par l'officier de l'état civil s'inspire largement de celui prévu par le Code civil français et la loi française de 1901 sur l'état civil.

Le mariage constaté est la réhabilitation des différentes formes non civiles du mariage et plus particulièrement du mariage religieux. Ce mariage est célébré par l'autoroute religieuse ou coutumière et constaté au même moment par l'officier de l'état civil.

Ce qui fait l'originalité du mariage constaté, c'est qu'il permet aux époux de célébrer leur mariage suivant leur coutume tout en bénéficiant des garanties de preuve et de publicité résultant du mariage célébré par l'officier d'état civil.

2°) Les formes exceptionnelles de mariage coutumier

L'option entre deux formes normales de célébration du mariage devant supposer une égalité juridique entre elles, la sanction de l'inobservation des conditions de la célébration et de la constatation devrait être identique. Il n'en est rien cependant.

Dans l'hypothèse d'une célébration du mariage par l'officier de l'état civil, la sanction de l'inobservation des règles de la procédure est la nullité de l'acte.

En revanche, dans le cas du mariage coutumier, en l'absence de constatation, non seulement le législateur ouvre la voie à d'autres procédures devant l'officier de l'état civil, mais encore, l'absence totale de toute intervention de l'officier public est sans conséquence sur la validité de l'union. Il existe des procédures supplétives de constatation du mariage. En outre, le mariage coutumier non constaté est valable.

---

[91] - Sur les formalités de célébration et de constatation du mariage, voir nos développements… sur la constatation des actes de l'état civil.

1. Les procédures supplétives de constatation du mariage

Ces procédures sont de deux sortes. Il s'agit de la déclaration tardive du mariage et du jugement d'autorisation d'inscription.

- **La déclaration tardive du mariage**

Cette procédure est prévue par l'article 147 nouveau du Code de la famille issu de la loi du 17 janvier 1989 qui permet aux époux de déclarer leur union dans les six mois qui suivent sa conclusion. Les époux doivent *se présenter* personnellement devant l'officier de l'état civil de la circonscription où le mariage a été contracté, accompagnés de *deux témoins* ayant assisté au mariage et pouvant certifier de l'échange de consentements. L'officier de l'état civil accomplit les formalités de l'article 126 du Code de la famille[92] et fait préciser aux époux ainsi qu'à leurs témoins, la date, le lieu et les circonstances dans lesquelles l'union a été contractée.

- **Le jugement d'autorisation d'inscription**

Cette procédure prévue par l'article 87 du code de la famille permet aux époux qui ne se sont pas manifestés dans les six mois de la conclusion de leur contrat d'obtenir une décision du Tribunal départemental autorisant l'inscription de l'acte par l'officier de l'état civil. Le juge est saisi d'une requête à l'appui de laquelle les époux doivent joindre un certificat de non-inscription de l'acte délivré par l'officier de l'état civil qui aurait dû le recevoir. Le juge du Tribunal départemental examine toutes les pièces justificatives et, à défaut de pièces, il procède à une enquête.

LECTURES

Sur les formes de célébration du mariage, voir Ndigue DIOUF « Droit de la famille. La pratique du tribunal départemental au Sénégal » - Édition Abis. Éditions – Mars 2011 pp. 33 et s.

Sur le mariage coutumier, voir S. Guinchard : « Le mariage coutumier en droit sénégalais ». In Revue Internationale de Droit comparé, 1978, pp. 811 et s.

Kéba Mbaye : « L'évolution des formes du mariage au Sénégal ». In Aspects nouveaux de la pensée juridique. Recueil d'Études en

[92] - Pour rappel, l'article 126 C.F. relatif à la comparution personnelle dispose que « les époux se présentent personnellement à l'officier de l'état civil de leur domicile ou à l'autorité qui le représente et lui remettent les pièces énumérées à l'article 115 ».

hommage à Marc Ancel, Volume I : Études de Droit privé, Droit public et droit comparé, Édit. Pédone, Paris, 1975.

2. La validité du mariage coutumier non constaté

- **Le principe**

L'article 146 *du Code de la famille dispose que : « Lorsque les époux ont choisi de ne pas faire célébrer leur mariage par l'officier de l'état civil ou son représentant, le mariage non constaté est valable, mais ils ne peuvent s'en prévaloir à l'égard de l'État, des collectivités publiques et des établissements publics ou privés pour prétendre notamment au bénéfice des avantages familiaux ».*

« En outre, faute pour les époux de satisfaire sans motif estimé valable par le juge, aux dispositions mises à leur charge par les articles 126 à 130, ils seront condamnés à une amende de 3.000 à 18.000 F ».

Une telle règle se justifie essentiellement par la prise en compte des réalités sociales. Une partie importante de la population refuse de recourir aux services de l'état civil.

La nullité du mariage en l'absence de toute constatation aurait entraîné des situations catastrophiques. Les unions célébrées auraient été de simples concubinages. Les enfants qui en seraient issus auraient été des enfants naturels. Rendre nul le mariage aurait été un facteur de déstabilisation grave de la société.

- **Effets du mariage coutumier non constaté**

Ces effets du mariage coutumier non constaté sont relatifs aussi bien aux rapports entre époux qu'à ceux des parents à l'égard de leurs enfants.

À l'égard des époux, le mariage coutumier non constaté crée les mêmes droits et devoirs que la loi fait découler du mariage. Il s'agit des droits des articles 149 et suivants qui seront étudiés dans les développements ultérieurs.

D'autre part, le ministère public peut poursuivre pour bigamie l'époux qui contractera une nouvelle union empêchée par l'effet d'un précédent mariage non dissout, même si ce précédent mariage n'a été ni célébré ni constaté, ni déclaré tardivement.

Enfin, la rupture du lien matrimonial par le divorce devra s'effectuer conformément aux règles de procédure prévues par la loi.

Dans les rapports parents-enfants, il faut d'abord préciser que les enfants issus du mariage coutumier non constaté sont des enfants légitimes, conformément à l'article 219 du Code de la famille selon lequel, a la qualité d'enfant légitime « *celui dont la filiation est régulièrement établie à l'égard d'un père et d'une mère mariés ou réputés mariés au moment de sa conception* ». Par père et mère réputés mariés, le législateur entendait viser la situation des époux mariés coutumièrement sans avoir fait constater leur union à l'état civil.

- **Preuve du mariage coutumier non constaté**

L'absence de tout écrit émanant de l'officier de l'état civil pose des problèmes de preuve de l'existence des mariages coutumiers non constatés.

En effet, selon l'article 29 du Code de la famille, l'état des personnes n'est établi et ne peut être prouvé que par les actes de l'état civil. La preuve du mariage n'échappe pas à la règle. D'ailleurs, l'article 168 alinéa 2 du code de la famille oblige l'époux demandeur en divorce ou en séparation de corps de produire un acte de mariage constatant l'union. La Cour suprême a eu à adopter une attitude très ferme quant au respect de cette formalité. Elle a eu à dégager sa position dans un arrêt du 20 mars 1979. La Cour a cassé la décision des juges du fond en rappelant que la preuve du mariage doit se faire obligatoirement par écrit, soit en produisant l'acte de mariage, soit en accomplissant les formalités de l'article 87 du code de la famille.

Cette solution, sans doute conforme à la législation alors en vigueur, était cependant trop rigide. C'est la raison pour laquelle la loi 79-31 du 29/11/1979 complétant l'article 633 du Code de la famille au titre des mesures transitoires est intervenue pour alléger la preuve du mariage coutumier non constaté.

La loi de 1979 prévoit une dispense de produire l'acte de mariage lorsque trois conditions sont réunies. Il faut d'abord que la question de preuve du mariage soit soulevée à l'occasion d'une procédure en divorce ou en séparation de corps. Il faut ensuite que les époux allèguent qu'aucun acte n'a été dressé de leur union célébrée en la forme coutumière. Il faut enfin, que la célébration coutumière du mariage ait été faite avant l'entrée en vigueur du Code de la famille (art. 833 al.6 C.F.). Cette dernière condition limite considérablement le domaine ratione materia de la loi de 1979. En effet, tous les mariages célébrés après l'entrée en vigueur du code de la famille doivent être prouvés, par un acte de mariage conformément à l'article 168 alinéa 2 du code de la famille qui oblige l'époux demandeur en divorce ou en séparation de corps de produire l'acte de mariage. Il s'ensuit que, lorsque le mariage n'a fait l'objet d'aucun enregistrement à l'état civil, les époux ou l'époux demandeur doit initier la procédure de jugement d'autorisation d'inscription du mariage sur les registres de l'état civil, conformément à l'article 87 du code de la famille. C'est le tribunal du lieu où le mariage a été conclu coutumièrement l'inscription du mariage. Il s'agit très souvent du tribunal saisi de la demande en divorce.

Lorsque les conditions sont réunies, la preuve du mariage se fait suivant une procédure également prévue par la loi. Si les époux comparaissent devant le juge pour faire constater leur divorce ou séparation de corps par le consentement mutuel, le juge du tribunal départemental fait préciser la date et les modalités du mariage (art. 833 al. 7 C.F). En cas de divorce ou de séparation de corps contentieux, les époux sont, au cours de la tentative de conciliation, invités à préciser la date et les modalités de leur mariage (art. 833 al. 8 C.F). Lorsque les époux ont fait des déclarations concordantes, il leur en est donné acte (art. 833 al. 9 C.F.).

Si l'époux défendeur conteste l'existence du mariage allégué par le demandeur, ce dernier est renvoyé à se pourvoir devant le tribunal régional compétent pour connaître de la question préjudicielle (art.833 al. 10 C.F.).

Lorsque l'époux défendeur est défaillant, le demandeur doit justifier de ses allégations en établissant sa possession d'état de conjoint par enquête diligentée devant le juge du Tribunal départemental saisi de la demande en divorce ou en séparation de corps (art. 833 al. 11 C.F.)

- **Sanction de l'absence de constatation du mariage coutumier**

Le mariage coutumier non constaté n'est pas nul. Il est seulement inopposable à l'État, aux collectivités publiques, aux établissements publics ou privés auprès desquels les époux ne peuvent revendiquer des avantages familiaux (art. 146 al. 1er C.F.).

En outre, l'inobservation des formalités des articles 125 à 130, sans motif estimé valable par le juge, est passible d'une condamnation à une amende de 3.000 à 18.000 F. L'épouse n'a par exemple pas droit à la pension de réversion en cas de décès de son conjoint travailleur.

PARAGRAPHE II : SANCTION DES RÈGLES DE FORMATION DU MARIAGE : LES NULLITÉS DU MARIAGE

Les sanctions pénales *amende et emprisonnement pour bigamie ou adultère* ne seront pas étudiées ici. Seules les sanctions civiles seront envisagées. Celles-ci peuvent revêtir la forme préventive ou répressive. Les sanctions préventives sont surtout les oppositions. La loi prévoit que certaines personnes peuvent, dans certains cas, faire opposition au mariage ; ce qui a alors pour effet d'empêcher l'officier de l'état civil de procéder à la célébration du mariage tant que n'interviendra pas une main levée de cette opposition. Les hypothèses dans lesquelles une opposition peut être effectuée sont celles prévues par les articles 107, 109 et 113 du Code de la famille. Il s'agit de la non-restitution du cadeau de mariage par la fiancée lorsque celle-ci rompt les fiançailles sans motif légitime de l'absence de consentement des parents au mariage de leur enfant mineur, du cas ou l'époux se remarie alors qu'il n'y avait pas droit à cause de l'existence d'un lien matrimonial antérieur non dissout. Il s'agit enfin des empêchements à mariage pour cause d'alliance ou de parenté.

Quant aux sanctions répressives qui retiendront davantage notre attention, elles sont constituées par la nullité du mariage que le législateur a minutieusement réglementée en déterminant ses causes (A), son régime juridique (B) et ses effets (C).

I : Les causes de nullité

Le Code de la famille prévoit des causes de nullité relative et des causes de nullité absolue.

1°) Les nullités relatives

Comme en droit commun, ce sont des nullités d'intérêt privé, des nullités de protection, l'ordre public n'étant pas vraiment intéressé.

Les cas de nullité relative sont énumérés dans l'article 138 du Code de la famille. Ils sont au nombre de cinq. Il s'agit du vice du consentement de l'un des conjoints, du défaut d'autorisation familiale lorsque l'époux est mineur, du non-paiement de la dot exigible à la conclusion du mariage lorsque les époux ont convenu d'en faire une condition de validité de leur union, de l'impuissance du mari, de la maladie grave et incurable rendant la cohabitation préjudiciable lorsque le conjoint l'a sciemment dissimulé au moment du mariage.

2°) Les nullités absolues

Ce sont des nullités d'ordre public. Leur fondement est la nécessité de sauvegarder l'institution du mariage. Selon l'article 141 du Code de la famille, la nullité absolue est requise dans 6 cas :

1° - Lorsque le mariage a été contracté sans le consentement de l'un des époux.

2° - Lorsque les conjoints ne sont pas de sexe différent.

3° - Lorsque l'un des conjoints n'avait pas l'âge requis, en l'absence de dispense.

4° - Lorsqu'il existe entre les conjoints un lien de parenté ou d'alliance prohibant le mariage.

5° - Lorsque la femme était dans les liens d'une union antérieure non dissoute.

6° - Lorsque le mari ne pouvait plus contracter une nouvelle union en raison de son option de statut conjugal.

II : Le régime juridique des nullités

1°) Régime des nullités relatives

1. Personnes pouvant demander la nullité

Aux termes de l'article 139 du Code de la famille, l'action en nullité appartient :

1° - À celui des époux dont le consentement a été vicié ;

2° - En cas de défaut d'autorisation familiale, à celui dont le consentement était requis ou à l'époux qui avait besoin de ce consentement (*soit aux parents, soit à l'époux mineur*) ;

3° - A la femme en cas de non-paiement de la portion exigible de la dot ou d'impuissance du mari.

4° - Au conjoint de l'époux atteint de maladie grave et incurable.

2. Les fins de non-recevoir

L'action en nullité cesse d'être recevable :

1° - *Pour vice de consentement*, lorsqu'il y a eu cohabitation pendant 6 mois depuis que l'époux a acquis sa pleine liberté ou que par lui l'erreur a été reconnue ;

2° - *Pour défaut d'autorisation familiale*, lorsque le mariage a été approuvé expressément ou tacitement par celui dont le consentement était nécessaire ou lorsque celui-ci, avant la majorité de l'époux, a laissé s'écouler une année sans exercer l'action alors qu'il avait connaissance du mariage, ou enfin, si l'époux a atteint 22 ans révolus sans avoir fait de réclamation.

3° - *En cas d'impuissance du mari* ou de *dissimulation de la maladie grave et* incurable de l'un des conjoints, lorsque la cohabitation s'est poursuivie pendant plus d'un an.

2°) Régime des nullités absolues

1. Personnes pouvant agir en nullité

L'action en nullité appartient aux époux eux-mêmes, à toute personne qui y a intérêt et au ministère public mais uniquement du vivant des deux époux (art. 142 et suivants).

2. Fins de non-recevoir

En droit commun, les nullités absolues, contrairement aux nullités relatives ne peuvent faire l'objet de confirmation.

Le même principe est appliqué en matière de mariage ; c'est ce que prévoit l'article 142 al. 5 du code de la famille.

Cependant, la loi admet un certain nombre de faits confirmatifs dont la conséquence est la régularisation du mariage nul. Ces exceptions aux règles de droit commun sont au nombre de deux (2).

D'abord, dans l'hypothèse où l'action en nullité est fondée sur l'existence d'un mariage antérieur non encore dissout, lorsque l'un des époux ou ses ayants-cause invoquent la nullité de cette précédente union, il sera préalablement statué sur la validité ou non de ce mariage (art. 142 al. 3). Il s'ensuit que lorsque le précédent mariage est déclaré nul, le nouveau mariage ne saurait être attaqué pour nullité sur la base de l'existence d'un précédent mariage.

Ensuite, lorsque l'un des époux n'avait pas l'âge requis, la nullité ne peut être invoquée après qu'il ait atteint cet âge ou lorsque la femme a conçu (art. 142 al. 4 C.F.)

III : Les effets de l'annulation

En principe, l'annulation d'un acte juridique a pour conséquence non seulement d'y mettre fin pour l'avenir, mais encore de l'abolir jusque dans son passé. Cependant, les conséquences de ce principe sont tellement graves en matière de mariage que le législateur sénégalais l'a écarté, fixant autrement le point de départ des effets de l'annulation. Cette question est essentielle s'agissant d'une étude des effets de la nullité du mariage. La règle est plutôt celle de la non-rétroactivité. Cependant, le législateur apporte quelques dérogations au principe.

1°) Le principe de la non-rétroactivité de la nullité du mariage

Le principe de la non-rétroactivité est posé par l'article 144 al. 1er selon lequel le mariage nul produit ses effets, comme s'il avait été valable jusqu'au jour où la décision prononçant la nullité est devenue définitive. Il est réputé dissout à compter de ce jour.

L'annulation agit donc de la même manière que le divorce ou le décès de l'un des conjoints. L'annulation n'a aucun effet sur les situations passées. Elle n'opère que pour l'avenir.

Quant à l'application du principe de non-rétroactivité de la nullité du mariage, elle s'observe à travers l'institution du mariage putatif, à travers le maintien intégral des effets du mariage vis-à-vis des enfants et, enfin, en ce qui concerne les biens des époux.

1. Le bénéfice de la putativité en faveur des époux de bonne foi

Le mariage qui a été déclaré nul produit néanmoins ses effets à l'égard des époux lorsqu'il a été contracté de bonne foi, c'est-à-dire lorsque les époux ou l'un d'eux, ignorant la cause de nullité, ont cru, lors de la célébration, à sa validité.

C'est la théorie du mariage putatif que le législateur sénégalais consacre dans l'article 145 du Code de la famille. Cette théorie, héritée du droit canonique et admise par le Code civil français, permet de considérer que le mariage, bien que nul, est réputé valable dans le passé, lorsque les époux ou l'un deux, ont cru à la validité du mariage, ignorant la cause de nullité.

Le bénéfice de la putativité est réservé à l'époux de bonne foi. Si les deux époux sont de bonne foi, ils conservent l'un et l'autre le bénéfice des effets que le mariage a produit dans le passé et jusqu'au jour où la décision d'annulation est devenue définitive. L'institution du mariage putatif par exemple permet au conjoint survivant d'hériter en raison de sa bonne foi.

Lorsque l'un seul des époux est de bonne foi, lui seul peut bénéficier des effets de la putativité.

2. Bénéfice de la non-rétroactivité en faveur des enfants

Le mariage déclaré putatif, même lorsqu'il a été annulé, produit ses effets à l'égard des enfants. Ceux-ci conservent donc le bénéfice de la légitimité ou celui de la légitimation. L'annulation ne conduit à aucun changement dans la situation des enfants.

Le maintien des effets du mariage à l'égard des enfants joue dans tous les cas et n'est subordonné ni à la bonne foi ni à la mauvaise foi des époux.

3. La non-rétroactivité appliquée aux biens des époux

Selon l'article 145 al. 3 du Code de la famille, en ce qui concerne les biens, la dissolution remonte quant à ses effets entre les époux au jour de la demande ; elle n'est opposable aux tiers que du jour de l'accomplissement des formalités de transcription du jugement d'annulation.

2°) Dérogation au principe de la non-rétroactivité

1. Validité du nouveau mariage célébré avant l'annulation du mariage irrégulier

L'article 143 al. 2 admet la validité d'un nouveau mariage célébré avant le jugement d'annulation du précédent mariage. Tout se passe donc comme si le mariage annulé n'avait pas eu lieu. Dans cette hypothèse, la nullité a donc un effet rétroactif.

2. La mauvaise foi de l'un ou des deux époux

Lorsque les deux époux sont déclarés de mauvaise foi, le mariage est réputé n'avoir jamais existé, tant dans les rapports des époux entre eux que dans leur rapports avec les tiers (art. 145 al. 2 C.F.)

SECTION III : LES EFFETS DU MARIAGE

Le mariage entraîne des effets patrimoniaux et des effets extrapatrimoniaux. Seuls les effets extrapatrimoniaux seront étudiés envisagés dans cet ouvrage.

Les effets extrapatrimoniaux du mariage sont déterminés par les articles 148 à 156 du Code de la famille. Ces dispositions sont applicables à tous les époux quelle que soit la forme de célébration du mariage qu'ils ont adoptée. C'est une sorte de régime primaire.

Les effets civils du mariage comportent des droits et devoirs réciproques des époux et des droits et devoirs particuliers au mari.

PARAGRAPHE I : DROITS ET DEVOIRS RÉCIPROQUES DES ÉPOUX

La cohabitation, la fidélité, le secours et l'assistance sont des obligations mutuelles que le mariage fait naître entre les époux.

Réciproques, ces devoirs pèsent sur les deux époux qui s'engagent l'un envers l'autre.

I : La cohabitation

1°) Objet du devoir de cohabitation

Il relève de l'article 149 du Code de la famille que le devoir de cohabitation comporte une obligation de communauté de vie. Celle-ci comprend plusieurs éléments. D'abord, la communauté de vie inclut la communauté d'habitation. Les époux doivent vivre sous le même toit.

La communauté de vie est également une communauté de lit. Les époux sont tenus à un devoir conjugal. Chaque époux doit accepter d'entretenir des relations charnelles avec l'autre. L'abstention sexuelle est constitutive de faute, sauf si elle est médicalement justifiée. La violence sexuelle est bannie entre époux.

La communauté de vie doit être harmonieuse. C'est la raison pour laquelle l'article 149 al. 1er in fine du code de la famille invite les époux au respect et à l'affection.

La communauté de vie doit-elle être continue ? Autrement dit, doit-elle être observée à tout moment ? La réponse est certainement affirmative en cas de monogamie. Mais elle est négative en cas de polygamie. Dans cette dernière hypothèse, le mari doit partager le temps consacré à son obligation de communauté de vie entre plusieurs femmes. Ce partage doit se faire de façon égale entre toutes les épouses. C'est ce que prévoit l'alinéa 2 de l'article 149 qui exhorte l'homme à assurer une égalité de traitement à chacune des épouses. Cela signifie que toutes les épouses doivent avoir le même nombre de jours de communauté de vie avec leur mari ; par exemple, deux jours chez l'une, deux jours chez l'autre et ainsi de suite.

L'égalité de traitement signifie également que le mari doit respecter ses épouses de façon égale et avoir la même affection à leur égard.

2°) Limites de l'obligation de cohabitation

En principe, le devoir de cohabitation présente un caractère d'ordre public en ce sens que les époux sont tenus de le respecter et ne peuvent s'en affranchir. Les pactes de séparation doivent être considérés comme nuls.

Cependant, en cas de crise dans le foyer, la force obligatoire du devoir de cohabitation peut céder. Celle-ci n'est alors plus absolue.

L'obligation de cohabitation cesse d'abord en cas de séparation légale. Il peut en être ainsi pendant l'instance en divorce ou en séparation de corps, lorsque le juge autorise les époux à vivre séparément (art. 168 al. 3 C.F.). Il en est ainsi également après le jugement de séparation de corps (art. 181 al. 1er C.F.).

L'obligation de cohabitation peut également cesser lorsque la résidence fixée par le mari présentant des dangers pour la famille, la femme obtient l'autorisation d'avoir pour elle et ses enfants une résidence séparée de celle de son mari (art. 153 al. 2 C.F.).

II : La fidélité

Les époux se doivent mutuellement fidélité (art. 150 C.F.). La loi exige donc de l'homme et de la femme la même fidélité. Elle n'a cependant pas défini le terme fidélité qu'il convient d'expliciter avant de préciser les sanctions de l'absence de fidélité.

1°) Notion de fidélité

La fidélité présente un caractère négatif. Elle implique l'interdiction d'avoir des relations sexuelles avec une personne autre que son conjoint. De telles relations seraient constitutives du délit d'adultère.

2°) Sanction du devoir de fidélité en matière civile

La sanction principale de l'infidélité d'un conjoint est le divorce. L'adultère est expressément prévu parmi les causes de divorce (art. 166 C.F.).

III : Le devoir de secours et d'assistance

Les époux ont le devoir de s'entraider. C'est ce qui se dégage de l'article 151 du Code de la famille selon lequel, les époux se doivent soins et assistance réciproques pour la sauvegarde des intérêts moraux et matériels du ménage et des enfants.

1°) Le devoir de secours

Le devoir du secours peut être défini comme l'obligation réciproque de se fournir les ressources nécessaires à l'existence. C'est une application de l'obligation alimentaire entre époux. C'est une manifestation de la solidarité entre époux. Le devoir de secours présente un caractère pécuniaire. C'est ce qui fait la différence entre le devoir de secours et celui d'assistance.

2°) Le devoir d'assistance

Le devoir d'assistance, contrairement au devoir de secours, a un caractère extra-pécuniaire. Il constitue le devoir moral d'assister son conjoint dans les difficultés de la vie. Il a trait aux soins personnels rendus nécessaires par l'état de chacun des conjoints en raison de son âge, de sa santé, en somme, du poids de la vie.

L'exécution du devoir d'assistance suppose la communauté de vie. En l'absence de celle-ci, le devoir d'assistance se traduit sous la forme d'une aide pécuniaire. Il se ramène à la prise en charge des frais de traitement du conjoint malade et se transforme en devoir de secours.

3°) Les sanctions du devoir de secours et d'assistance

L'inexécution du devoir de secours et d'assistance peut constituer une faute cause de divorce ou de séparation de corps. Une précision s'impose cependant. L'article 166 du code de la famille relatif aux causes de divorce n'envisage que le défaut de la femme par le mari. L'hypothèse inverse n'est pas retenue.

L'inexécution du devoir de secours et d'assistance peut également entraîner une condamnation de l'époux coupable à des dommages-intérêts.

Sur le plan pénal, la violation du devoir de secours et d'assistance peut être constitutive du délit d'abandon de famille.

PARAGRAPHE II : LA CONTRIBUTION DES ÉPOUX AUX CHARGES DU MÉNAGE

Chacun des époux est en principe tenu de participer aux charges du ménage. L'article 375 du code de la famille dispose que « les époux s'engagent entre eux et à l'égard des tiers à pourvoir à l'entretien du ménage… ». Les charges du ménage sont constituées par l'ensemble des dépenses nécessaires à la vie du ménage (nourriture, vêtements, entretien et éducation des enfants, entretien de la maison, etc.). L'alinéa 2 de l'article 375 précise la part contributive de chacun des époux en édictant que les charges du ménage incombent à titre principal au mari.

PARAGRAPHE III : DROITS ET DEVOIRS PARTICULIERS DU MARI

Le Code sénégalais de la famille investit le mari d'un certain nombre de prérogatives non reconnues à la femme.

I : La puissance maritale

Le mari est le chef de la famille. Il exerce ce pouvoir dans l'intérêt commun du ménage et des enfants (art. 152 C.F.).

Sur le plan juridique, cela signifie que le mari a une certaine prééminence et un pouvoir de décision en ce qui concerne les intérêts communs du ménage et des enfants. La puissance maritale est donc une fonction que l'homme exerce sous une double limitation.

D'abord, la femme participe à la direction morale et matérielle de la famille ; elle pourvoit à son entretien dans la mesure de ses possibilités et s'occupe de l'éducation des enfants.

En outre, la puissance maritale devant être exercée dans l'intérêt du ménage et des enfants, sa mise en œuvre n'est donc pas discrétionnaire.

Le pouvoir du mari peut donc être remis en cause lorsque son exercice n'est pas justifié par l'intérêt du ménage et des enfants. Tout abus du mari peut d'ailleurs être une cause de divorce ou de séparation de corps.

II : Le choix de la résidence du ménage

1°) Le choix de la résidence du ménage : une prérogative maritale

Il appartient au mari de choisir la résidence du ménage. La femme est tenue d'y habiter avec son mari qui est lui-même tenu de l'y recevoir (art. 153 al. 1er C.F.). Le principe n'est donc pas le choix d'un commun accord. Mais dans la pratique, rien n'empêche que les époux choisissent ensemble leur résidence commune. Une réforme du code de la famille dans ce sens est souhaitée.

2°) Limites

Le principe du choix unilatéral de la résidence comporte des limites. En effet, la femme peut exceptionnellement demander au juge l'autorisation d'avoir pour elle et ses enfants une autre résidence fixée par le juge lorsque celle prévue par le mari présente pour la famille des dangers d'ordre physique ou d'ordre moral (art. 153 al. 2 C.F.).

CHAPITRE II

LA FILIATION

La famille se développe grâce à la filiation qui est le lien de droit entre le père ou la mère d'une part, et l'enfant d'autre part. Il existe aujourd'hui trois types de filiation.

D'abord, la filiation d'origine également appelée filiation biologique ou filiation par le sang.

Il existe en second lieu une filiation fictive ou d'imitation ; c'est la filiation adoptive qui rattache un enfant (enfant adoptif ou adopté) à une ou deux personnes (adoptants) par l'effet d'une décision de justice.

Il existe, enfin, une filiation issue de la procréation artificielle. Elle résulte chez la femme d'une intervention médicale d'insémination avec du sperme humain ou d'une implantation d'un œuf fécondé en laboratoire avec le sperme de l'homme et un ovule de la femme.

Seuls les deux premiers types de filiation sont réglementés en droit sénégalais à l'exclusion du troisième. Nos développements porteront donc sur la filiation d'origine (Section I), la filiation adoptive (Section II) et les relations parents/enfants : la puissance paternelle (Section III).

SECTION I : LA FILIATION D'ORIGINE

Il existe deux types de filiation d'origine ou filiation par le sang. Il s'agit de la filiation légitime et de la filiation naturelle.

La *filiation légitime* implique en principe que le père et la mère de l'enfant étaient mariés au moment de la conception de cet enfant ou, du moins au moment de sa naissance.

On parle, au contraire, de ***filiation naturelle*** lorsque les père et mère de l'enfant ne sont pas mariés l'un avec l'autre. Il existe trois catégories de filiation naturelle :

1. - La filiation naturelle est dite simple lorsque l'enfant est issu des relations charnelles de deux personnes qui ne sont pas mariées, mais entre lesquelles le mariage était théoriquement possible.

2. - La filiation est dite adultérine lorsque l'un des parents de l'enfant était, au moment de la conception, engagé dans les liens du mariage avec une autre personne.

3. - Enfin, la filiation est incestueuse lorsque l'enfant est issu de relations de personnes entre lesquelles le mariage était impossible en raison d'un rapport de parenté ou d'alliance.

Précisons que les deux catégories de filiation légitime et de filiation naturelle ne sont pas infranchissables. Un enfant légitime peut devenir naturel par la voie de l'action en désaveu de paternité par exemple. De même, un enfant naturel peut devenir légitime par la voie de la légitimation par autorité de justice. La filiation obéit à un système de preuve restrictif. Elle n'est pas soumise à la liberté de preuve.

LECTURES

Sur la filiation, voir : Lamine SIDIME : « L'établissement de la filiation en droit sénégalais depuis le code de la famille » - thèse, Dakar, 1980. La Filiation en droit sénégalais » ouvrage collectif ; ed. Economica 1985.

PARAGRAPHE I : LA FILIATION LÉGITIME

Les enfants qui naissent dans le mariage sont légitimes. Ils sont rattachés à leur mère par la maternité légitime et à leur père par la paternité légitime. L'établissement de la filiation légitime suppose rapporter la preuve de la maternité légitime et celle de la paternité légitime. Mais la filiation maternelle et la filiation paternelle se prouvent différemment malgré le caractère indivisible de la filiation légitime. L'indivisibilité de la filiation signifie que dès l'instant où l'on est enfant légitime d'une mère mariée, on est l'enfant du mari de cette femme.

I : L'établissement de la maternité légitime

La maternité légitime pose essentiellement un problème de preuve. Cette preuve comporte deux éléments.

D'abord, il faut établir que la prétendue mère a mis au monde un enfant. C'est la preuve de l'accouchement. En principe, la maternité se prouve par l'accouchement (art. 189 C.F.). Ensuite, il faut démontrer que l'enfant en question est bien l'enfant dont la mère prétendue a accouché. C'est la preuve de l'identité.

La détermination des modes de preuve (A) ainsi que des actions en justice permettant de les mettre en œuvre (B) constituent les deux questions essentielles que pose la maternité au point de vue juridique.

1°) Les modes de preuve de la maternité légitime

Selon l'article 197 du Code de la famille, la filiation maternelle se prouve par les actes de l'état civil. À défaut d'acte, la possession d'état d'enfant légitime de sa mère est admise.

1. La preuve par les actes de l'état civil

L'acte de naissance est le mode normal de preuve de l'accouchement. Il doit remplir un certain nombre de conditions qui déterminent sa force probante. Quelle est sa force probante ?

- **Conditions que doit remplir l'acte de naissance**

Il suffit que le nom de la mère soit indiqué dans l'acte de naissance pour que la filiation maternelle soit établie (art. 190 al. 1er C.F.). Lorsque le nom de la mère n'est pas indiqué dans l'acte de naissance de l'enfant, celui-ci peut être reconnu par une autre personne (art. 190 al.2 C.F.), spécialement une femme.

- **Force probante de l'acte de naissance**

Souvent, la prétendue mère n'est pas l'auteur de la déclaration. De fausses déclarations peuvent avoir été faites. Pour parer à toute éventualité, la loi offre à la femme dont le nom est indiqué dans l'acte, la possibilité de contester la maternité déclarée.

2. La preuve par la possession d'état

Selon l'article 197 al. 2 du Code de la famille. Lorsqu'un acte de naissance ne peut être produit, la possession constante de l'état d'enfant peut suffire à établir la filiation.

La possession d'état est donc une preuve subsidiaire qui ne joue qu'à défaut d'acte de naissance. La possession d'état prouve non seulement l'accouchement de la mère, mais encore l'identité de l'enfant. C'est donc une preuve plus complète que celle qui résulte de l'acte de naissance.

La combinaison des articles 198 et 199 du Code de la famille permet de dégager les éléments constitutifs de la possession d'état, ses qualités et son mode de preuve.

- **Éléments constitutifs de la possession d'état**

La possession d'état est constituée par « une réunion suffisante de faits qui indiquent le rapport de filiation et de parenté entre un enfant et la famille à laquelle il prétend appartenir « (art. 198 C.F.).

Parmi les faits qui caractérisent la possession d'état, l'article 199 du Code de la famille cite en premier lieu le traitement par la famille vis-à-vis de l'enfant, traitement qui traduit un comportement révélateur du lieu de filiation et, en deuxième lieu, la renommée, c'est-à-dire la reconnaissance du lien par l'entourage familial et social.

On observe que le législateur sénégalais ne cite pas le nom que porte l'enfant parmi les faits révélateurs de la possession d'état. Cette solution se justifie par le fait que, l'enfant légitime porte le nom de son père et non celui de sa mère.

- **Les qualités de la possession d'état**

La possession d'état doit être constante. C'est ce qui relève de l'article 199 du Code de la famille. L'adjectif constant ne signifie pas ininterrompu. Il signifie avéré, être reconnu vrai. Pour ce faire, la possession d'état ne doit pas résulter d'un comportement passager. Des faits isolés ne sauraient constituer une possession d'état. Celle-ci suppose une certaine stabilité.

Le législateur sénégalais ne se prononce que sur la constance de la possession d'état. Il faudrait admettre cependant que celle-ci doit en outre, être certaine et établie.

- **Le mode de preuve de la possession d'état**

Selon l'article 198 al. 2 du Code de la famille, la possession d'état est prouvée et constatée par témoignage.

2°) Les actions en justice relatives à la filiation maternelle légitime

Les actions relatives à la maternité légitime sont des actions d'état soumises aux règles générales concernant ces actions.

Deux actions sont relatives à la maternité légitime : l'action en contestation d'état et l'action en réclamation d'état.

1. L'action en contestation d'état

L'action en contestation de maternité légitime tend à enlever à l'enfant l'état d'enfant légitime qui lui est reconnu.

Le législateur sénégalais a prévu deux types d'actions en contestation de maternité. Il s'agit de l'action spéciale en contestation des articles 205 et 207 du Code de la famille et d'une action en contestation de droit commun.

- **L'action spéciale en contestation (art. 206 et 207 du C.F.)**

– **Cas d'ouverture de l'action**

Selon l'article 206 al.1er du Code de la famille, l'action est ouverte au profit de la femme qui est indiquée comme étant la mère d'un enfant, dans l'acte de naissance de ce dernier, alors qu'elle n'a pas été l'auteur de la déclaration.

– **Mode de preuve prévu pour l'action spéciale en contestation**

Il s'agit de prouver que la femme dont le nom est indiqué dans l'acte de naissance de l'enfant n'a pas accouché de cet enfant (article 206 al. 2 C.F.)

Cette preuve se fait par tous moyens (art.206 al. 3 C.F.)

– **Les parties à l'action**

Cette action spéciale en contestation de maternité appartient à la femme indiquée comme la mère de l'enfant dans l'acte de ce dernier.

Les héritiers de cette femme peuvent également intenter l'action.

L'action est dirigée contre l'enfant qui voit sa filiation maternelle remise en cause par sa prétendue mère.

– **Les fins de non-recevoir**

L'action spéciale en contestation est irrecevable à l'égard de l'enfant qui a une possession d'état conforme à son acte de naissance (art. 207 C.F)

L'action n'est donc recevable que dans le cas où l'enfant a un acte de naissance mais n'a pas une possession d'état caractérisée.

▪ **L'action en contestation de droit commun (art. 214 et 214 C.F.)**

– **Cas d'ouverture**

Cette action en contestation de droit commun est ouverte dans tous les cas où la possession d'état n'est pas conforme au titre de naissance (art. 214 al. 1er C.F.).

– **Les parties à l'action**

L'action appartient à toute personne y ayant intérêt (art. 214 al. 1er C.F.).

L'action est d'abord dirigée contre l'enfant lui-même. Mais l'article 214 al. 2 du Code de la famille précise que lorsque l'énonciation du nom de la mère portée à l'acte de naissance est contestée, la personne dont le nom est ainsi indiqué est obligatoirement mise en cause ou, à défaut, ses héritiers.

– **Fins de non-recevoir**

L'action en contestation de droit commun est irrecevable lorsque l'enfant a une possession d'état conforme à son titre de naissance (art. 213 C.F.).

2. L'action en réclamation de filiation maternelle légitime

L'action en réclamation est celle par laquelle un enfant se prétendant issu d'une femme mariée, revendique en justice l'état d'enfant légitime de cette femme.

- **Cas d'ouverture de l'action en réclamation d'état**

L'action en réclamation d'état est ouverte dans des hypothèses où la situation de l'enfant est plus ou moins fragile.

Il en est ainsi lorsque l'enfant n'a pas de titre de naissance et une possession d'état constante, lorsque l'enfant a été inscrit soit sous un faux nom, soit né d'une mère inconnue ou d'une femme qui conteste être sa mère.

- **Preuve de l'action en réclamation de filiation légitime**

La preuve de la filiation maternelle peut se faire par témoignage (art. 209 al. 1 in fine C.F.).

Cependant, selon l'alinéa 2 de l'article 209 du Code de la famille, la preuve par témoignage ne peut être admise que dans deux hypothèses :

1re hypothèse : Il existe un commencement de preuve par écrit : titres de famille, registres, papiers domestiques, tous autres écrits publics ou privés (par exemple des lettres missives) ;

2e hypothèse : Il existe des présomptions et indices graves rendant vraisemblable la maternité de la mère prétendue. Ce peut être par exemple une forte ressemblance physique entre l'enfant et sa mère.

Dans tous les cas, lorsqu'une action en réclamation d'état d'enfant légitime est intentée, la preuve contraire peut être apportée pour établir que l'enfant qui réclame la maternité légitime n'est pas l'enfant de la mère qu'il prétend avoir. Cette preuve contraire peut se faire par tous moyens.

- **Les parties à l'action**

L'action appartient d'abord à l'enfant ou à son représentant légal pendant sa minorité.

Les héritiers de l'enfant peuvent poursuivre l'action lorsqu'elle a été engagée par l'enfant, à moins que l'enfant ne s'en soit désisté formellement ou qu'il ait laissé périmer l'instance (art. 210 al. 3 C.F.).

Les héritiers peuvent également exercer l'action lorsque l'enfant est décédé mineur ou dans les cinq années après sa majorité, sans avoir exercé l'action (art. 210 al.2 C.F.)

2ann **L'établissement de la paternité légitime**

La preuve de la paternité légitime n'est pas directe. La loi établit une présomption. La preuve de la paternité résulte indirectement de celle de la maternité. Le père de l'enfant d'une femme mariée est le mari de la mère. C'est la règle « **Pater is quem nuptiae demonstrant** ».

À côté de la présomption de paternité, la possession d'état constitue un mode subsidiaire de preuve de la paternité légitime.

Enfin, des actions en justice peuvent être intentées soit pour contester la paternité légitime soit pour la réclamer.

1°) La présomption de paternité

La présomption de paternité a un domaine normal d'application : elle s'applique d'une manière générale aux enfants conçus pendant le mariage. Cependant, il arrive que la présomption joue même lorsque les enfants n'ont pas été conçus dans le mariage. Le domaine de la présomption est alors étendu.

Enfin, dans d'autres hypothèses, bien que les enfants soient conçus dans le mariage, la présomption de paternité ne joue pas et son domaine est alors restreint.

1. Domaine normal d'application de la présomption de paternité

La présomption de paternité couvre les enfants conçus dans le mariage. Pour que l'enfant soit légitime, il faut donc en principe prouver sa conception dans le mariage. Cependant, la date de la conception ne peut être fixée que de façon approximative.

À cet égard, le législateur a posé des présomptions sur la durée des grossesses. L'article 191 al. 1er du Code de la famille dispose que « *tout enfant né 180 jours après la célébration du mariage de sa mère et 300 jours au plus à compter de la dissolution de ce mariage est présumé avoir le mari pour père* ».

Les enfants nés dans ces délais sont donc réputés conçus pendant le mariage. Les 180 jours correspondent à la durée minimale de grossesse, tandis que les 300 jours correspondent à la durée maximale de grossesse.

2. Domaine d'extension de la présomption

Peuvent également bénéficier de la présomption de paternité les enfants nés hors des délais de la présomption de paternité.

L'article 192 al un du Code de la famille vise les enfants nés avant le 180e jour du mariage. Il s'agit donc des enfants conçus avant le mariage mais qui sont nés durant le mariage. Or, l'article 192 al. un du Code de la famille dispose que ces enfants ne peuvent être désavoués par le mari dans un certain nombre d'hypothèses. Il en est ainsi :

1. - lorsque le mari de la mère a eu connaissance de la grossesse avant le mariage ;

2. - lorsqu'il a assisté à l'établissement de l'acte de naissance et si cet acte est signé de lui ou contient sa déclaration qu'il ne sait pas signer ;

3. - si l'enfant n'est pas né vivant.

Ces enfants sont donc réputés légitimes dès leur conception.

En faisant bénéficier de la présomption de paternité les enfants conçus avant le mariage, le législateur sénégalais a eu le souci majeur était de protéger l'intérêt de l'enfant.

3. Domaine de restriction de la présomption de paternité

Dans trois hypothèses, l'enfant bien que conçu pendant le mariage, ne bénéficie pas de la présomption de paternité. Les deux premiers cas concernent les enfants conçus pendant des périodes de séparation de droit des époux et sont visés par l'article 192 du Code de la famille. Le troisième cas est tiré de la combinaison des articles 191 al.1er in fine et 112 al. 2 du Code de la Famille.

- **Cas des enfants conçus pendant des périodes de séparation de droit des époux**

Selon l'article 192 al. 2 du Code de la famille, la présomption de paternité ne s'applique pas :

1. - à l'enfant né plus de 300 jours après la dissolution du mariage ou après la date des dernières nouvelles en cas de présomption d'absence ;

2. - en cas de demande soit de divorce, soit de séparation de corps, à l'enfant né 300 jours après l'ordonnance ayant autorisé la résidence séparée et moins de 180 jours après le rejet définitif de la demande de divorce ou de séparation de corps, ou depuis la réconciliation.

En adoptant une telle solution, le législateur sénégalais cherche à consacrer la filiation véritable, la filiation réelle. En effet, dans les hypothèses visées par l'article 192 al. 2 du Code de la famille, il est pratiquement invraisemblable que l'enfant ait été conçu par le mari. L'enfant sera donc un enfant naturel de sa mère.

Cependant, l'exclusion de la présomption de paternité dans les hypothèses de l'article 192 al. 2 n'est pas toujours définitive. L'article 192 al. 2-2 in fine du Code de la famille prévoit que la présomption de paternité retrouve son plein effet lorsqu'il y a réunion de fait entre les époux. Le bonheur est si prêt ! Les époux se retrouvent parfois et acceptent la force de la tentation.

- **Cas de l'enfant né après l'observation des délais de viduité abrégés (art. 112 al.2 C.F.)**

Ce cas est prévu par l'article 191 du code de la famille relatif à la présomption de paternité.

Nous avons vu que le délai de viduité était de 300 jours à compter de la dissolution du précédent mariage. Mais ce délai pouvait, en application de l'article 112 al. 2 du code de la famille, être limité à trois mois en cas de dissolution du mariage par le divorce ou par annulation du mariage, et à quatre mois et dix jours en cas de décès du mari. L'article 191 du code de la famille prévoit parmi les restrictions à la présomption de paternité, le cas de l'enfant né après l'observation des délais de viduité abrégé. Cet enfant ne bénéficie pas de la présomption de paternité.

2°) La possession d'état, preuve de la paternité légitime

Sur cette question, il faut noter la modification apportée à l'article 200 du Code de la famille par la loi du 17 janvier 1989.

L'ancien article 200 du Code de la famille comportait un alinéa 1er selon lequel, « Pour l'établissement de la filiation paternelle, la possession d'état ne peut être invoquée qu'après production de l'acte de mariage du père prétendu et de la mère. »

Cet alinéa a aujourd'hui disparu de l'article 200 du Code de la famille qui dispose tout simplement que : « *La possession d'état à l'égard du père légitime est établie en prouvant que constamment :*

l'enfant a toujours porté le nom du père dont il prétend descendre;

le père l'a traité comme son enfant et a pourvu, en cette qualité, à son éducation, son entretien et son établissement;

il a été reconnu pour tel par la société;

il a été traité comme tel par la famille.

L'article 200 du code de la famille établit donc un certain nombre de faits qui établissent la présomption de paternité. L'enfant est considéré comme un enfant légitime lorsque sont réunis trois éléments :

Il s'agit d'abord du « nomen » c'est-à-dire le fait de porter le nom qui correspond à celui de la personne dont ou prétend être issu, donc le nom du père légitime.

Il s'agit ensuite du tractatus c'est-à-dire le traitement ou le comportement des parents apparents. C'est le fait, pour des parents, de traiter l'intéressé comme leur enfant et d'être traité par ce dernier comme les père et mère. L'entretien, l'éducation, l'hébergement, la garde, etc. entrent dans le traitement.

Le troisième élément est la « fama » c'est-à-dire la renommée, le traitement social, la façon dont l'enfant est considéré par la famille et par la société (le quartier, l'entourage, etc.). La possession d'état est un ensemble d'indices. Elle doit être continue, c'est-à-dire suppose une certaine durée. La possession d'état se prouve et se constate par témoignage (art. 198 al. 2 C. F). La possession d'état d'enfant légitime est écartée en l'absence de production de l'acte de mariage des parents (art. 200 al. 2 C.F.).

1°) Les actions relatives à l'existence de la paternité

Ces actions sont de trois ordres : l'action en désaveu de paternité, l'action en contestation de paternité et l'action en réclamation qui tente d'établir la paternité.

1. L'action en désaveu de paternité

L'action en désaveu de paternité peut être définie comme celle par laquelle le mari tend à faire retirer à l'enfant la qualité d'enfant légitime dont il bénéficiait.

Le législateur sénégalais a précisé les hypothèses dans lesquelles l'action en désaveu est ouverte, les délais pour agir et les parties à l'action.

- **Les cas de désaveu**

Selon l'article 203 du Code de la famille, le mari peut désavouer l'enfant conçu pendant le mariage :

1. - s'il prouve que pendant le temps qui a couru depuis le 300e jour jusqu'au 180e jour avant la naissance de cet enfant, il était dans l'impossibilité physique de cohabiter avec sa femme.

Il faut entendre par là une impossibilité absolue de rapports sexuels avec la femme ayant pour cause soit l'éloignement, soit l'impuissance accidentelle.

2. - Si, selon les données acquises de la science, l'examen des groupes sanguins ou l'incompatibilité des caractéristiques physiques de l'enfant avec les siennes propres, il est établi qu'il ne peut être son père.

Grâce aux progrès de la science, le mari peut donc faire perdre le bénéfice de la présomption de paternité à un enfant déclaré comme étant le sien.

3. - Enfin, le mari peut désavouer l'enfant par tous les moyens, si la femme lui a dissimulé la grossesse ou la naissance de l'enfant dans des conditions de nature à le faire douter gravement de sa paternité. Le recel de naissance est donc un cas de désaveu de paternité.

Le législateur sénégalais a précisé que l'adultère de l'épouse ne suffit pas pour ouvrir l'action en désaveu de paternité (art. 203 dernier alinéa C.F.).

- **Les délais pour agir**

Le délai est de 2 mois (art. 204 C.F.). Le point de départ est fixé à la naissance si le mari se trouvait sur les lieux à l'époque de la naissance. Autrement, le délai commence à courir après le retour du mari, si celui-ci était absent au moment de la naissance. Si la naissance a été cachée au mari, le délai commence à courir à partir de la découverte de la fraude. Enfin, si le mari est décédé avant d'avoir fait la réclamation, mais était encore dans le délai utile pour agir, les héritiers peuvent intenter l'action dans les deux mois à compter de l'époque où les héritiers seraient troublés par l'enfant.

- **Les parties à l'action**

Seul le mari peut désavouer un enfant de sa femme. Cependant, les héritiers sont habilités à exercer l'action lorsqu'ils sont troublés par l'enfant (art. 204 al. 3 C.F.).

L'action en désaveu est dirigée contre l'enfant lui-même lorsqu'il est majeur (art. 205 al. 3 C.F.).

Elle est dirigée contre la mère de l'enfant mineur. Lorsque celle-ci est décédée ou incapable, ou présumée absente, l'action est dirigée contre un tuteur ad hoc désigné à la requête du mari ou de ses héritiers par ordonnance du Président du tribunal régional de la résidence ou du lieu de naissance de l'enfant (art. 205 al. 1 C.F.).

2. L'action en contestation de paternité (*art. 209 al.5 C.F*)

Selon l'article 209 al. 5 du Code de la famille, la preuve contraire pourra se faire par tous moyens propres à établir que le réclamant n'est pas l'enfant de la mère qu'il prétend avoir ou même, la maternité prouvée, qu'il n'est par l'enfant du mari de la mère.

En permettant à la mère de se défendre par tous moyens, le législateur sénégalais permet au mari de prouver, également par tous moyens, que la maternité établie, il n'est pas le père de l'enfant.

3. L'action en réclamation d'état.

L'action en réclamation d'état tend à apporter la preuve d'un état d'enfant légitime. Elle suppose la démonstration préalable de la filiation maternelle et de la légitimité. Cette preuve est en même temps celle de la paternité légitime.

PARAGRAPHE II : LA FILIATION NATURELLE

L'établissement de la filiation naturelle est gouverné par un principe absolu, celui de la divisibilité de la filiation. Alors que dans la filiation légitime qui est indivisible, l'existence d'une filiation maternelle légitime entraîne systématiquement (*sauf quelques exceptions*) l'existence d'une filiation paternelle légitime, dans la filiation naturelle, chacune des filiations maternelle et paternelle doit être établie distinctement. Les deux liens maternel et paternel sont indépendants l'un de l'autre.

I : La **filiation naturelle maternelle**

Le mode d'établissement de la filiation naturelle maternelle est le même que celui de la filiation maternelle légitime[93].

Il existe cependant une spécificité s'agissant de la filiation maternelle naturelle. En effet, la reconnaissance est un mode d'établissement de la maternité qui n'est admis que dans l'hypothèse d'une filiation naturelle. Le rôle probatoire de la reconnaissance dans la filiation maternelle naturelle est consacré par l'article 190 al. 2 du Code de la famille qui dispose que « *l'enfant peut être reconnu lorsque le nom de la mère n'est pas indiqué sur son acte de naissance* ».

II : La **filiation naturelle paternelle**

Le mode normal d'établissement de la filiation naturelle paternelle est la reconnaissance volontaire de l'enfant par son père.

Cependant, à défaut de reconnaissance volontaire, la filiation paternelle peut être établie par voie judiciaire. La loi précise les enfants dont la filiation paternelle naturelle peut être établie.

---

[93] - Il convient donc de se reporter à ce qui a déjà été dit sur ce point. Voir supra.

1°) Enfants naturels dont la filiation peut être établie

En principe, tous les enfants naturels, quelles que soient les conditions de leur naissance, peuvent être reconnus.

Ce principe peut être dégagé de l'article 193 al. 1er du Code de la famille selon lequel : « *lorsqu'il n'est pas présumé issu du mari de sa mère, l'enfant peut être reconnu par son père* ». Sont concernés par le principe : tous les enfants naturels simples et tous les enfants adultérins.

Cependant, l'enfant né d'un commerce incestueux ne peut être reconnu par son père.

Il convient de faire remarquer que l'interdiction d'établir la filiation ne concerne que les enfants incestueux issus d'un inceste absolu, tel qu'aucune dispense pour le mariage n'est possible (ex. *inceste entre frère et sœur*). Au contraire, lorsqu'une dispense pour le mariage est possible, l'interdiction d'établir la filiation incestueuse est levée (art. 195 2e membre de phrase C.F.). C'est le cas du mariage entre beau-frère et belle-sœur lorsque l'union qui provoquait l'alliance a été dissoute par le décès.

2°) La reconnaissance, mode normal d'établissement de la filiation paternelle naturelle

La reconnaissance peut être définie comme une déclaration solennelle faite par un homme ou par une femme, qu'il est le père ou la mère d'un enfant naturel.

La reconnaissance est le mode d'établissement principal de la filiation naturelle. Il convient d'en préciser le régime juridique en analysant ses caractères, le moment où elle est faite, les formes qu'elle doit revêtir, les effets qu'elle entraîne et les contestations dont elle peut être l'objet.

1. Les caractères de la reconnaissance

- La reconnaissance est un acte de volonté libre. Elle ne peut être imposée à son auteur. Le refus de reconnaître un enfant naturel ne peut motiver la condamnation à des dommages-intérêts. En outre, la reconnaissance ne peut émaner que de la volonté de l'auteur de l'enfant. Elle ne peut se faire par voie de représentation.

- La reconnaissance est un acte de volonté unilatérale. La volonté de l'auteur de la reconnaissance suffit. Celle de l'enfant ne compte pas.

L'acte de reconnaissance est irrévocable. Une fois réalisé dans les conditions prévues par la loi, le déclarant ne peut revenir sur la reconnaissance qui a été faite.

2. Le moment de la reconnaissance

Selon l'article 193 du Code de la famille, la reconnaissance peut être faite après la naissance de l'enfant, ou même dès qu'il est conçu. C'est une déclaration faite à l'officier de l'état civil.

Le législateur sénégalais ne précise pas si la reconnaissance est possible après le décès de l'enfant. En France, la jurisprudence s'est prononcée dans un sens affirmatif (Cf. *Lyon, 26 février 1875, Sirey 1877.2.18*).

3. Effets de la reconnaissance

L'effet essentiel de la reconnaissance est d'établir la filiation naturelle de l'enfant qui en fait l'objet.

La reconnaissance ne permet d'établir que le seul lien de filiation entre l'enfant et l'auteur de la reconnaissance.

En outre, la reconnaissance est opposable à tous. Cela signifie que lorsque la reconnaissance est faite, la filiation est établie non seulement aux yeux de l'auteur de la reconnaissance, mais également de toute autre personne. Il s'ensuit que toute personne qui voudrait établir une filiation contraire doit d'abord obtenir l'annulation de la reconnaissance précédente.

Il convient de préciser que la reconnaissance ne constitue pas un état nouveau ; c'est un acte déclaratif d'un état préexistant.

Déclaratif, l'acte de reconnaissance est également rétroactif dans la mesure où la filiation établie produit ses effets non à partir de la reconnaissance, mais à partir de la naissance et même, en tenant compte de l'intérêt de l'enfant, à partir de la conception.

4. Les contestations de la reconnaissance

En tant qu'acte juridique, la reconnaissance peut être frappée de nullité lorsque les conditions de fond et de forme ne sont pas respectées. En tant qu'aveu, sa sincérité peut être remise en cause.

3°) Actions judiciaires relatives à la paternité naturelle

En principe, il est interdit de rechercher judiciairement la paternité naturelle, sauf dans quelques cas exceptionnels. À défaut d'établissement judiciaire de la paternité naturelle, le législateur sénégalais offre aux enfants nés hors mariage une voie de secours ***appelée action en indication de paternité***.

1. Prohibition de la recherche judiciaire de paternité naturelle

L'interdiction de la recherche de paternité est organisée par l'article 196 al. 1er du Code de la famille selon lequel : « *L'établissement de la filiation paternelle est interdit à tout enfant qui n'est pas présumé issu du mariage de sa mère ou n'a pas été volontairement reconnu par son père, à l'exception des cas prévus à l'article 211 du Code de la famille.* »

2. L'admission exceptionnelle de la recherche judiciaire de paternité naturelle

La possibilité d'établir de façon exceptionnelle la filiation paternelle naturelle est prévue par l'article 211 du Code de la famille dont le 1er alinéa déclare : « *Nonobstant l'interdiction édictée par l'article 198, l'enfant pourra établir sa filiation paternelle si le prétendu père a procédé ou fait procéder à son baptême ou lui a donné un prénom.*

En somme, la recherche de paternité naturelle est admise dans des hypothèses où le prétendu père a, par son attitude, implicitement reconnu l'enfant naturel. Le législateur sénégalais permet alors la constatation judiciaire d'une telle reconnaissance.

Le régime juridique de l'action en recherche de paternité est fixé par le législateur sénégalais qui organise la preuve de l'action et précise les parties à l'action.

- **La preuve de l'action en recherche de paternité naturelle**

– L'objet de la preuve

Selon l'alinéa 2 de l'article 211 du Code de la famille, la preuve portera sur le fait que le père prétendu a manifestement et ostensiblement procédé ou fait procéder au baptême ou imposé un prénom, en affirmant sa qualité de père. Il s'agit de prouver qu'il y a eu reconnaissance implicite de l'enfant par son père, par une sorte d'aveu de paternité.

– Mode de preuve

Cette preuve peut se faire par tous moyens. Un tempérament est cependant apporté au principe de la liberté de preuve.

En effet, ne peuvent être entendues comme témoins que les personnes ayant assisté au baptême ou à l'imposition du prénom.

La preuve contraire peut être rapportée par tous moyens que le père prétendu n'a pas assisté au baptême et n'a pas donné un prénom à l'enfant.

B3b.2 - **Les parties à l'action**

- **Le titulaire de l'action**

L'action en recherche de paternité naturelle appartient à l'enfant uniquement (art. 211 al. 1er C.F.).

L'action peut cependant être introduite par les héritiers de l'enfant lorsque celui-ci est décédé mineur ou dans les cinq années après sa majorité sans avoir réclamé sa qualité d'enfant naturel du père prétendu (art. 212 al. 2 C.F.).

Les héritiers peuvent également poursuivre l'action lorsqu'elle a été engagée par l'enfant, à moins que ce dernier ne s'en soit désisté formellement ou qu'il ait laissé périmer l'instance (art. 212 al. 3 C.F.).

– **Les défendeurs à l'action**

L'action est dirigée contre le père prétendu ou contre ses héritiers (art. 212 al. 1er C.F.).

3. L'action en indication de paternité

Selon l'article 215 du Code de la famille, « l'enfant dont la filiation paternelle n'est pas établie peut obtenir des aliments de celui qui sera indiqué comme son père par décision judiciaire.

Sans établir la filiation paternelle de l'enfant, la décision met l'obligation alimentaire *à la charge du père indiqué ; toutefois, celui-ci ne peut invoquer le bénéfice de la réciprocité ».*

Il relève de l'article 215 du Code de la famille, que l'action en indication de paternité n'est pas destinée à prouver la paternité du défendeur. Contrairement à l'action en recherche de paternité naturelle, l'action en indication de paternité n'est pas une action en établissement de filiation. Elle tend seulement à l'allocation d'aliments à l'enfant.

L'action est soumise à des conditions déterminées. Elle produit des effets qu'il convient de préciser.

– **Conditions de l'action**

Les parties à l'action *(art. 218 al. 2 C.F.)*

L'action n'appartient qu'à l'enfant. Pendant la minorité de l'enfant, la mère, même mineure, a seule qualité pour l'intenter. Si la mère est décédée, incapable ou présumée absente, l'action est introduite par la personne qui a la garde de l'enfant.

L'action est dirigée contre « le père » désigné ou ses héritiers.

Les cas d'ouverture de l'action

L'action en indication de paternité peut être intentée dans un certain nombre de cas déterminés par la loi.

Les hypothèses envisagées sont au nombre de 5 :

- *1er Cas* : lorsqu'il y a eu enlèvement ou viol ; lorsque l'époque de l'enlèvement ou du viol se rapporte à celle de la conception.

L'enlèvement et le viol sont des infractions dont la preuve peut être rapportée par tous moyens et résulte généralement de la condamnation pénale prononcée contre leur auteur. L'époque des faits doit coïncider avec la période légale de la conception.

- *2e Cas* : lorsqu'il y a eu séduction, abus d'autorité, promesse de mariage ou fiançailles. Ces différents faits doivent avoir déterminé les relations sexuelles entre la mère de l'enfant et l'homme contre qui est dirigée l'action alimentaire en indication de paternité.

Ces faits peuvent être prouvés par tous moyens.

- *3e* Cas : celui où il existe des lettres ou quelque autre écrit, émanant du père désigné et desquels il résulte une indication non équivoque de paternité. Il s'agit d'un cas d'aveu de paternité.

- *4e Cas* : celui où le père désigné et la mère ont vécu en état de concubinage notoire pendant la période légale de conception.

- *5e* Cas : celui où le père désigné a pourvu ou participé à l'entretien et à l'éducation de l'enfant en qualité de père. L'attitude du père est ici une sorte d'aveu de paternité.

Les fins de non-recevoir à l'action en indication de paternité

Les fins de non-recevoir rendent l'action irrecevable. Elles sont au nombre de trois (3).

Première fin de non-recevoir

Elle tient au fait qu'il est établi que, pendant la période légale de conception, la mère était d'une inconduite notoire ou a eu commerce avec un autre individu. Cette fin de non-recevoir n'est cependant pas toujours définitive. Elle tombe si l'autre amant de la mère démontre par examen des sangs, ou autre méthode médicale, qu'il ne peut être le père de l'enfant.

Deuxième fin de non-recevoir

L'action est irrecevable si le père désigné était, pendant la même période, dans l'impossibilité physique de concevoir l'enfant. Cette impossibilité peut résulter de l'éloignement, de l'absence, de l'impuissance, de la maladie, etc.

Troisième fin de non-recevoir

L'action est irrecevable si, selon les données acquises de la science, l'examen des groupes sanguins ou l'incompatibilité des caractéristiques physiques de l'enfant avec les siennes propres établissent qu'il ne peut être son père.

Délais d'exercice de l'action

L'action doit être introduite dans les deux années qui suivent l'accouchement (art. 218 al. 3 C.F.).

Toutefois, dans le cas où le père désigné et la mère ont vécu en état de concubinage notoire, ou lorsque le père désigné a pourvu à l'entretien et à l'éducation de l'enfant en tant que père, les délais changent. En effet, dans ces deux hypothèses, l'article 218 al. 4 du Code de la famille dispose que l'action peut être intentée jusqu'à l'expiration des deux années qui suivent la cessation, soit du concubinage, soit de la participation du père à l'entretien et à l'éducation de l'enfant.

– Les effets de l'action en indication de paternité

Le principal effet de l'action est de permettre à l'allocation d'aliments à l'enfant (art. 215 al. 2 C.F.). Le Code de la famille ne le précise pas, mais il faudrait admettre que les aliments sont alloués sous forme de pension, selon les besoins de l'enfant, selon les ressources de l'homme indiqué et sa situation familiale.

Il convient de noter que l'action en indication de paternité ne crée des droits alimentaires qu'au profit de l'enfant à l'exclusion du père indiqué qui, selon l'article 215 al. 2 in fine du Code de la famille, ne peut invoquer le bénéfice de la réciprocité.

PARAGRAPHE III : LA LÉGITIMATION

La légitimation peut être définie comme un fait positif de la loi par lequel un enfant naturel accède au statut d'enfant légitime.

Le droit sénégalais connaît deux procédés de légitimation : la légitimation par le mariage subséquent et la légitimation post nuptias. La légitimation produit un certain nombre d'effets.

I : Les formes de la légitimation

1°) La légitimation par mariage subséquent

Cette forme de légitimation est prévue par l'article 194 al. 1 du Code de la famille selon lequel : « l'enfant a la qualité d'enfant légitime, lorsque l'union de ses parents intervient après l'établissement de sa filiation, à l'égard de l'un et de l'autre ». Ce procédé de légitimation est le plus normal et le plus fréquent.

La légitimation suppose d'abord que la filiation de l'enfant soit établie aussi bien à l'égard de son père qu'à l'égard de sa mère.

L'établissement de la filiation doit intervenir avant le mariage ou au plus tard au moment de sa célébration.

La légitimation suppose ensuite le mariage des parents.

Le mariage des parents est une condition essentielle de la légitimation. La légitimation en résulte de plein droit (automatiquement) et sans qu'il y ait lieu de faire une formalité, dès lors que la filiation est établie.

2°) La légitimation après le mariage (post nuptias)

Elle est prévue par l'alinéa 2 de l'article 32 du Code de la famille qui admet la légitimation lorsque le père vient à reconnaître, après son mariage avec la mère, l'enfant dont la filiation paternelle n'était pas établie.

La lecture de l'article 194 al. 2 du Code de la famille permet de dégager deux conditions de la légitimation post nuptias : le mariage des parents et l'établissement de la filiation.

Le droit français prévoit deux conditions supplémentaires : l'existence d'une possession d'état d'enfant commun et la constatation de cette possession d'état par décision judiciaire. Ces deux conditions ne pas consacrées en droit sénégalais.

II : Les effets de la légitimation

La légitimation fait acquérir la légitimité à l'enfant. Par son effet, l'enfant obtient le statut d'enfant légitime. Il a les mêmes droits que s'il était issu du mariage de ses parents.

La légitimation produit ses effets à compter du mariage des parents. Elle a donc un effet rétroactif lorsqu'elle intervient post nuptias.

SECTION II : LA FILIATION ADOPTIVE

La filiation, sans être fondée sur des liens biologiques, peut résulter d'un acte juridique créant entre deux personnes un lien juridique de filiation. On parle de filiation adoptive, également appelée filiation artificielle ou filiation d'imitation. En effet, par la filiation adoptive, le droit cherche à imiter la filiation légitime.

L'adoption ne peut avoir lieu que dans l'intérêt de l'enfant.

Le législateur sénégalais prévoit deux sortes d'adoption qui se distinguent par l'étendue du phénomène d'imitation qu'elles engendrent : il s'agit de l'adoption simple et de l'adoption plénière soumises toutes deux à une réglementation stricte.

LECTURES

Sur l'adoption, voir Amsatou Sow SIDIBÉ « L'adoption au Sénégal et en Afrique francophone » in Revue internationale de droit comparé, 1993, n° 1, pp. 129 et s.

PARAGRAPHE I : L'ADOPTION PLÉNIÈRE

L'adoption plénière se caractérise essentiellement par son effet plein et entier qui est de conférer à l'adopté la qualité d'enfant légitime des adoptants. Elle entraîne une rupture totale avec la famille d'origine.

Les articles 224 à 243 du Code de la famille en précisent les conditions, la procédure et les effets.

I : Conditions de l'adoption plénière

1°) Conditions relatives à l'adoptant

1. Conditions relatives à la situation de famille de l'adoptant

L'article 224 du Code de la famille offre trois possibilités.

L'adoption peut être demandée conjointement par deux époux. Il faudrait alors que le mariage ait duré 5 ans sans que les époux aient été séparés de corps. Il faudrait enfin que l'un des époux au moins soit âgé de 30 ans minimum.

L'adoption peut également être demandée par un époux au profit des enfants de son conjoint.

Enfin, l'adoption peut être demandée par toute personne non mariée.

2. Conditions relatives à la différence d'âge entre l'adoptant et l'adopté

L'adoptant doit avoir plus de 15 ans que l'enfant qu'il souhaiterait adopter (art. 225 al. 1er C.F.). Si l'enfant en question est celui de son conjoint, la différence d'âge est réduite à 10 ans (art. 225 al. 2 C.F.).

3. Conditions relatives à la descendance de l'adoptant

Sauf dispense du Président de la République, l'adoptant ne doit pas avoir d'enfant ou de descendant légitime au jour de la requête (art. 226 al. 1er C.F.).

Cependant, en cas d'adoption conjointe par les deux époux, ou d'adoption par un époux des enfants de son conjoint, il suffit qu'à la date de l'adoption, les époux n'aient pas d'enfants communs issus de leur union (art. 226 al. 2 C.F.).

4. Conditions relatives au nombre d'adoptants

Un seul adoptant est permis sauf lorsqu'il s'agit d'adoption conjointe par deux époux (art. 227 al. 1er C.F.).

Cependant, en cas de décès de l'adoptant ou des deux adoptants, une nouvelle adoption plénière peut être prononcée (art. 227 al. 2 C.F.).

2°) Conditions relatives à l'adopté

1. Conditions relatives aux personnes adoptables (pouvant être adoptées)

Peuvent être adoptés, les enfants pour lesquels les parents (père et mère) ou le conseil de famille ont valablement consenti à l'adoption.

L'adoption résulte ici d'un abandon volontaire de l'enfant par sa famille.

Sont également adoptables, selon l'article 229 du Code de la famille, les enfants déclarés judiciairement abandonnés.

2. Conditions d'âge de l'adopté

En droit sénégalais, l'adoption plénière est possible pendant toute la minorité de l'enfant (art. 228 C.F.).

Mais l'adopté doit être un mineur non émancipé (art. 228 C.F), par exemple, *non émancipé par l'effet du mariage.*

II : Procédure de l'adoption plénière

L'action en adoption comporte trois phases : la rupture d'avec la famille d'origine, le placement en vue de l'adoption et le jugement d'adoption.

1°) La rupture d'avec la famille d'origine

Cette rupture est d'abord le résultat du consentement de la famille d'origine et de l'adopté sur le principe de l'adoption.

Dans la famille d'origine, le consentement requis est celui des père et mère de l'enfant lorsque la filiation est établie à leur égard.

Lorsque les père et mère de l'enfant sont décédés ou ont perdu leurs droits de puissance paternelle, le consentement est donné par le conseil de famille après avis de la personne qui, en fait, prenait soin de l'enfant. Il en est de même lorsque la filiation de l'enfant n'est pas établie.

Lorsqu'il s'agit d'enfants abandonnés, le consentement des parents n'est pas requis. Il suffit qu'il y ait un jugement de déclaration d'abandon de l'enfant.

Le consentement personnel de l'enfant à l'adoption est également requis lorsque celui-ci a plus de 15 ans.

Le consentement peut être rétracté dans un délai de 3 mois (art. 232 al. 2 C.F.).

À l'expiration du délai de 3 mois, la rétractation est encore possible, mais seulement dans la mesure où l'enfant n'a pas encore été placé en vue de l'adoption ou bien que la requête aux fins d'adoption n'a pas encore été déposée (art. 232 al. 4 C.F.).

Lorsque l'adoption est rendue impossible par le refus abusif de consentement d'un des parents qui s'est désintéressé de l'enfant de façon notoire, au risque de compromettre la moralité, la santé ou l'éducation de celui-ci et que l'autre parent consent à l'adoption, ou bien est décédé ou est inconnu, ou se trouve dans l'impossibilité de manifester sa volonté, la personne qui se propose d'adopter l'enfant peut, en présentant la requête d'adoption, demander au tribunal de passer outre et d'autoriser celle-ci.

Il en est de même lorsque le refus abusif est le fait du conseil de famille.

2°) Le placement en vue de l'adoption

Selon l'article 234 alinéa 2 du Code de la famille, « Le placement est réalisé par la remise effective au futur adoptant d'un enfant pour lequel il a été valablement et définitivement consenti à l'adoption, ou d'un enfant déclaré abandonner par décision juridique ».

Le placement entraîne deux effets fondamentaux. D'abord, il met obstacle à toute restitution de l'enfant à sa famille d'origine (art. 235 C.F.). Cette règle a pour but d'éviter les conflits entre famille par le sang et famille adoptive.

Le second effet est que le placement fait échec à toute déclaration de filiation et à toute reconnaissance (art. 235 C.F.). La filiation résultant de l'adoption plénière est donc inchangeable.

Le placement en vue de l'adoption peut cesser si les futurs adoptants renoncent à l'adoption et restituent l'enfant ou si le tribunal saisi prononce ou au contraire, rejette l'adoption (art. 235 al. 4 C.F).

3°) Le jugement d'adoption

Le tribunal régional est saisi par une requête de l'adoptant.

Le tribunal vérifie si les conditions de la loi sont bien remplies (art. 237 al. 2 C.F.).

Le jugement rendu n'est pas motivé (art. 237 al. 2 C.F.).

Le jugement est susceptible d'appel. La tierce opposition est également possible en cas de dol ou de fraude imputable aux adoptants.

Le jugement d'adoption est transcrit sur les registres de l'état civil.

III : Les effets de l'adoption plénière

1°) Les effets de l'adoption plénière à l'égard de l'adopté

L'adopté a, dans la famille de l'adoptant, les mêmes droits et les mêmes obligations qu'un enfant légitime (art. 241 C.F.). L'adoption plénière entraîne donc l'assimilation de l'enfant adopté à l'enfant légitime. Ainsi, l'enfant adopté prend le nom de l'adoptant s'il est adopté par une seule personne. Si l'enfant est adopté par deux époux, il prend le nom du mari.

De même, l'enfant bénéficie de l'obligation alimentaire comme les enfants légitimes, et réciproquement, il est tenu de cette même obligation vis-à-vis de ses adoptants, et même vis-à-vis des ascendants des adoptants, et réciproquement.

En outre, l'enfant a les mêmes droits successoraux qu'un enfant légitime à l'égard des adoptants et de la famille de ceux-ci.

Les règles relatives à la puissance paternelle s'appliquent à l'enfant adopté dans les mêmes conditions que pour les enfants légitimes.

2°) Effets de l'adoption plénière à l'égard de la famille d'origine

Selon l'article 241 du Code de la famille, l'adoption confère à l'enfant une filiation qui se substitue à sa filiation d'origine. L'adopté cesse d'appartenir à sa famille par le sang sous réserve des prohibitions du mariage.

Ainsi, l'enfant perd tous les droits qu'il avait dans sa famille d'origine et se trouve libéré de toute obligation envers elle, tant dans l'ordre patrimonial que dans les rapports personnels. Il n'existe plus de vocation successorale ou alimentaire entre l'enfant et sa famille d'origine.

Cependant, l'inceste demeure interdit entre l'enfant et sa famille d'origine ; l'empêchement dû à la parenté ou à l'alliance demeure.

Dans le cas particulier de l'adoption par une personne d'un enfant de son conjoint, il convient de faire remarquer que la filiation d'origine de l'enfant à l'égard de ce conjoint subsiste.

3°) Point de départ et durée des effets

Deux principes sont posés : celui de la non-rétroactivité des effets de l'adoption plénière et celui de l'irrévocabilité de l'adoption plénière.

1. La non-rétroactivité des effets de l'adoption

L'adoption produit ses effets à compter du jour du dépôt de la requête en adoption (art. 240 al. 1er C.F.).

L'adoption ne produit donc pas ses effets à compter de la naissance de l'enfant. Son effet n'est pas rétroactif.

2. L'irrévocabilité de l'adoption plénière

L'irrévocabilité de l'adoption plénière est posée par l'article 243 du Code de la famille. Il s'ensuit que l'adoption ne peut être annulée ou rétractée. L'objectif d'une telle règle est de protéger la famille adoptive et l'enfant contre des réclamations trop tardives de la famille par le sang. Seules les voies de recours (*appel et tierce opposition*) sont admises.

PARAGRAPHE II : L'ADOPTION LIMITÉE

L'adoption limitée également appelée adoption simple se distingue de l'adoption plénière par ses effets. Elle ne rompt pas les liens de l'adopté avec sa famille d'origine.

Les conditions et la procédure de l'adoption limitée sont cependant à quelques différences près, les mêmes que celles de l'adoption plénière.

I : Conditions et procédures de l'adoption limitée

1°) Conditions identiques à celles de l'adoption plénière

Il s'agit des conditions relatives aux adoptants, à leur âge, à la durée du mariage, à leur descendance, à la différence d'âge entre adoptant et adopté, au nombre d'adoptants, aux catégories d'enfants adoptables, au consentement de la famille d'origine à l'adoption, au consentement de l'enfant, à la procédure du jugement d'adoption.

2°) Conditions et procédure spécifiques de l'adoption limitée

Il s'agit d'abord de la condition relative à l'âge de l'adopté. L'adoption limitée est permise quel que soit l'âge de l'adopté. Mais, si l'adopté est âgé de plus de 15 ans, il doit consentir personnellement à l'adoption.

Il s'agit ensuite de la procédure spécifique à l'adoption limitée.

Lorsque le futur adoptant souhaite que l'adoption limitée n'ouvre aucune vocation successorale entre lui et l'adopté et ses descendants, il doit en informer les personnes dont le consentement est requis. Il doit être précisé que le consentement exprimé est donné après acceptation de cette condition.

II : Effets de l'adoption limitée

L'adopté demeure en principe dans sa famille d'origine. Il est uni à l'adoptant par un lien de filiation adoptive différent de celui de la filiation légitime. L'adoption limitée est révocable.

1°) Effets à l'égard de la famille d'origine

L'adopté reste dans sa famille d'origine et y conserve tous ses droits, notamment ses droits héréditaires. Tel est le principe posé par l'article 247 al. 1er du Code de la famille. Ce principe comporte cependant des limites.

1. Maintien du lien avec la famille d'origine

La loi ne le précise pas, mais il faudrait admettre que l'adoption limitée ne fait pas obstacle à l'établissement ultérieur de la filiation réelle de l'enfant, soit par une reconnaissance, soit par une déclaration judiciaire de filiation.

En outre, et conformément à l'article 248 du Code de la famille, les empêchements à mariage entre l'adopté et les membres de sa famille d'origine subsistent.

L'obligation alimentaire subsiste entre l'adopté et sa famille d'origine.

L'adopté conserve tous ses droits héréditaires dans sa famille d'origine (art. 540 al. 1er C.F.).

2. Limites au principe du maintien du lien avec la famille d'origine

1) - L'obligation alimentaire des parents par le sang est subsidiaire par rapport à celle de l'adoptant.

2) - Les parents par le sang perdent la puissance paternelle qui est transférée à l'adoptant ou aux deux adoptants.

Cependant, lorsque l'adoptant est le conjoint du père ou de la mère, la puissance paternelle leur appartient concurremment.

En outre, bien que les parents par le sang soient privés de la puissance paternelle, il faudrait admettre que les tribunaux peuvent leur accorder un droit de visite.

2°) Effets à l'égard de la famille adoptive

L'effet fondamental de l'adoption limitée est de créer un lien de parenté entre l'adoptant et l'adopté. Ce lien de parenté s'étend aux enfants de l'adopté.

Des rapports juridiques sont en outre créés entre l'adopté et la famille de l'adoptant.

1. Rapports entre adopté et adoptant

L'adoption limitée entraîne des empêchements à mariage entre l'adoptant, l'adopté et ses descendants (art. 248 C.F.).

En outre, l'adoptant est investi de l'autorité parentale à l'égard de l'adopté (art. 282 C.F.). À cet effet, l'adoptant doit consentir au mariage de l'adopté (art. 249 al. 3 C.F.).

En troisième lieu, il y a une obligation alimentaire entre l'adoptant et l'adopté (art. 263 al. 3 C.F.).

En quatrième lieu, l'adoption crée des droits successoraux au profit de l'adopté dans la succession de l'adoptant et au profit de l'adoptant dans la succession de l'adopté.

2. Rapports entre adopté et famille de l'adoptant

L'adoption ne crée pas de lien de parenté entre l'adopté et la famille de l'adoptant.

3°) La révocation de l'adoption limitée

L'adoption peut être révoquée par le tribunal pour motifs graves. La révocation de l'adoption simple n'est possible que si l'adopté a plus de 15 ans (art. 253 C.F.).

La révocation fait cesser pour l'avenir tous les effets de l'adoption (art. 253 al. 3 C.F.).

SECTION III : LES RELATIONS PARENTS/ENFANTS : LA PUISSANCE PATERNELLE

PARAGRAPHE I : NOTION DE PUISSANCE PATERNELLE

L'expression "puissance paternelle" est empruntée au Code civil français qui l'a lui-même héritée du droit romain. La puissance paternelle est une autorité, un ensemble de prérogatives conférées aux père et mère, mais surtout au père en tant que chef de famille afin de protéger l'enfant contre les dangers auxquels sa jeunesse l'expose.

PARAGRAPHE II : PRÉROGATIVES LIÉES À LA PUISSANCE PATERNELLE

Les prérogatives liées à la puissance paternelle concernent d'abord celles s'exerçant sur la personne de l'enfant. Il s'agit du droit de garde de l'enfant, du droit de direction, de surveillance et de l'obligation d'entretien. Il faut y ajouter le devoir moral d'éducation.

En ce qui concerne les biens, les parents – notamment le père – se voient attribuer la jouissance légale sur les biens de leurs enfants mineurs et ce jusqu'à l'âge de 18 ans.

La puissance paternelle fait peser sur celui qui l'exerce des obligations impératives. La garde, la direction, la surveillance, l'éducation sont aussi des devoirs d'état. Il s'agit d'obligation non pas de moyens, mais de résultat. Les parents ne doivent pas y déroger. Ils sont tenus de les exercer non pas seulement en bon père de famille, mais sur la base de résultats tangibles.

L'inobservation de ses obligations par celui qui exerce la puissance paternelle peut être source de responsabilité civile à l'égard des tiers ou de déchéance ou de retrait partiel de la puissance paternelle. La responsabilité civile est surtout mise en œuvre dans l'exécution du droit de garde, en cas de dommages causés aux tiers par les enfants.

PARAGRAPHE III : LA DÉTERMINATION DU TITULAIRE DE LA PUISSANCE PATERNELLE

La lecture des dispositions du Code de la famille prête à confusion à propos de la détermination du titulaire de la puissance paternelle. L'expression "puissance paternelle" qui semble réserver l'autorité sur les enfants au seul père, n'est pas juridiquement exacte. En effet, dans le Code de la famille, l'autorité sur les enfants appartient, en principe, aux deux parents. Il y a donc une égalité dans la détermination du titulaire de la puissance paternelle, même si la mère ne l'exerce qu'à défaut du père. Le titulaire de la puissance paternelle n'est pas nécessairement celui qui l'exerce. Dans l'hypothèse de droit commun, celle d'une famille légitime sans situations pathologiques, *la puissance paternelle sur les enfants légitimes appartient conjointement au père et à la mère* ". Il aurait donc fallu parler ici d'autorité parentale, car sur le principe de l'attribution de l'autorité sur les enfants, la mère est théoriquement à égalité avec le père. L'égalité entre les parents s'observe également dans la famille légitime polygamique, l'article 277 alinéa 1 s'appliquant quel que soit le nombre de femmes épousées par le père. Il faudrait donc convenir que le père et chacune des épouses sont titulaires de l'autorité sur leurs enfants.

Dans la famille disloquée par le divorce ou la séparation de corps, la puissance paternelle continue d'appartenir virtuellement aux deux parents. Dans la famille naturelle, lorsque la filiation de l'enfant né hors mariage est établie dès la naissance à l'égard de ses deux parents, l'enfant est assimilé à l'enfant légitime pour l'attribution de la puissance paternelle. Celle-ci appartient donc conjointement aux père et mère. Il en est de même en cas d'adoption par les deux époux.

Dans tous les autres cas donc lorsque l'un des parents est décédé, dans l'hypothèse d'une filiation naturelle établie à l'égard de l'un des parents seulement, la puissance paternelle n'est attribuée qu'à une seule personne, la mère ou le père ou une tierce personne. La primauté du père n'est alors plus de rigueur.

C'est dans **l'exercice de la puissance paternelle** que la prépondérance du père est plutôt manifeste, notamment dans une situation familiale modèle où les deux parents vivent ensemble avec leurs enfants, et sont apparemment, en bonne entente. Selon l'article 277 alinéa 2 du Code de la famille, durant le mariage, la puissance paternelle est exercée par le père en qualité de chef de famille. Le père a donc seul l'exercice de la puissance paternelle, qu'il soit monogame ou polygame.

Les enfants naturels dont la filiation est établie dès la naissance à l'égard de leurs deux parents sont assimilés aux enfants légitimes. Cela signifie que l'exercice de la puissance paternelle sur ces enfants obéit aux mêmes règles que pour la filiation légitime. Il en est de même en cas d'adoption par deux époux.

Dans les différentes hypothèses qui viennent d'être présentées, les droits pour la mère d'exercer la puissance paternelle sont pratiquement inexistants. Ils sont latents, virtuels.

Ce n'est que dans certains cas spécifiques de systèmes familiaux que la règle de la suprématie du père ne se manifeste pas. Il en est ainsi en cas de divorce ou de séparation de corps, auxquels cas, le choix des modalités d'exercice de la puissance paternelle devient litigieux. Le juge confie l'exercice de la puissance paternelle à l'un des parents ou même, si nécessaire, à une tierce personne en tenant compte de l'intérêt supérieur de l'enfant· Mais, quelle que soit la personne à laquelle les enfants sont confiés, le père et la mère contribuent à leur entretien et à leur éducation dans la mesure des ressources disponibles.

De même, en cas de décès de l'un ou des deux parents, l'exercice de la puissance paternelle est confié au père ou à la mère ou à un tuteur.

Lorsque la filiation n'est établie qu'à l'égard d'un des parents, soit le père ou la mère, l'exercice de la puissance paternelle est naturellement dévolu à son titulaire.

PARAGRAPHE IV : LA DÉCHÉANCE DE LA PUISSANCE PATERNELLE

La déchéance de la puissance paternelle est une sanction qui peut affecter non seulement l'exercice de la puissance paternelle mais également l'attribution de celle-ci. Lorsque celui qui exerce la puissance paternelle se rend indigne, il peut être déchu de celle-ci. La déchéance atteint celui qui exerce la puissance paternelle en cas de condamnation pour excitation à la débauche de ses propres enfants ou d'autres mineurs, en cas de condamnation pour crime ou délit commis sur la personne de son enfant ou comme auteur ou complice d'un crime ou d'un délit passible de plus de cinq ans d'emprisonnement commis par celui qui exerce la puissance paternelle.

PARAGRAPHE V : LES LIMITES A LA PUISSANCE PATERNELLE

La prépondérance du père n'est pas sans limites. L'article 277 CF confie l'exercice de la puissance paternelle à la mère, sauf décision contraire du juge, dans les hypothèses suivantes : la déchéance du père de l'exercice de la puissance paternelle ; la perte de la qualité de chef de famille par le père faute de pouvoir manifester sa volonté en raison de son incapacité, son absence, son éloignement ou pour toute autre cause ; la condamnation du père pour abandon de famille ; la délégation de la puissance paternelle à la mère. Dans ces différentes hypothèses, l'exercice de la puissance paternelle est confié à la mère en tenant compte de la loi de la nature, mais aussi de l'intérêt de l'enfant.

LECTURES

- ***Sur les relations parents/enfants, voir : Amsatou SOW SIDIBÉ « L'évolution de l'autorité dans les familles sénégalaises », in Revue Afrique Juridique et Politique, volume 2, numéro 1, janvier-juin 2003, pages 125 à 170.***

CHAPITRE III

LA DÉSAGRÉGATION DE LA FAMILLE

À l'instar de tout groupement humain, la famille légitime, fondée sur le mariage, a une vie limitée. Sa désagrégation provient donc de la cessation du lien conjugal. Les causes de dislocation du mariage sont de plusieurs sortes. Il s'agit d'abord de la mort naturelle de l'un des conjoints à laquelle on assimile la disparition ou l'absence déclarée.

Le mariage peut également être dissout totalement par l'effet du divorce, c'est-à-dire la rupture du lien conjugal prononcée par décision judiciaire à la demande de l'un ou des deux époux.

Le mariage peut enfin, être dissout partiellement par l'effet de la séparation de corps pouvant être définie comme l'état de deux conjoints qui, par l'effet d'une décision judiciaire rendue dans l'un des cas prévus par la loi, ont été dispensés de vivre ensemble.

Il convient de noter que la séparation de fait, c'est à dire la désunion de pur fait des époux en dehors d'un divorce ou d'une séparation de corps, n'est pas organisée en droit sénégalais.

Les conséquences de la dissolution du mariage par décès analysées notamment en droit patrimonial de la famille et plus particulièrement dans la partie relative aux successions, ne sont pas développées dans cet ouvrage. Seules les causes artificielles de dissolution du mariage, à savoir le divorce et la séparation de corps.

LECTURES

1. Youssoupha NDIAYE, « Le divorce et la séparation de corps » N.E.A., 1979.

2. Isaak Yankhoba NDIAYE, « Réflexions sur une cause de divorce : l'incompatibilité d'humeur », Revue EDJA, n° 13 p. 2 et s.

3. Pape Talla FALL, « La rupture du mariage coutumier en droit sénégalais : l'imbroglio juridique » - Nouvelles Annales Africaines, 2011-2012 pp. 217 et s.

4. Mayatta Ndiaye MBAYE : « Le divorce, l'absent en droit sénégalais » - Nouvelles Annales Africaines

5. Ndigue DIOUF, « Droit de la famille, la pratique de tribunal départemental au Sénégal », abis éditions 2011.

SECTION I : LE DIVORCE

L'objectif majeur poursuivi par le législateur sénégalais en élaborant le droit du divorce avait été de stabiliser les ménages et d'éviter la multiplication des divorces. Cela s'est manifesté d'abord par la suppression de la répudiation qui permettait au mari de dissoudre le mariage par une déclaration unilatérale de volonté. La répudiation est considérée comme une injure. Aujourd'hui, le divorce est obligatoirement judiciaire. Il est prononcé par le juge. L'intervention du juge dans la procédure de divorce est obligatoire même lorsque le mariage n'a fait l'objet d'aucun enregistrement à l'état civil[94].

La volonté de stabiliser les ménages se manifeste également par la procédure du divorce. Une place importante est en effet accordée à la procédure de conciliation qui invite les époux divorçants à revenir sur leur décision et à se retrouver. En outre, la procédure de divorce contentieux est longue. Le législateur met donc en œuvre le phénomène de l'usure en étalant la procédure du divorce sur une longue période dans le but évident d'amener les époux à abandonner les actions entreprises en vue du divorce.

Le législateur prévoit deux sortes de divorce : le divorce par consentement mutuel et le divorce contentieux.

PARAGRAPHE I : LE DIVORCE PAR CONSENTEMENT MUTUEL

Le législateur sénégalais a prévu les conditions de fond du divorce par consentement mutuel, sa procédure et ses effets.

I : Conditions de fond du divorce par consentement mutuel

Les conditions du fond du divorce par consentement mutuel sont relatives, essentiellement à l'élément volontaire, c'est-à-dire le consentement, et à l'objet de la convention de divorce. Le Code de la famille est muet sur la question de la capacité des divorçants qui est une évidence inutile à rappeler.

---

[94] - Sur la preuve du mariage coutumier non enregistré en cas de demande de divorce, voir nos développements antérieurs sur les formes du mariage, spécialement le mariage coutumier de l'article 146 C. F.

Le Code ne parle pas non plus de la cause du divorce par consentement mutuel. Celle-ci doit certes exister, puisque le divorce par consentement mutuel n'est pas un contrat sans cause, mais (*et c'est l'une des spécificités du divorce par consentement mutuel*), le juge n'a pas à interroger les divorçants sur la cause de leur divorce. Celle-ci reste secrète. Elle est l'affaire des époux et uniquement des époux.

1°) L'effet volontaire

La volonté des époux est un facteur décisif de la dissolution du lien conjugal dans le cas de divorce par consentement mutuel.

Le consentement de chacun des époux n'est valable que s'il émane d'une volonté libre, éclairée et exempte de vice (art. 158 C. F.).

Le consentement doit être libre. Cela signifie que le divorce ne doit pas avoir été forcé. Cette exigence est fondamentale et trouve son corollaire dans l'exigence d'un consentement exempt de vice.

En effet, le consentement n'est pas libre lorsqu'il est donné sous le coup de la violence.

En outre, la violence, l'erreur et le dol constituent autant de vices pouvant affecter le consentement du divorçant.

Enfin, la volonté doit être éclairée. Il faut donc être saint d'esprit pour divorcer par consentement mutuel.

2°) L'objet de la convention de divorce

L'objet de la convention est déterminé par le législateur sénégalais qui accorde toute liberté aux divorçants pour aménager les éléments constitutifs de la convention.

1. Prédétermination de l'objet de la convention

L'objet de la convention de divorce par consentement mutuel est fixé par la loi dans l'al. 2 de l'article 158 du Code de la famille. Selon cette dernière disposition, le consentement doit porter non seulement sur la rupture du lien conjugal, mais aussi sur la situation des anciens époux quant aux biens qu'ils possèdent et sur le sort réservé aux enfants issus du mariage. Le consentement des époux porte donc sur un objet rendu obligatoire par la loi.

- **Principe de la liberté d'aménagement de l'objet de la convention de divorce**

Les époux ont toute liberté pour régler les questions relatives à l'objet de la convention de divorce (art. 158 al.3 C.F.).

Cette liberté accordée aux époux tient de l'idée selon laquelle les époux, étant directement concernés par le divorce, sont les meilleurs juges de leurs intérêts. Il convient dès lors de les laisser apprécier librement le règlement de ces intérêts.

Cette liberté d'agir n'est cependant pas absolue. Le juge opère un contrôle sur la décision des divorçants.

- **Limites**

La liberté d'agir est laissée aux époux sous réserve du respect dû à l'ordre public et aux bonnes mœurs (art. 158 al. 2 C. F.).

2. Caractère indivisible des éléments constitutifs de l'objet de la convention de divorce

L'accord des époux dans la convention de divorce doit porter à la fois sur le principe même de la rupture du lien conjugal et les conséquences du divorce. Ces accords doivent avoir un caractère indivisible, sans quoi, le juge ne peut prononcer le divorce.

II : Procédure du divorce par consentement mutuel

1°) La demande en divorce

Pour faire constater le divorce, les époux doivent se rendre ensemble et en personne devant le juge du tribunal départemental (ex-justice de paix) de leur domicile, afin de lui présenter par écrit ou verbalement, leur demande de constatation du divorce, et de lui remettre leur acte de mariage, le livret de famille, ainsi que, s'il y a lieu, les actes de naissance et décès de tous les enfants issus du mariage (art. 159 C.F.).

Des pièces annexes sont également jointes à la demande de constatation du divorce. Celle-ci doit, en effet, être obligatoirement accompagnée d'une déclaration écrite ou orale précisant quelle sera la situation respective des anciens époux, quant aux biens qu'ils possèdent et le sort réservé aux enfants nés du mariage. Toute déclaration faite oralement est recueillie par le greffier (art. 160 al. 1er C.F.).

En ce qui concerne les enfants, il convient de rappeler que la déclaration doit préciser à qui la garde en sera confiée et par qui la puissance paternelle sera exercée. Le montant des sommes versées à l'époux gardien pour subvenir aux besoins des enfants est également mentionné (art. 160 al. 3 C.F.).

2°) L'instance en divorce

Durant l'instance en divorce, le juge se voit confier un certain nombre de missions qu'il exécute avant de prendre une décision.

1. Les missions du juge

Le juge a une mission de conciliation et une mission de contrôle.

- **Mission de conciliation**

La procédure de conciliation est beaucoup plus importante dans le divorce contentieux, mais elle n'est pas inexistante dans le divorce par consentement mutuel. Le juge adresse aux époux les conseils qu'il estime propices et qui pourraient inciter les époux à réfléchir davantage avant d'entériner leur décision de divorcer.

- **Mission de contrôle**

– **Contrôle de la régularité de la demande**

Le juge donne lecture aux divorçants, de la déclaration écrite qu'ils ont déposée ou leur fait donner lecture de celle consignée par le greffier.

Après quoi, le juge pose aux époux toute question qu'il juge utile concernant la répartition des biens, que le sort réservé aux enfants. Il leur fait préciser qu'ils sont bien d'accord sur tous les points réglés.

– **Contrôle du consentement des divorçants**

Le juge s'assure de ce que le consentement des époux présente toutes les qualités exigées par la loi.

2. Les décisions du juge

Le juge peut prendre 3 sortes de décisions : il peut prononcer le divorce, ou demander une modification des accords, ou rejeter purement et simplement la demande.

- **La prononciation du divorce**

Si le juge estime que la volonté des époux s'est manifestée librement et s'il ne relève dans leur accord aucune disposition contraire à la loi, à l'ordre public ou aux bonnes mœurs, il retient l'affaire et rend sur le champ un jugement constatant le divorce (art. 161 al. 4 C.F.).

- **Décision d'ajournement**

Si au contraire, le juge estime que certaines des solutions adoptées par les époux ne sont pas conformes à la légalité, à l'ordre public ou aux bonnes mœurs, il en avertit les parties, les engage à modifier leurs accords et, le cas échéant, les renvoie eu audience ultérieure qui ne peut être fixée au-delà d'un mois (art. 161 al. 5 C.F.). Dans ce cas, le juge prend une décision d'ajournement jusqu'à modification des accords.

- **Rejet de la demande**

Si le juge estime que le consentement de l'une des parties n'a pas été exprimé dans les conditions voulues par la loi, il rejette la demande (art. 161 al. C.F.).

3. Le jugement

Le jugement constatant le divorce par consentement mutuel est rédigé dans la forme des jugements ordinaires. Il mentionne dans son dispositif que le consentement des époux a été librement donné et que rien dans les accords relatifs à la situation des biens et au sort réservé aux enfants n'apparaît comme étant contraire à l'ordre public ou aux bonnes mœurs (art. 162 C.F.).

L'article 163 du Code de la famille organise la publicité du jugement qui est mentionné sur le livret de famille et dont une expédition est adressée à l'officier de l'état civil.

III : Les effets du divorce par consentement mutuel

Le divorce par consentement mutuel entraîne deux effets essentiels : il entraîne la dissolution du lien matrimonial et rend exécutoire les accords passés entre les divorçants sur les conséquences du divorce. La date de départ de ces effets doit être précisée.

1°) La dissolution du lien matrimonial

Le divorce par consentement mutuel dissout le mariage pour l'avenir.

Sur le plan extrapatrimonial, les époux recouvrent leur liberté, les devoirs du mariage cessent. Chacun des époux reprend son nom, chacun d'entre eux est libre de se remarier sous réserve par la femme d'observer le délai de viduité. Les liens d'alliance unissant chacun des époux à la famille de son conjoint disparaissent.

Sur le plan patrimonial, le divorce entraîne la dissolution et la liquidation du régime matrimonial ainsi que la perte des droits successoraux.

2°) L'obligation d'exécution des accords passés entre divorçants

Le divorce par consentement mutuel rend exécutoire les conventions établies par les époux, en ce qui concerne leurs biens et les enfants issus du mariage.

3°) Le point de départ des effets du divorce par consentement mutuel

Les effets du divorce par consentement mutuel se produisent à l'égard des époux du jour où le jugement a été rendu et, à l'égard des tiers, à compter de sa mention sur les registres de l'état civil (art. 164 al. 2 C.F.).

PARAGRAPHE II : LE DIVORCE CONTENTIEUX

Le divorce contentieux peut être défini comme le divorce qui, à l'origine, est demandé par un époux qui prend seul l'initiative de demander la rupture du lien conjugal, l'autre époux refusant le principe même du divorce. Les deux époux se trouvent alors dans une situation d'antagonisme. L'un, le demandeur, veut le divorce, l'autre, le défendeur, refuse le démariage.

Ce cas de divorce est rendu d'emblée plus complexe que le divorce par consentement mutuel pas l'absence de cette communion entre les époux.

Les articles 165 à 180 du Code de la famille déterminent les causes, la procédure et les effets du divorce contentieux.

I : Les causes du divorce contentieux

Selon l'article 166 du Code de la famille, le divorce peut être prononcé :

Pour absence déclarée de l'un des époux ;

Pour adultère de l'un des époux ;

Pour condamnation de l'un des époux à une peine infamante ;

Pour défaut d'entretien de la femme par le mari ;

Pour refus de l'un des époux d'exécuter les engagements pris en vue de la conclusion du mariage ;

Pour abandon de la famille ou du domicile conjugal ;

Pour mauvais traitements, excès, sévices ou injures graves rendant l'existence en commun impossible ;

Pour stérilité définitive immédiatement établie ;

Pour maladie grave et incurable de l'un des époux découverte pendant le mariage ;

Pour incompatibilité d'humeur rendant intolérable le maintien du lien conjugal.

Plusieurs observations peuvent être faites. D'abord, les causes de divorce contentieux ne sont pas des causes péremptoires de divorce, mais des causes facultatives.

Ensuite, la liste présentée sans aucun souci de classification, laisse apparaître deux grandes catégories de causes du divorce contentieux.

La première catégorie comprend toutes les hypothèses où le divorce peut être prononcé parce que l'un des époux a commis l'une des fautes prévues par la loi. Lorsque le divorce est alors prononcé, il constitue une sanction infligée à l'époux fautif.

La deuxième catégorie de cause de divorce contentieux renferme les hypothèses où, même en l'absence d'une faute commise par un époux, on constate que le mariage n'a plus de sens soit parce qu'il y a eu dislocation de la famille-ménage (*cette dislocation pouvant être la conséquence d'une séparation de fait des époux, ou la maladie grave et incurable de l'un des époux ou l'incompatibilité d'humeur rendant intolérable le maintien du lien conjugal*), soit parce que le mariage ne répond pas à son but (*cas de stérilité définitive qui rend la procréation impossible*).

Donc, dans un souci de clarification et de classification, nous distinguerons les causes de divorce-sanction et les causes de divorce-remède.

1°) Les causes de divorce-sanction

De la liste établie à l'article 166 du Code de la famille, il est possible de dégager six (6) causes de divorces pour faute. Il s'agit :

de l'adultère de l'un des époux ;

de la condamnation de l'un des époux à une peine infamante ;

du défaut d'entretien de la femme par le mari ;

du refus de l'un des époux d'exécuter les engagements pris en vue de la conclusion du mariage ;

de l'abandon de famille ou du domicile conjugal ;

des mauvais traitements, excès, sévices ou injures graves rendant l'existence en commun impossible.

2°) Les causes de divorce-remède

En droit sénégalais, les différents faits réalisant la faillite du ménage et qui peuvent justifier la prononciation du divorce par le juge, sont au nombre de quatre (4). Il s'agit de l'absence déclarée de l'un des époux, de la stérilité définitive médicalement établie, de la maladie grave et incurable de l'un des époux découverte pendant le mariage, de l'incompatibilité d'humeur rendant intolérable le maintien du lien conjugal.

II : La procédure de divorce contentieux

La procédure de divorce contentieux est organisée par les articles 167 et suivants du Code de la famille. La procédure est simple, peu coûteuse, limitée dans le temps ; elle comporte néanmoins des délais assez longs dont l'effet peut être dissuasif du divorce.

L'action en divorce, l'instance en divorce, les mesures provisoires et le jugement sont autant de questions qu'il convient de développer.

1°) L'action en divorce

1. Les titulaires de l'action

L'action en divorce est strictement personnelle. Elle n'appartient qu'aux époux et à eux seuls. Elle ne peut être exercée ni par les héritiers ni par les créanciers des époux. C'est la raison pour laquelle l'article 167 al. 1er du Code de la Famille exige que l'époux demandeur en divorce se présente en personne au juge du divorce.

2. Compétence judiciaire

Les règles classiques du droit judiciaire privé nous invitent à distinguer la compétence d'attribution et la compétence territoriale.

S'agissant de la compétence d'attribution, est compétent pour connaître du divorce contentieux le juge du Tribunal départemental (art. 167 al. 1er C.F.).

Concernant la compétence territoriale, l'article 167 al. 1er du Code de la famille dispose que le juge compétent est celui du domicile de l'épouse. Cette solution permet d'éviter les difficultés lorsque l'époux et l'épouse n'ont pas le même domicile.

2°) La demande en divorce

La demande en divorce peut être principale ou reconventionnelle. Elle peut en outre être transformée en demande de séparation de corps.

1. La demande principale

La demande principale est celle qui émane du conjoint qui prend l'initiative du divorce.

La demande principale est présentée sous forme de requête écrite ou verbale indiquant les causes du divorce invoquées. Lorsque la demande est orale, elle est constatée par le greffier et signée du demandeur.

2. La demande reconventionnelle

La demande reconventionnelle, permise par l'article 175 al. 3 du Code de la famille, est celle que forme l'époux défendeur au cours de l'instance occasionnée par la demande principale.

Les demandes reconventionnelles sont très fréquentes et sont un excellent moyen pour obtenir le divorce sur la base de la réciprocité des torts lorsque l'époux demandeur invoque la faute du défendeur. Le conjoint assigné en divorce se défend en invoquant les griefs qu'il a lui aussi à l'encontre du demandeur principal en divorce.

3. Les transformations de demandes

Selon l'article 171 al. 3 du Code de la famille, le demandeur peut, en tout état de cause, transformer sa demande en divorce en demande de séparation de corps. L'inverse n'est pas admis. Une demande en séparation de corps ne peut être transformée en demande de divorce. L'époux demandeur en séparation de corps ne peut qu'intenter une action nouvelle en divorce en présentant une requête nouvelle. Cette restriction s'explique par le fait que le législateur est moins favorable au divorce qu'à la séparation de corps.

3°) L'instance en divorce

L'instance en divorce comprend essentiellement trois procédures : la présentation de la requête, la tentative de conciliation par le juge du Tribunal départemental et le procès lui-même.

1. La présentation de la requête

L'époux demandeur adresse au juge du Tribunal départemental une requête dans laquelle il indique les causes de divorce invoquées (art. 167 C.F.). Le juge, après avoir entendu le demandeur, lui adresse les observations qu'il estime concevables. Si le demandeur persiste dans sa décision, il ordonne que les époux comparaissent tous deux devant lui au jour et à l'heure qu'il indique et fait en même temps convoquer le défendeur.

La présentation de la requête est l'occasion pour le juge d'indiquer au demandeur qu'il doit obligatoirement déposer au greffe une copie de l'acte de mariage ainsi que, le cas échéant, les actes de naissance et de décès de tous les enfants issus du mariage (art. 168 al. 2 C.F.).

2. La tentative de conciliation

La tentative de conciliation héritée du droit traditionnel africain constitue une phase obligatoire dans la procédure du divorce contentieux.

La tentative de conciliation n'est effective qu'en cas de comparution des époux. Mais les époux peuvent ne pas comparaître. Le législateur a réglementé ces hypothèses.

- **La comparution des époux**

À l'audience indiquée, les parties comparaissent sans la présence de leurs conseils éventuels (art. 169 al. 1er C.F.). Cette mesure d'ordre public est destinée à augmenter les chances de succès de la tentative de conciliation. Le juge fait aux divorçants les observations qu'il estime nécessaires pour une réconciliation. À ce stade de la procédure, le juge peut adopter trois attitudes.

S'il estime que le rapprochement n'est pas exclu, il peut, si la demande en divorce est néanmoins maintenue, ajourner la suite de l'instance à une date n'excédant pas 6 mois. Ce délai est cependant renouvelable sans que la durée de l'ajournement ne puise dépasser un an (art. 169 al. 1er C.F.).

Lorsque les époux se réconcilient, le juge dresse un procès-verbal de conciliation qui met fin à la procédure de divorce.

Lorsque les époux refusent de se réconcilier, le juge, après avoir éventuellement entendu les conseils des parties, statue sur sa compétence. Il peut alors soit retenir l'affaire immédiatement et se prononcer sur l'action en divorce, soit la renvoyer à une audience ultérieure dont il indique la date (art. 170 al. 1er C.F.).

- **La non-comparution des époux**

Lorsque le demandeur ne comparaît pas à la date fixée pour la tentative de conciliation ou à celle indiquée par le jugement d'ajournement, sans justifier d'un motif légitime, il est considéré comme s'étend désisté de sa demande (art. 169 al. 3 C.F.).

Lorsque c'est le défendeur qui ne comparaît pas, le juge commet un huissier pour lui notifier une nouvelle citation. Si malgré tout, le défendeur ne comparaît pas à la date ainsi fixée, il est considéré comme refusant toute conciliation (art. 169 al. 4 C.F.).

3. Le procès

La procédure suivie est celle du droit commun (art. 171 C.F.). Il existe cependant quelques particularités tenant à la non-publicité et à l'administration de la preuve.

- **La non-publicité des débats**

C'est pour éviter que la vie privée des divorçants ne soit dévoilée au grand jour, que le législateur a restreint la publicité des débats. La cause est instruite et débattue en audience non publique (art. 171 al. 1er C.F.).

En outre, la reproduction des débats par voie de presse est interdite. Seul donc le dispositif des décisions, à l'exclusion des motifs, peut être publié.

- **L'administration de la preuve**

Les causes de divorce étant généralement de simples faits, elles peuvent être prouvées par tous moyens conformément au droit commun. Il existe cependant quelques particularités par rapport à la règle de preuve selon le droit commun.

Par dérogation au droit commun, la preuve écrite peut être faite par la production de lettres missives sans le consentement de leur destinataire ou de leur auteur lorsqu'elles présentent un caractère confidentiel.

Les témoignages, ils sont reçus sous forme d'enquête faite suivant les dispositions du droit commun. Quelques originalités liées au droit du divorce sont cependant relevées.

D'abord, en principe, les parents et domestiques peuvent témoigner.

Ensuite, les personnes qui sont frappées de l'incapacité de témoigner en justice (*spécialement celles qui sont âgées de moins de 15 ans*) peuvent être entendues à titre de simples renseignements. En revanche, dans le droit sénégalais du divorce, les descendants ne peuvent jamais être entendus. Il faudrait trouver la justification d'une telle restriction dans l'idée qu'il serait choquant que les enfants soient invités à témoigner du comportement fautif d'un de leurs parents envers l'autre.

4°) Les mesures provisoires

La procédure de divorce se poursuivant pendant un temps plus ou moins long, il est nécessaire d'organiser de façon provisoire la vie juridique des divorçants ainsi qu'éventuellement celle de leurs enfants durant cette période. C'est à cela que répondent les mesures provisoires. Celles-ci pouvant être diverses et variées, ne sont pas fixées de façon définitive par la loi. Il convient de préciser les règles générales régissant les mesures provisoires avant de présenter quelques mesures susceptibles d'être ordonnées.

1. Règles générales relatives aux mesures provisoires

Ces règles concernent d'une part la compétence judiciaire et, d'autre part, les caractères des mesures provisoires.

- **Compétence judiciaire**

Les mesures provisoires devant être prononcées dès qu'elles s'avèrent nécessaires, elles peuvent être envisagées à divers stades de la procédure. L'autorité judiciaire compétente pour en connaître peut donc varier.

Peut ordonner les mesures provisoires, en premier lieu, le juge conciliateur. En effet, **le juge conciliateur** peut autoriser, en cas d'urgence, l'époux demandeur à avoir une résidence séparée et prendre toutes mesures provisoires qui s'imposent relativement aux enfants (art. 168 al. 3 C.F.).

Ensuite, **le Tribunal départemental** lui-même peut ordonner les mesures provisoires. En effet, lorsqu'il est saisi et lorsque les parties le demandent, le Tribunal départemental statue sur la résidence des époux durant l'instance, sur le remise des effets personnels s'il y a lieu, sur la garde provisoire des enfants, sur le droit de visite des parents, les demandes d'aliments et de provision durant l'instance et, de façon générale, ordonne même d'office, toutes les mesures provisoires conservatoires ou urgentes qui lui paraissent nécessaires pour la sauvegarde des intérêts des enfants et de chacun des époux (art. 170 al. 3 C.F.).

- **Caractères des mesures provisoires**

– **Caractère provisoire des mesures**

Les mesures prises en cours d'instance sont dites provisoires dans la mesure où elles peuvent être révisées ou supprimées à tout moment en cours d'instance (art. 170 al. 5 C.F.). Le jugement des référés est même habilité à intervenir en cas d'urgence. La durée des mesures provisoires est limitée à la durée de l'instance. Elles cessent donc en principe à la date à laquelle le juge sur le fond rend une décision ayant force de chose jugée. Les mesures provisoires peuvent néanmoins être maintenues ou remplacées par d'autres, par le jugement prononçant le divorce ou rejetant la demande en divorce.

– **Caractère exécutoire des mesures provisoires**

Le dernier alinéa de l'article 170 du Code de la famille dispose que les jugements ordonnant les mesures provisoires sont exécutoires par provision. Cela signifie qu'elles sont toujours susceptibles d'exécution provisoire.

– **Caractère contentieux des mesures provisoires**

Les mesures provisoires ne sont pas gracieuses mais litigieuses. C'est la raison pour laquelle le dernier alinéa de l'article 170 du Code de la famille précise qu'elles sont susceptibles d'opposition ou d'appel.

2. Les mesures provisoires susceptibles d'être ordonnées

Les mesures provisoires susceptibles d'être ordonnées ne sont pas limitativement déterminées par la loi. Celle-ci donne au juge toute latitude pour les fixer. Il est possible cependant de classer les mesures provisoires en trois (3) catégories : les unes sont relatives à l'aménagement du cadre de vie des divorçants, d'autres concernent la réglementation des rapports patrimoniaux entre époux et portent sur les biens, d'autres enfin se rapportent à la garde des enfants.

- **Les mesures provisoires relatives à l'aménagement du cadre de vie des divorçants**

Ces mesures provisoires portent sur le logement et le mobilier du ménage. Le juge peut soit attribuer exclusivement à l'un des époux, soit les partager entre eux. La décision du juge est fondée sur l'appréciation des besoins de chacun des époux. Le juge peut décider de prononcer la résidence séparée des époux.

- **Les mesures conservatoires relatives aux biens des divorçants**

Des mesures conservatoires peuvent être nécessaires afin de sauvegarder les intérêts pécuniaires des époux (art. 170 al. 3 C.F.). Le juge peut en particulier permettre toutes saisies, désigner un séquestre, ordonner un dépôt et l'apposition de scellés, nommer un contrôleur.

- **Les mesures provisoires relatives aux enfants**

Des mesures concernant les enfants peuvent d'abord être prononcées par le juge conciliateur (art. 168 al. 3 C.F.). Elles peuvent également être prises par le tribunal en cas de non-conciliation. Dans cette dernière hypothèse, le juge du Tribunal départemental statue sur la garde provisoire des enfants et sur le droit de visite. Il peut même ordonner d'office, toutes les mesures provisoires conservatoires ou urgentes lui paraissant nécessaires pour la sauvegarde des intérêts des enfants (art. 170 al. 3 C.F.). Pour ordonner les mesures provisoires, le juge ne doit avoir en vue que les intérêts des enfants.

5°) Le jugement de divorce

Le jugement, rendu en audience publique (art. 171 al. 2 C.F.), peut consister soit en un rejet de la demande, soit en son admission.

III : Les effets du divorce

1°) Les effets du divorce sur les rapports entre époux

1. La dissolution du mariage

L'effet fondamental du divorce est de dissoudre le lien matrimonial (art. 176 al. 1er C.F.) pour l'avenir.

La dissolution du mariage affecte aussi bien les rapports personnels que les rapports patrimoniaux des époux.

2. Sort des avantages entre époux

Le sort des avantages entre époux est déterminé en distinguant entre l'époux fautif aux torts duquel le divorce a été prononcé, et l'époux non fautif qui a obtenu le divorce.

- **Pertes des avantages matrimoniaux pour l'époux coupable**

Selon l'article 177 al. 1er du Code de la famille, le divorce prononcé aux torts exclusifs de l'un des époux entraîne pour lui la perte de tous les avantages que l'autre époux lui avait faits soit à l'occasion du mariage, soit depuis sa célébration. La déchéance a alors lieu de plein droit.

La déchéance n'est cependant pas d'ordre public. Il s'ensuit que l'époux qui a obtenu le divorce peut s'abstenir de l'invoquer une fois l'instance engagée.

- **Le maintien des avantages matrimoniaux au profit de l'époux bénéficiaire du divorce**

Selon l'article 177 al. 2 du Code de la famille, l'époux qui a obtenu le divorce conserve tous les avantages qui lui avaient été consentis par son conjoint.

3. Survie exceptionnelle de l'obligation d'entretien

L'obligation d'entretien survit de façon exceptionnelle dans le cas où le mari a obtenu le divorce pour cause d'incompatibilité d'humeur ou pour maladie grave et incurable de la femme. L'obligation d'entretien est alors transformée en obligation alimentaire.

C'est ainsi que lorsque le divorce a été prononcé pour incompatibilité d'humeur, l'obligation d'entretien prend effet à compter du jugement pour une période de six (6) mois (loi du 17 janvier 1989). La durée de survie de l'obligation alimentaire, plus longue en cas de divorce pour maladie grave et incurable est de trois (3) ans au maximum.

L'obligation d'entretien cesse lorsque le mari établit qu'il n'a plus de ressources ou si la femme se remarie avant l'expiration de ces délais (art. 262 al. 3 C.F.).

4. Les dommages et intérêts

En cas de divorce prononcé aux torts exclusifs de l'un des époux, le juge peut allouer à l'époux qui a obtenu le divorce, des dommages et intérêts pour le préjudice matériel et moral que lui cause la dissolution du mariage, compte tenu notamment de la perte de l'obligation d'entretien (art. 179 C. F.).

2°) Effets du divorce dans les rapports entre parents et enfants

Le divorce ne remet pas en cause les liens unissant les parents et leurs progénitures. Les droits et devoirs découlant de la puissance paternelle subsistent donc tant que l'enfant est mineur, étant entendu qu'elle prend fin par la majorité, le mariage et l'émancipation de l'enfant (art. 288 C.F.). La puissance paternelle doit être réaménagée compte tenu de la cessation de la vie commune. Ce réaménagement des rapports parents-enfants doit se réaliser en tenant compte essentiellement de l'intérêt de l'enfant. L'organisation de la puissance paternelle après divorce doit être étudiée en tenant compte de trois (3) éléments : l'attribution de la garde (a), les droits et devoirs liés à la puissance paternelle (b)et la jouissance des biens de l'enfant (c).

1. L'attribution de la garde de l'enfant

- **Attribution de la garde de l'enfant du vivant des parents**

Si les parents sont vivants, chacun des enfants sera confié à l'un ou l'autre des parents.

Si le juge considère que les parents sont inaptes à élever correctement les enfants, il peut en confier la garde à une tierce personne.

- **Attribution de la garde de l'enfant au décès de l'un des parents**

Selon l'article 279 al. 2 du Code de la famille, le décès de celui qui avait été investi de la garde à la suite du divorce entraîne le transfert de la puissance paternelle au parent survivant qui n'en a pas été déchu. Mais, à la requête de tout parent intéressé, le juge peut décider, dans l'intérêt exclusif de l'enfant, de confier sa garde à toute autre personne.

2. Droits et devoirs liés à la puissance paternelle

- **Droits et devoirs sur la personne de l'enfant**

– **Situation du gardien**

Selon l'article 283 du Code de la famille, *le père ou celui qui exerce la puissance paternelle est chargé de la direction de l'enfant*. Le législateur a certainement voulu entendre par là le droit reconnu au gardien d'aménager la vie de l'enfant, ses activités et ses relations.

– **Situation du parent non gardien**

Le parent privé de la garde de l'enfant ne perd pas les attributs de la puissance paternelle. Il bénéficie d'un droit de visite dont les conditions sont fixées par le tribunal.

▪ **Devoirs d'éducation et d'entretien de l'enfant**

L'obligation d'entretien et d'éducation des enfants pèse sur les père et mère quelle que soit la personne à laquelle l'enfant est confié (art. 278 al. 2 C.F.).

La contribution à l'entretien et à l'éducation de l'enfant se fera normalement par le versement d'une pension alimentaire.

3. Jouissance des biens de l'enfant

La jouissance des biens de l'enfant, organisée par l'article 286 du Code de la famille, appartient à celui des père et mère qui exerce la puissance paternelle. Il en est ainsi jusqu'à ce que l'enfant ait atteint l'âge de 18 ans accompli. Les revenus des biens de l'enfant sont exclusivement consacrés à l'entretien et à l'éducation de l'enfant.

SECTION II : LA SÉPARATION DE CORPS

La séparation de corps prononcée par le juge est la situation juridique par laquelle deux époux qui ne s'entendent plus, sont dispensés de mener une vie commune, sans que leur mariage soit rompu. La séparation de corps est donc un mode de relâchement mais non de dissolution du lien matrimonial.

La réglementation de la séparation de corps est identique à celle du divorce sauf sur les points où la loi en a autrement décidé, en tenant compte du fait que la séparation de corps n'entraîne pas dissolution du mariage. Le Code de la famille a organisé les cas de séparation de corps et prévu ses effets.

PARAGRAPHE I : LES CAS DE SÉPARATION DE CORPS

I : La séparation de corps par consentement mutuel

L'article 182 du Code de la famille, après avoir précisé que la séparation de corps par consentement mutuel porte uniquement sur le relâchement du lien matrimonial renvoie quant à ses conditions de fond et de forme, quant à la procédure de sa constatation, quant à la publicité du jugement et aux effets de ce jugement, aux article 158 à 164 relatifs au divorce par consentement mutuel.

II : La séparation de corps contentieuse

Dans tous les cas où il y a lieu à demande en divorce, les époux sont libres de ne demander que la séparation de corps.

1°) Les causes

Elles sont les mêmes que celles du divorce contentieux.

2°) La procédure

Elle est identique et l'action peut se heurter aux mêmes fins de non-recevoir et s'éteindre pour les mêmes causes que pour le divorce.

3°) Les mesures provisoires

Tout comme pour le divorce, le juge dispose d'une grande latitude pour prononcer les mesures provisoires. Il n'y a pas, ici non plus, une liste préétablie de mesures provisoires.

4°) Le jugement

Le jugement de séparation de corps est soumis aux mêmes mesures de publicité que le jugement de divorce et prend effet aux mêmes dates.

PARAGRAPHE II : LES EFFETS DE LA SÉPARATION DE CORPS

I : Les effets de la séparation de corps dans les rapports entre époux

1°) Le relâchement du lien conjugal

Certains effets du mariage disparaissent mais d'autres sont maintenus car le lien matrimonial n'est pas dissout.

1. Les rapports personnels entre époux

Ces rapports subissent des modifications liées à la cessation de la vie commune. C'est ainsi que disparaît le devoir de cohabitation. Par contre, d'autres devoirs subsistent : d'abord, le devoir de fidélité ; ensuite, les devoirs de secours et d'assistance. Désormais, parce que la vie commune a cessé, le secours et l'assistance prennent la même expression et se manifestent sous forme d'une créance alimentaire.

2. Les rapports pécuniaires entre époux

Alors que le divorce entraîne la liquidation du régime matrimonial, la séparation de corps produit seulement un changement de régime. *La séparation de corps impose aux époux le régime de la séparation des biens s'ils n'y étaient pas déjà soumis (art. 181 C.F.).*

2°) Les sanctions contre l'époux coupable

L'époux coupable encourt la déchéance prévue à l'article 177 du Code de la famille. Il s'agit de la révocation des libéralités.

De même, la séparation de corps peut justifier le paiement de dommages et intérêts par l'époux fautif à l'époux innocent.

II : Les effets de la séparation de corps dans les rapports entre parents et enfants

Ces effets sont les mêmes que ceux prévus à l'article 180 du Code de la famille qui organise la garde et la puissance paternelle sur les enfants issus du mariage en cas de divorce de leurs parents.

PARAGRAPHE III : LA FIN DE LA SÉPARATION DE CORPS

I : La mort de l'un des époux

L'époux survivant est dans la même situation qu'un veuf ou une veuve, sous réserve de la déchéance qu'il a pu encourir s'il avait été déclaré coupable par le jugement de séparation de corps.

L'époux survivant reprend la garde des enfants s'il ne l'avait pas, à moins que cette garde n'ait été attribuée à une tierce personne.

II : La reprise de la vie commune après réconciliation

La reprise de la vie commune fait disparaître la séparation de corps.

III : Fin de la séparation de corps par le prononcé du divorce

Deux hypothèses sont à envisager :

D'abord, la séparation de corps prend fin par le divorce par consentement mutuel ou par le divorce prononcé à la demande de l'un des époux pour cause nouvelle. Il faut, en effet, qu'il s'agisse d'une cause autre que celle qui avait motivé la séparation de corps.

Ensuite, la séparation de corps prend fin par la conversion en divorce prononcée obligatoirement par le juge à la demande de l'un des époux après que trois (3) ans se soient écoulés depuis l'intervention du jugement de séparation de corps. En effet, la séparation de corps est envisagée par le législateur comme une situation provisoire transitoire. Le jugement de conversion n'est pas une nouvelle décision. Il s'agit plutôt de la transformation du jugement de séparation de corps en jugement de divorce. Il suffit donc pour le juge de constater l'expiration du délai d'épreuve de trois (3) ans, pour prononcer cette conversion.

ANNEXES

République du Sénégal
Un Peuple – Un But – Une Foi

MINISTÈRE ....

Avant-projet de loi relative à l'utilisation du procédé informatisé dans l'état civil

EXPOSÉ DES MOTIFS

Le numérique a fait aujourd'hui son apparition dans presque tous les secteurs de la vie, faisant ainsi vivre à l'humanité une profonde mutation.

L'information qui juste là était jusque-là fixée sur un support papier est de plus en plus enregistrée sur des supports numériques de divers types. La transformation numérique s'est traduite par la dématérialisation des documents et des échanges.

L'utilisation du papier laisse progressivement place à celle du procédé électronique. Les transmissions, l'accès à l'information et à la documentation s'en sont trouvés facilités et accélérés, d'où un gain en temps et en coût outre une sécurité plus accrue.

Cette transformation numérique a investi un secteur qui constitue la source de l'identification des personnes, l'état civil. La digitalisation de l'état civil est effective dans beaucoup de pays dont certains d'Afrique.

Le recours aux nouvelles technologies de l'information présente des avantages certains et l'informatisation apparaît donc, à l'ère de la révolution numérique, comme l'une des solutions à privilégier pour parvenir à une meilleure gestion de l'état civil.

Cependant, le Sénégal n'a pas encore suivi le mouvement de la digitalisation de l'état civil, qui s'opère mondialement. En effet, le cadre juridique régissant le fonctionnement de l'état civil existant n'a toujours pas pris en compte les technologies de l'information dans la gestion de l'état civil, malgré l'utilisation progressive du numérique dans la délivrance des actes et ce en-dehors de toute réglementation. Notre pays ne peut parvenir à l'objectif visé de la modernisation de son état civil, érigé en priorité nationale, sans son informatisation.

Dès lors, il est apparu nécessaire de légiférer sur l'utilisation de l'informatique dans l'état civil sénégalais.

L'informatisation de l'état civil doit répondre à certaines exigences.

Elle doit, en premier lieu, permettre, pour l'état civil local comme consulaire, l'enregistrement sur support électronique de l'ensemble des faits d'état civil ainsi que de tous les évènements s'y rattachant. Le traitement automatisé doit s'effectuer à toutes les étapes du processus, de l'établissement des actes jusqu'à leur délivrance. La numérisation s'étendra aux actes de l'état civil établis sur support papier par une reprise de l'antériorité.

L'informatisation de l'état civil doit, de même, permettre de lutter plus efficacement contre la fraude documentaire et faciliter la vérification de l'authenticité des actes, en améliorant la fluidité des échanges d'information entre les services de l'état civil et les autres administrations ou organismes publics.

L'informatisation doit également contribuer à améliorer la conservation des registres de l'état civil, pour une meilleure sauvegarde des données et protection contre d'éventuels risques de destruction matérielle. Cet avantage lié à l'informatisation du système est considérable au regard des malheureuses expériences de destruction de registres qu'ont connues des centres de l'état civil.

L'utilisation du procédé informatisé dans l'état civil doit permettre aux usagers de disposer d'une meilleure qualité du service, en termes de rapidité, de coût, de fiabilité et d'accessibilité.

Par ailleurs, le traitement informatisé des données en matière d'état civil se doit de satisfaire aux exigences ci-après :

– la sécurisation du système ;

– la garantie de la fiabilité des données traitées ;

– la réglementation de l'hébergement des données et leur accès aux seules personnes autorisées ;

– la préservation du respect de la vie privée des personnes.

Le présent projet de loi répond à toutes ces préoccupations en fixant le cadre juridique de l'utilisation du procédé informatisé dans l'état civil sénégalais.

Il comporte neuf (9) chapitres :

– le chapitre premier est relatif aux dispositions générales ;

– le chapitre II traite de l'institution d'un système informatisé/ automatisé de l'état civil et de l'usage du procédé informatisé ;

– le chapitre III définit les utilisateurs habilités du système informatisé et les échanges d'informations ;

– le chapitre IV est consacré aux registres et actes de l'état civil électroniques ;

– le chapitre V dispose sur l'hébergement, la sauvegarde et la sécurisation des données de l'état civil ;

– le chapitre VI régit les demandes et la délivrance d'actes de l'état civil ;

– le chapitre VII porte sur les statistiques de l'état civil ;

– le chapitre VIII est relatif à l'information des usagers et aux sanctions ;

– le chapitre IX concerne les dispositions transitoires et finales.

Telle est l'économie du présent projet de loi.

Chapitre premier. - Dispositions générales

Article premier.- La présente loi a pour objet de définir le cadre juridique de l'utilisation du procédé informatisé dans l'état civil.

Il définit le régime juridique, détermine les principes fondamentaux et les règles applicables à la gestion informatisée des faits d'état civil, à l'utilisation et à la protection de ceux-ci, ainsi que les sanctions applicables.

Article 2.- Au sens de la présente loi, on entend par :

- Traitement informatisé/autonomisé :
- **données informatisées de l'état civil** : Toutes les données numériques relatives à l'état civil ;
- **base de données informatiques de l'état civil** : C'est un serveur centralisé qui contient toutes les informations informatisées de l'état civil.
- Procédé passif : procédé qui consiste à saisir et numériser les actes établis sur support papier avant la mise en service du logiciel.
- Procédé actif : procédé qui consiste à enregistrer les déclarations en temps réel, avec des numéros d'actes générés automatiquement et séquentiellement par le système.
- **Registre de l'état civil électronique** : Un registre consultable à l'aide de tout appareil électronique.
- **acte de l'état civil électronique :**
- Système informatisé de l'état civil ;
- Signature électronique ;
- Sauvegarde des données ;
- Charte électronique ;
- Fichier central de l'état civil ;
- Mentions électroniques.

Article 3.- L'informatisation de l'état civil s'appuie sur les principes de fiabilité, de légalité, d'universalité, de sécurité et de confidentialité.

Chapitre II.- Institution d'un système informatisé/automatisé de l'état civil et usage du procédé informatisé

Article 4.- Il est institué dans chaque commune et dans les représentations diplomatiques et consulaires du Sénégal à l'étranger un système de traitement informatisé/ automatisé des naissances, mariages et décès.

Article 5.- Le procédé informatisé/ automatisé de traitement des données de l'état civil est utilisé dans les centres principaux et secondaires de l'état civil, les représentations diplomatiques et consulaires du Sénégal à l'étranger et au service de l'état civil du Ministère chargé des Affaires étrangères.

Article 6.- L'établissement, la conservation, la mise à jour par l'apposition des mentions marginales, l'édition et la délivrance des actes de l'état civil peuvent être réalisés sur support électronique, dans les conditions prévues par la présente loi et son décret d'application.

Article 7.- L'enregistrement des naissances, mariages et décès sur support électronique est fait suivant un procédé passif ou actif.

Article 8.- Les centres de l'état civil sont habilités à utiliser concomitamment le procédé manuel et celui informatisé dans le traitement des faits de l'état civil. Toutefois, le procédé informatisé est seul utilisé lorsque le système automatisé est mis en place et est fonctionnel. Il n'est recouru au procédé manuel qu'en cas de défaillance ou dysfonctionnement du procédé informatisé.

Chapitre III.- Utilisateurs habilités du système informatisé et échanges d'informations

Article 9.- Sont habilités à utiliser le système informatisé de l'état civil :

– Les officiers de l'état civil et les agents municipaux préposés au service de l'état civil des communes ;

– les procureurs de la République et leurs délégués, les présidents des tribunaux d'instance et les juges délégués, les administrateurs de greffe, les greffiers en chef et les greffiers délégués ;

– les agents de la direction du ministère de la Justice chargée des procédures relatives à la nationalité sénégalaise ;

– les agents diplomatiques et consulaires sénégalais et ceux du service de l'état civil du ministère chargé des affaires étrangères ;

– Les agents de la direction en charge de l'état civil du ministère chargé des Collectivités territoriales et ceux du Centre national d'état civil ;

– les agents des administrations du ministère de l'Intérieur chargées de l'établissement des documents d'identité et des titres de voyage nationaux ;

– les agents de Commission nationale chargée de la protection des données personnelles ;

– toute autre personne autorisée par la loi.

Article 10.- Chaque utilisateur n'est autorisé à intervenir dans le système que dans les limites de ses missions et de ses compétences, telles que fixées par les lois et règlements.

À cet effet, une habilitation est délivrée à chaque utilisateur selon des modalités déterminées par décret.

Article 11- Les demandes de vérification et les réponses à celles-ci, échangées par voie électronique, s'effectuent dans des conditions garantissant l'intégrité des informations échangées, la sécurité et la confidentialité de la transmission, l'identité et la fonction de l'expéditeur et celles du destinataire.

Elles sont transmises par l'intermédiaire d'une plateforme sécurisée dédiée aux échanges de données de l'état civil.

Les conditions de mise en place et d'utilisation de cette plateforme sont fixées par décret.

Chapitre IV.- Registres et actes de l'état civil électroniques

Article 12.- Il peut être tenu dans les centres de l'état civil et les représentations diplomatiques et consulaires des registres électroniques de l'état civil contenant les actes électroniques dans lesquels sont enregistrés les naissances, mariages et décès.

Article 13.- Les registres électroniques sont tenus dans des conditions garantissant l'intégrité et la confidentialité ainsi que l'inaltérabilité et la préservation des actes qu'ils contiennent.

Ils sont dotés d'un code de sécurité.

Article 14.- Le modèle des registres électroniques ainsi que les modalités de leur fonctionnement sont fixés par décret.

Article 15- Les actes de l'état civil électroniques sont établis conformément aux prescriptions des dispositions du Code de la Famille relatives à l'état civil, sous réserve des procédures ou règles particulières prévues par la présente loi et son décret d'application.

Article 16.- Les actes de l'état civil électroniques sont signés par l'officier de l'état civil et, le cas échéant, par les parties concourant à leur établissement, au moyen d'un procédé de signature électronique sécurisée.

Un décret détermine les caractéristiques techniques de la signature électronique sécurisée.

Article 17.- Toute modification concernant l'état civil d'une personne fait l'objet d'une mise à jour par l'apposition automatique de mention en marge de l'acte constatant cet état et, s'il y a lieu, de tous les autres actes sur lesquels la mention est à apposer.

Article 18.- Les actes de l'état civil établis sur support papier antérieurement à l'institution du registre électronique, quelle que soit leur date d'établissement, peuvent faire l'objet d'un double numérique dans le registre électronique. À cet effet, l'officier de l'état civil du centre reproduit à l'identique le contenu des énonciations et mentions de l'acte puis appose la date et sa signature électronique.

Article 19.- Les actes de l'état civil électroniques ont la même valeur probante que ceux établis sur support papier.

Ils font foi jusqu'à inscription de faux dans les mêmes conditions que les autres actes authentiques.

Article 20- En cas de destruction ou de disparition d'actes et de registres électroniques de l'état civil, un décret fixe la procédure de reconstitution de ces actes et registres.

Article 21.- Les procédures relatives à la rectification d'actes de et à la reconstitution et la d'actes et de registres de l'état civil, prévues par les dispositions du Code de la Famille, sont applicables aux actes et registres établis sur support électronique.

Chapitre V.- Hébergement, sauvegarde et sécurisation des données de l'état civil

Article 22.- L'hébergement et la sauvegarde des données de l'état civil de l'ensemble des centres de l'état civil des communes ainsi que des représentations diplomatiques et consulaires du Sénégal à l'étranger sont réalisés sur le territoire national et par l'entité publique nationale chargée de l'hébergement des données de l'État.

Article 23.- Les données de l'état civil peuvent, exceptionnellement et momentanément, être hébergées en un lieu et par une structure autres que ceux déterminés par la présente loi, en cas de survenance de circonstances ne permettant plus leur hébergement sur le territoire national et par ladite entité. Toutefois, elles sont rapatriées dès rétablissement du système.

Article 24.- Toute commune peut, avec le concours de l'entité qui centralise l'hébergement des données de l'état civil, mettre en place un dispositif interne permettant l'hébergement de ses données de l'état civil.

Article 25.- Une commune ne disposant pas des conditions techniques nécessaires pour l'hébergement de ses données, peut déléguer cet hébergement à une autre commune du même département.

Des communes du même département peuvent mutualiser le traitement automatisé de leurs données de l'état civil.

Dans ces cas, le dispositif de traitement automatisé mis en place garantit que chaque commune n'a accès qu'aux données de l'état civil dont elle est dépositaire.

Article 26.- Les données de l'état civil consulaire peuvent, avec le concours de l'entité qui centralise l'hébergement des données de l'état civil, être hébergées par le service de l'état civil du ministère chargé des affaires étrangères.

Article 27.- Chaque commune prend les mesures appropriées pour sécuriser l'utilisation des données des centres de l'état civil de son ressort et prévenir le risque de leur altération.

Article 28.- Les conditions techniques de sécurité, d'intégrité et de confidentialité des traitements automatisés des données de l'état civil et de leur hébergement sont fixées par décret.

Article 29.- Le procureur de la République du ressort peut, à tout moment, avec l'assistance de spécialistes en sécurité de systèmes d'information et le concours de la structure nationale chargée de la protection des données personnelles, procéder à un contrôle de conformité du dispositif de traitement et d'hébergement centralisé et décentralisé des données de l'état civil.

Le contrôle de conformité du dispositif du service de l'état civil du ministère chargé des Affaires étrangères est effectué par le Procureur de la République près le Tribunal de Grande Instance hors classe de Dakar.

En cas de manquement relevé, le procureur de la République adresse une demande de mise en conformité, qui doit se faire dans les trois mois.

Chapitre VI.- Demande et délivrance d'actes de l'état civil

Article 30.- Les demandes de copies et extraits d'actes de l'état civil ainsi que de certificats établis sur support électronique peuvent être effectuées par les usagers par l'intermédiaire d'un télé service mis en œuvre par un opérateur public ou privé disposant d'un agrément délivré par le ministre chargé des collectivités territoriales ou par le ministre chargé des affaires étrangères lorsque les opérations doivent porter sur les actes de l'état civil consulaire.

L'agrément précise les opérations pouvant être effectuées.

L'opérateur ne dispose pas d'un accès direct aux données de l'état civil. Il exprime la demande auprès du centre de l'état civil ou du service de l'état civil du ministère chargé des Affaires étrangères, habilité à délivrer lesdits documents.

Les normes de ce télé service et les modalités de la transmission sécurisée des demandes et des documents sont fixées par décret.

Article 31.- Tout intéressé peut se faire délivrer des copies, extraits d'actes de l'état civil ainsi que des certificats sur support électronique par un centre de l'état civil autre que celui d'enregistrement de l'évènement d'état civil.

Un arrêté conjoint du ministre chargé des collectivités territoriales et du ministre chargé des finances détermine la clé de répartition des droits de délivrance entre le centre de l'état civil du lieu de délivrance et celui du lieu d'enregistrement.

Chapitre VII.- Statistiques de l'état civil

Article 32.- Les états des naissances, mariages et décès enregistrés dans les centres de l'état civil sont transmis automatiquement, tous les trois mois, par les officiers de l'état civil au service national de la statistique.

Ces dispositions s'appliquent aux enregistrements des naissances, mariages et décès dans les représentations diplomatiques et consulaires du Sénégal à l'extérieur.

Les statistiques de l'état civil sont régulièrement tenues et conservées sous un format électronique.

Article 33.- Un arrêté conjoint du ministre chargé des collectivités territoriales, du ministre chargé des affaires étrangères et du ministère chargé des statistiques nationales fixe le modèle des états trimestriels ainsi que les modalités de leur transmission.

Chapitre VIII.- Information des usagers et sanctions

Article 32.- Les usagers sont informés par les autorités municipales, par voie d'affichage aux centres de l'état civil ou par tout autre moyen approprié, de l'informatisation des données de l'état civil, des modalités de délivrance des actes et des destinataires des données, conformément aux lois et règlements.

Article 33.- Toute utilisation des données de l'état civil dans des conditions non conformes à celles définies par la présente loi et ses règlements d'application ainsi que les autres lois et règlements régissant l'utilisation de données à caractère personnel expose son auteur aux sanctions pénales et civiles prévues par la réglementation en vigueur.

Chapitre IX.- Dispositions transitoires et finales

Article 34.- Jusqu'à l'installation effective par une commune ou une représentation diplomatique ou consulaire du Sénégal à l'extérieur de son système de traitement informatisé/ automatisé des données de l'état civil, les centres de l'état civil du ressort de la commune ainsi que la représentation diplomatique ou consulaire utilisent exclusivement le procédé manuel dans le traitement des faits d'état civil.

Article 35.- Les communes et les représentations diplomatiques et consulaires du Sénégal à l'extérieur ont un délai de deux (2) ans, à compter de l'entrée en vigueur de la présente loi et de ses règlements d'application, pour mettre en place leur dispositif de traitement automatisé des données de l'état civil.

L'État leur apporte son concours pour se conformer à cette obligation.

Article 36.- Les dispositions du Code de la Famille relatives à l'état civil non contraires à celles de la présente loi et ses règlements d'application s'appliquent aux actes de l'état civil électroniques, en ce qui concerne les opérations prévues à l'article 6 de la présente loi.

Article 37.- Les autres modalités d'application de la présente loi sont fixées par décret.

PLAN

1re partie

1re partie : Introduction à l'étude du droit

Chapitre I : La notion du droit

Section I : Le droit objectif

Paragraphe I : La règle de droit

1°) Généralité de la règle de droit

2°) Caractère obligatoire de la règle de droit

1. Les règles impératives ou d'ordre public

Deuxième partie : Les personnes

1°) Obligations des fiancés

1. Droits et devoirs réciproques des fiancés

2. Absence d'obligation alimentaire

2°) Conséquences des fiançailles sur la filiation

3°) Conséquences des fiançailles en cas de décès d'un fiancé

III : Conséquences liées à la rupture

1°) Les modalités de la rupture

2°) La restitution des cadeaux en cas de rupture unilatérale des fiançailles

1. Rupture imputable à la fiancée

2. Rupture imputable au fiancé

3°) la responsabilité d'un fiancé en cas de rupture unilatérale des fiançailles

Section II : La formation du mariage

Paragraphe I : Conditions de formation du mariage

I : Conditions de fond du mariage

1°) Conditions d'ordre physiologique

1. La différence de sexe

2. L'âge minimum

2°) Conditions d'ordre psychologique

1. Le consentement des époux au mariage

2. Le consentement des parents au mariage de l'époux minceur

3°) Conditions de moralité

1. L'inexistence d'un mariage antérieur non dissout

2. L'expiration du délai de viduité

3. L'absence de liens de parenté ou d'alliance

4°) Conditions relatives aux options des époux

1. L'option de statut conjugal

2. L'option relative à la dot

1°) Conditions relatives à l'adoptant

1. Conditions relatives à la situation de famille de l'adoptant

2. Conditions relatives à la différence d'âge entre l'adoptant et l'adopté

3. Conditions relatives à la descendance de l'adoptant

4. Conditions relatives au nombre d'adoptants

2°) Conditions relatives à l'adopté

1. Conditions relatives aux personnes adoptables (pouvant être adoptées)

2. Condition d'âge de l'adopté

II : Procédure de l'adoption plénière

1°) La rupture d'avec la famille d'origine

2°) Le placement en vue de l'adoption

3°) Le jugement d'adoption

III : Les effets de l'adoption plénière

1°) Les effets de l'adoption plénière à l'égard de l'adopté

2°) Les effets de l'adoption plénière à l'égard de la famille d'origine

3°) Point de départ et durée des effets

1. La non-rétroactivité des effets de l'adoption

2. L'irrévocabilité de l'adoption plénière

Paragraphe II : L'adoption limitée

I : Conditions et procédures de l'adoption limitée

1°) Conditions identiques à celles de l'adoption plénière

2°) Conditions et procédure spécifiques de l'adoption limitée

II : Effets de l'adoption limitée

1°) Effets à l'égard de la famille d'origine

1. Maintien du lien avec la famille d'origine

2. Limites au principe du maintien du lien avec la famille d'origine

3°) La révocation de l'adoption limitée

Présentation de l'Auteur

Amsatou Sow Sidibé est une Sénégalaise, universitaire et femme politique. Docteur d'État en Droit de l'Université de Paris II (1987), première femme sénégalaise agrégée en droit, elle est professeure titulaire à l'Université Cheikh Anta Diop de Dakar (2003). Diplômée de l'Académie de Droit international de La Haye (1988) et Certifiée de Droit et Économie des Pays d'Afrique – Université de Paris I Sorbonne (1978), Amsatou Sow Sidibé est par ailleurs Coordinatrice de « SOS DROIT À L'ÉDUCATION ». Elle est Commandeur de l'Ordre du Mérite du Sénégal, Chevalier de l'Ordre national du Tchad, Lauréate de l'Université de Paris II (Prix de thèse de Doctorat d'État – 1988) et Chevalier de la Légion d'Honneur française.

Ancienne candidate en lice pour l'élection présidentielle sénégalaise de 2012, ministre Conseiller auprès du Président de la République du Sénégal (2012-2024), elle est actuellement Présidente du Comité Sénégalais des Droits de l'Homme (CSDH).

Parmi les publications du Professeur Amsatou Sow Sidibé on peut citer :

- *Le pluralisme juridique en Afrique (L'exemple du droit successoral sénégalais)*, LGDJ-Paris, 1991
- « François MITTERRAND, Démocratie et Droits de l'Homme en Afrique » in *Actes du colloque de Dakar – Mitterrand et l'Afrique*, Dakar, 1999, pp. 107 et suiv.
- « Politique juridique et État de Droit au Sénégal : l'exemple du droit familial », in *État de droit, Droits fondamentaux et diversité culturelle* ». Textes recueillis par P. ARSAC, J.-L. CHABOT, H. PALLARD ; L'Harmattan, 1999. pp. 165 et suiv.
- *Mutilations génitales féminines et droits de la femme au Sénégal.*
- « Le droit à l'épreuve du VIH » in *Psychopathologie africaine, Vol. XXXI – n° 2 – 2001-2002*, page 191 à 218 ;
- « L'évolution de l'autorité dans les familles sénégalaises », *Revue Afrique Juridique et Politique, volume 2, numéro 1, janvier-juin 2003*, pages 125 à 170.
- « Genre, inégalités et religion **»,** *Actes du premier colloque inter-Réseaux du programme thématique Aspects de l'État de Droit et Démocratie.* Sous la responsabilité scientifique de Amsatou Sow

Sidibé, Paris, Éditions des Archives Contemporaines - AUF, 2007, 459 p.

- « La Protection pénale des femmes contre les violences : Quelle politique criminelle ? », in *Nouvelles questions féministes, Vol. 28 (2),* 2009
- « La douleur et le droit : cas des mutilations pratiquées sur les femmes au Sénégal », *P.U.F.,* 1997, pp. 353 et suiv.
- « L'excuse de provocation dans l'homicide entre conjoints en droit sénégalais », in *Revue de l'Association sénégalaise du Droit pénal, n° 1*, pp. 7 et suiv.
- « Le concubinage au Sénégal et en Afrique francophone », in *Des concubinages dans le monde, éd. CNRS-1990,* pp. 217 et Suiv.
- « L'adoption au Sénégal et en Afrique francophone », in *Revue internationale de Droit comparé, 1993*, n° 1, pp. 129 et suiv.

Structures éditoriales du groupe L'Harmattan

L'Harmattan Italie
Via degli Artisti, 15
10124 Torino
harmattan.italia@gmail.com

L'Harmattan Hongrie
Kossuth l. u. 14-16.
1053 Budapest
harmattan@harmattan.hu

L'Harmattan Sénégal
10 VDN en face Mermoz
BP 45034 Dakar-Fann
senharmattan@gmail.com

L'Harmattan Cameroun
TSINGA/FECAFOOT
BP 11486 Yaoundé
inkoukam@gmail.com

L'Harmattan Burkina Faso
Achille Somé – tengnule@hotmail.fr

L'Harmattan Guinée
Almamya, rue KA 028 OKB Agency
BP 3470 Conakry
harmattanguinee@yahoo.fr

L'Harmattan RDC
185, avenue Nyangwe
Commune de Lingwala – Kinshasa
matangilamusadila@yahoo.fr

L'Harmattan Congo
219, avenue Nelson Mandela
BP 2874 Brazzaville
harmattan.congo@yahoo.fr

L'Harmattan Mali
ACI 2000 - Immeuble Mgr Jean Marie Cisse
Bureau 10
BP 145 Bamako-Mali
mali@harmattan.fr

L'Harmattan Togo
Djidjole – Lomé
Maison Amela
face EPP BATOME
ddamela@aol.com

L'Harmattan Côte d'Ivoire
Résidence Karl – Cité des Arts
Abidjan-Cocody
03 BP 1588 Abidjan
espace_harmattan.ci@hotmail.fr

Nos librairies en France

Librairie internationale
16, rue des Écoles
75005 Paris
librairie.internationale@harmattan.fr
01 40 46 79 11
www.librairieharmattan.com

Librairie des savoirs
21, rue des Écoles
75005 Paris
librairie.sh@harmattan.fr
01 46 34 13 71
www.librairieharmattansh.com

Librairie Le Lucernaire
53, rue Notre-Dame-des-Champs
75006 Paris
librairie@lucernaire.fr
01 42 22 67 13

www.ingramcontent.com/pod-product-compliance
Lightning Source LLC
LaVergne TN
LVHW011300061026
849535LV00005B/1338